Hans-Ulrich Grim

Katzen würden Mäuse kaufen

Schwarzbuch Tierfutter

Deuticke

Der Inhalt dieses Buches wurde auf einem nach den Richtlinien des Forest Stewardship Council zertifizierten Papier der Papierfabrik Munkedal gedruckt.

11 12 13 14 15 12 11 10 09 08

ISBN 978-3-552-06049-4

Satz: Eva Kaltenbrunner-Dorfinger, Wien
Umschlaggestaltung: Thomas Kussin/buero8
Druck und Bindung: Ebner & Spiegel, Ulm
Printed in Germany

Inhalt

1. Falsche Tüte

Über Werbung und Wahrheit bei der Tierfutterproduktion

Dank WHISKAS *wahre Wonneproppen / Ein sauberes Image für ein anrüchiges Geschäft / Das Wort Abfall hören sie hier gar nicht gern / Leicht geflunkert: Wie man die Kunden in die Irre führt / Dem Keim keine Chance / Die weite Reise des Futters und der Hang zur Verderbnis*

Es ist ein schönes Land, das Land, aus dem WHISKAS kommt. Es gibt dort Bäche und Wiesen und Bäume und ganz kleine Häuschen. Alles aber wird weit überragt von einem Turm.

Es ist kein Kirchturm, sondern eher ein Fabrikturm, auf ihm sind, ganz oben, eine Katze abgebildet und ein Hund, und es steht WHISKAS darauf und PEDIGREE.

Sie sind sehr tierfreundlich hier, es gibt sogar eine kleine Pension für Hunde und Katzen, mit strahlend weißen Wänden, einem leuchtend roten Dach und einem Zaun drumherum. Schon von weitem ist zu sehen, wie die Tiere fröhlich herumtollen. Das sind die »Testesser« der Firma.

Man ist auch zu Menschen sehr gastfreundlich hier. Besucher sind willkommen, sie dürfen durch eine gläserne Tür gehen, werden an einer Rezeption freundlich begrüßt. Im Empfangsraum prangt auch ein großes Plakat mit WHISKAS-Werbung, daneben ein Poster, das stolz darauf hinweist, dass sie die Sendung »Hundkatzemaus« im Fernsehen sponsern.

In einer Vitrine sind all die tollen Produkte der Firma aufgestellt: WHISKAS, KITEKAT, TRILL, PEDIGREE. Eigentlich alles, was Rang und Namen hat in der Welt von Bello und Mieze und Hansi. Auch das berühmte CHAPPI kommt von hier, deswegen nennen sie die Firma hier im Ort immer noch die »CHAPPI-Fabrik«.

Die Firma heißt MASTERFOODS, sie ist rund um den Globus ganz groß im Geschäft.

Die Tierliebe der Leute ist ein gutes Geschäft.

Das Tierfutter-Business blüht, der Trend geht zu immer luxuriöseren Produkten. Große Firmen wie NESTLÉ PURINA und ROYAL CANIN rangeln um die Führungspositionen. Mit immer neuen Kreationen sollen Herrchen und Frauchen verführt werden. Das Geld sitzt bei ihnen offenbar locker. Besonders erfolgreich ist das »Hochpreissegment«, sagt eine Branchenkennerin. Die Devise laute: »Luxus pur«.

Für die Tiere ist nichts zu teuer. Vom Tier lebt eine ganze Branche, und sie lebt gut.

Spezialgeschäfte breiten sich aus, Hundehotels kümmern sich um die vierbeinigen Lieblinge, Psychologen pflegen ihre zarten Seelen (siehe Kapitel 5). Das Tier ist für viele Menschen zum Partner geworden, sie behandeln es wie einen Freund – oder gar wie einen Lebensgefährten (siehe Kapitel 2).

Sie wollen, dass es dem Tier gut geht. Sie geben für einen Sack Trockenfutter gern mehr aus als für ein Kilo Rinderbraten.

Es ist auch ein Geschäft mit dem Vertrauen. Wer sein Tier liebt und viel Geld ausgibt, will natürlich auch wissen, ob alles wahr ist, was die Werbung verspricht: Dass in Dosen und Säcke nur das Allerbeste kommt. Dass es nichts Gesünderes, dass es überhaupt nichts Besseres gibt für Bello und Mieze als CHAPPI und WHISKAS.

Die Zentrale von MASTERFOODS liegt in Amerika, das deutsche Hauptquartier hier in Verden an der Aller, der Kleinstadt mit 28 000 Einwohnern, 43 Kilometer südöstlich von Bremen.

Barbara Grewe will mal sehen, wie das Futter für ihre Lieblinge produziert wird. Ihre Katzen Kitty und Felix bekommen WHISKAS praktisch von Geburt an, und es ist ihnen gut bekommen. Wahre Wonneproppen seien sie geworden. »Was will man mehr«, sagt Frau Grewe. Sie ist aus Twistringen angereist, einer 13 000-Einwohner-Gemeinde siebzig Kilometer westlich von hier.

Für die Besucher ist Herr Meier zuständig. Friedrich Meier. Er wirkt schon mal sehr vertrauenerweckend. Weißer Kittel. Weißer Helm. Er ist Sicherheitsingenieur. Auch die Besucher müssen sich weiße Kittel überziehen und einen Helm aufsetzen. Wegen der Hygiene und der Sicherheit.

Herr Meier führt durch den Betrieb. Erst durch das Büro, es ist ein Großraumbüro, in dem auch die Chefs sitzen und jederzeit ansprechbar sind. Das ist so ein amerikanisches Prinzip. MASTERFOODS ist ja eine amerikanische Firma.

Dann geht es durch eine Tür hinaus aufs eigentliche Werksgelände. Bei einer Anlieferungsrampe hält Herr Meier inne. Hier rollen die Lastwagen an mit ihren riesigen Anhängern. Heute ist offenbar Fleisch angekommen. »BADENHOP FLEISCH« steht auf den Trailern. Das sei ein Händler aus der Nähe, sagt Herr Meier. Laut Eigenwerbung ist BADENHOP ein Zulieferer für die Heimtierindustrie mit »internationalen Verbindungen«.

Dann geht es in die eigentliche Fabrik, mit Fließbändern, Abfüllanlagen, Packstationen. Dosen sausen. Dampf zischt. Fließbänder rollen. Fleisch kommt aus Düsen, rötlich, cremig, oder fällt aus durchsichtigen Röhren, wie die Kugeln bei der Ziehung der Lottozahlen, in Dosen und Schalen. Ein Spritzer mit »Sauce« oben drauf. Mal farbig, mal durchsichtig. Es sind die Abfüllanlagen für WHISKAS, CESAR, SHEBA.

Es herrscht ein ziemlicher Lärm. Die Leute in ihren Overalls müssen Gehörschutz tragen. Es riecht auch nicht sehr angenehm.

Überall weisen Schilder auf die Geschäftsziele hin, erinnern an die Hygienebestimmungen und weisen auf Bakterien hin, die jederzeit eindringen können. Ein Poster beispielsweise warnt vor »Clostridium botulinum«. Das ist eine Horror-Bazille, die ein Nervengift produziert, ein sogenanntes »Neurotoxin«, das schlimmste Bakteriengift, das die Menschheit kennt. Es kommt vor allem in Dosen und Büchsen vor, weil es sich unter Luftabschluss so gut vermehrt. Wenn so etwas in einer Fabrik auftaucht, ist das der Super-GAU, das größte anzunehmende Unglück. Für eine Firma kann das ziemlich teuer werden.

Daher gilt: Dem Keim keine Chance. Dafür sorgen riesige Tanks, in denen sterilisiert wird. Bei exakt 127,8 Grad Celsius. Die Hundenahrung soll absolut clean sein.

Wobei es dem Hund seinerseits gar nicht so wichtig ist, dass die

Sachen keimfrei und hygienisch sind. Der Hund seinerseits mag es ganz gern ein bisschen eklig. Der Hund, meint Herr Meier, hätte es am liebsten gar nicht gekocht. Der würde sein Fleisch am liebsten verbuddeln und nach einem halben Jahr wieder rausholen. So etwas geht natürlich nicht. Klar, dass der Hund mit so etwas keine Chance hat. Der »Aasfresser«, sagt Herr Meier, der sonst sehr freundlich und aufmerksam ist, fast ein bisschen verächtlich.

Auf so einen Hund kann so eine Firma natürlich keine Rücksicht nehmen. Schließlich kaufen nicht die Hunde das Futter, sondern die Menschen. Und die wollen für ihren Liebling nun mal lieber Gourmet-Häppchen mit Reis und Garnelen als Gammelfleisch aus dem Garten.

Zwei große Behälter stehen dekorativ herum. Der eine ist gefüllt mit kleinen orangefarbenen Stückchen: Karotten, ein, zwei Zentner. Die sind irgendwo in einer gemüseverarbeitenden Fabrik ausgesondert worden, waren nicht fein genug für die Menschen.

Der andere Container enthält hellrosa glänzende Stückchen. Lunge, erklärt Herr Meier. Am Behälter hängt ein Schild: »Category 3 Animal By Products. Nicht für den menschlichen Verzehr geeignet«.

Abfälle aus der Lebensmittelproduktion, ganz offenkundig.

Halt! Das Wort Abfall, das hören sie hier gar nicht gern.

»Reden Sie nicht über Abfall«, sagt Herr Meier. »Das tut uns weh.«

Die Tierfutterbranche achtet sehr sorgsam darauf, dass die Produkte für unsere Haustiere, die im Fernsehen teuer beworben werden, nicht mit Müll in Zusammenhang gebracht werden. Millionen werden für Reklame ausgegeben, damit die Leute bereitwillig in die Tasche greifen fürs wertvolle Tierfutter. Und wenn sie wüssten, dass Müll in der Dose ist, dann würde womöglich die Kaufbereitschaft rapide schwinden.

Dabei ist es eigentlich nicht weiter schlimm, wenn die Tiere das bekommen, was die Menschen nicht mehr wollen. Schon seit jeher hat der Mensch die Tiere mit dem gefüttert, was übrig geblieben ist. Hund und Katz bekamen die Reste vom Mittagstisch, und auch das Schwein fraß das, was übrig blieb.

Mittlerweile ist die Tierfutterbranche vorsichtig geworden. Es hat einige Nahrungsmittelskandale gegeben. Die Rinderseuche BSE, beispielsweise.

Dadurch ist das Publikum sensibel geworden für das Thema Tierfutter. Als monatelang wacklige Kühe durch die Haupt-Nachrichtensendungen stolperten und erstmals Licht ins Dunkel der Ställe fiel, da mischten sich plötzlich Vokabeln wie »Tiermehl« und »Blutmehl« in die Alltagssprache.

Es ging auch um Dioxin, das Supergift, um illegale Hormone, um die »Fleischmafia«.

In solchen Fällen kommt Bewegung auf. Die Medienmaschine rollt, Ställe werden geschlossen, Politiker treten mit markigen Worten vor die Kameras. Gesetze werden verschärft. Agro-Lobbyisten geloben in TV-Talkshows Besserung.

So gerät plötzlich, jedenfalls für kurze Zeit, ins Bewusstsein, dass Schwein und Rind, des Menschen Schnitzellieferanten, Tafelspitzerzeuger, Joghurtproduzenten, nicht nur Heu und Gras und Rüben bekommen, sondern seltsame Mixturen, die aus mysteriösen Quellen kommen. Und dass es in dieser Branche oft nur ein kurzer Weg ist vom ehrlichen Bauersmann bis zum gewaltbereiten Giftmischer. Dass es mitunter auch undurchsichtige Verbindungen gibt zwischen den normalen Supermärkten wie LIDL und TENGELMANN, KAUFHOF und METRO, REWE und EDEKA, und den Kriminellen aus der Fleischmafia (siehe Kapitel 9).

Alles nicht sehr appetitlich.

Bei diesen Medienskandalen geht es meist um die Tiere, aus denen die Menschen Schnitzel machen und Roastbeef und Grillhähnchen.

Was die Heimtiere bekommen, das blieb dabei im Dunkeln.

Darauf fällt mitunter ein Lichtstrahl, wenn es in den Medien um Schlachtabfälle und Gammelfleisch geht und um das, was alles für den menschlichen Verzehr nicht mehr geeignet sei – allenfalls noch zu Tierfutter zu verarbeiten.

Die Haustierfutterproduzenten blieben von Skandalen verschont. Sie konnten sich bisher fernhalten von den mitunter kriminellen Kollegen aus der Kraftfutterbranche. Sie haben ihr sauberes Image bewahrt.

So haben sich die Werbemillionen auch ein bisschen gelohnt. Wer viel für Reklame ausgibt, wird von den Medien bevorzugt bedient. Anrüchiges und Unappetitliches wird da leichter ausgeblendet.

Ein sauberes Image, beruhigend für Branche und Kundschaft.

Herrchen und Frauchen lehnen sich im Sofa zurück, und zufrieden schnurrt der Kater.

Die Haustierbranche hat viel für ihr Erscheinungsbild getan. Nicht nur Werbung im Fernsehen geschaltet, auch in den Fachblättern für Tierfreunde. Sie unterstützt Tierschützer und Vereine. Und, am wichtigsten: Sie übt tätige und üppige Zuwendung an die Profis, die Tierärzte und Professoren. Keine andere Fachrichtung, so scheint es, ist so auf Sponsoring aufgebaut wie die Disziplin der Haustier-Medizin und Tierernährung (siehe Kapitel 10).

So glaubt das Publikum weiter an die hohe Qualität der Happen für Hund & Katz und dass bei drohender Verarmung die letzte Chance für den eigenen Fleischgenuss jederzeit auch das Regal für Bello und Mieze sein könnte.

Im Pförtnerhäuschen in der CHAPPI-Fabrik sitzt ein Mann, der solchen Glauben sehr unterstützt. Auf die Qualität der Rohstoffe lässt er gar nichts kommen: »Das ist besseres Fleisch, als Sie sich jemals gönnen.«

»Wir verwenden Zutaten, die Sie in einem feinen Restaurant finden könnten«, sagt Ken Wilks, stellvertretender Verkaufsdirektor der US-Marke MERRICK PET CARE in Amarillo, Texas, gegenüber einem Reporter der Nachrichtenagentur *Associated Press*.

Eine Broschüre für Tierfreunde verkündet: »Das Fleisch stammt ausschließlich von Tieren, die auch wir Menschen verzehren könnten.« Und empfiehlt daher Fertigfutter sehr (»Deshalb greift, wer seine Katze liebt, zu Fertigfutter«).

Die Wahrheit sieht ein bisschen anders aus.

Solche Sprüche sind nichts weiter als Werbegeschrei und Marketing. Das bekennt die Industrie auch ganz offen, jedenfalls branchenintern.

Was die Menschen mögen, das müssen die Tiere nicht unbedingt lieben. Das weiß Herr Meier von MASTERFOODS, und das wissen auch die anderen Fachleute der Branche.

Für Tiere gelten andere Geschmacksgesetze: »Tiere fressen jedoch auch Dinge, die für den Menschen unappetitlich sind (zum Beispiel Tierfutter, Gras, Erbrochenes, Abfall und sogar Kot und Kadaver). Die Annahme, dass Nahrungsmittel Tierfuttermitteln überlegen sind, ist relativ.« So steht es in einem dicken, zweibändigen Wälzer, den der Fertigfutterhersteller Hill's von namhaften Fachleuten schreiben ließ, und der als Standardwerk der Tierernährung gilt. Titel: »Klinische Diätetik für Kleintiere«.

Im Kapitel »Kommerzielle Herstellung von Haustierfutter« geht es um die wahre Herkunft der Inhaltsstoffe der Büchsen und Beutel. Und es wird schnell aufgeräumt mit einigen Marketing-Märchen. Zum Beispiel bekennt das Handbuch: »Bei der Vermarktung von Tierfutter werden manchmal auch Geschichten über die Einzelkomponenten aufgebaut, die den Kunden ansprechen. Diese Geschichten sind einfach und glaubwürdig, können den Kunden aber manchmal in die Irre führen.«

Bei der Erfindung solcher Geschichten ist es hilfreich, dass der Gesetzgeber den Dichtern aus der Futterbranche große Freiheit gelassen hat, was zum Beispiel den Umgang mit Wörtern und ihrer Bedeutung angeht.

Zum Beispiel das Wort »natürlich«, das bei den Leuten heute ja sehr beliebt ist. Hier gilt: »Der Begriff ›natürlich‹ ist gesetzlich nicht definiert und kann daher nach Belieben verwendet werden«, so das Standardwerk aus dem Hause Hill's.

Auch bei den Inhaltsstoffen wird manchmal ein bisschen geflunkert. So zum Beispiel mit der Behauptung, die Futterbrocken könnten die Leute auch selber essen. Das ist verständlich, meint wiederum das Handbuch aus dem Futterkonzern, denn schließlich sollen ja die Menschen die Sachen kaufen: »Das Konzept, das hinter der Vermarktung eines Futtermittels steht, das auch als Nahrungsmittel für den Menschen geeignet wäre, beruht auf der Annahme vieler Tierhalter, dass Tiere dieselben Nahrungsmittel wie der Mensch bevorzugen und brauchen.«

Das ist natürlich Unsinn. Und so wäre es auch nicht ratsam, die Dosen in der Not sonntags auf den Tisch zu stellen. Denn, so wiederum das Handbuch von Hill's: »Die Einzelbestandteile, die der

Tierfutterindustrie für die Herstellung von Mischfutter für Haustiere zur Verfügung stehen, reichen von für den Menschen ungenießbaren, aber für Tierfutter noch geeigneten Nebenprodukten, bis hin zu den für Menschen geeigneten Nahrungsmitteln, wie es sie auch in den Lebensmittelgeschäften zu kaufen gibt.«

Im Klartext: Fürs Futter unserer Haustiere werden, das wissen auch die Experten der STIFTUNG WARENTEST, »die normalen Schachtabfälle verwendet«. So schrieben sie in der Zeitschrift *test*, Heft 9/2006.

Natürlich muss man differenzieren. Es gibt große Unterschiede zwischen den einzelnen Futterproduzenten. Es gibt auch große Unterschiede zwischen den Produkten. Leider kann es der Käufer nicht unbedingt erkennen. Schließlich steht auf den Dosen nicht: »Mit Müll hergestellt« oder »Ohne Müll hergestellt«.

Dabei werden selbst die Produkte von MASTERFOODS, also WHISKAS, CHAPPI, SHEBA, CESAR und dergleichen, aus solchen Schlachtabfällen hergestellt. MASTERFOODS nimmt, so teilte die Firma auf Anfrage mit, »Fleischmehle«, Innereien und andere »Nebenerzeugnisse, die bei der Schlachtung anfallen, aber nicht für den menschlichen Verzehr genutzt werden«.

Wobei es eigentlich gar nicht schlimm ist, wenn die Tiere den Abfall kriegen. Das war auch schon früher so. Doch früher war es eine Abfallverwertung der kurzen Wege.

Der Knochen fiel vom Tisch, Bello schnappte danach. Metzgerei und Fischgeschäft kippten Reste hinten raus, die Leute nahmen sie in Beuteln mit, für die Katzen oder Hunde. Die Gastwirtschaft sammelte die Reste auf den Tellern ein und kippte sie hinten in den Schweinetrog.

Heute ist alles Big Business. Es sind die Big Players, die die Nahrung für Mensch und Tier produzieren.

Die großen Tierfutterkonzerne sind Ableger der großen Nahrungskonzerne wie NESTLÉ oder MASTERFOODS, die auch Nahrung für Menschen herstellen (MARS, UNCLE BEN'S REIS), oder auch von Mischkonzernen wie PROCTER & GAMBLE (ARIEL, PRINGLES, PAMPERS).

Sie produzieren alles in gigantischen Mengen.

Auch Nahrungsmittel. Und dabei fält viel Abfall an: In Deutschland werden jährlich 6,9 Millionen Tonnen Fleisch erzeugt, 2,1 Millionen Tonnen davon sind Nebenprodukte, die die Menschen nicht essen mögen oder können.

In ganz Europa sind es gar zehn Millionen Tonnen solcher Abfälle.

Das bedeutet: Es gibt da ein Entsorgungsproblem.

Auf der anderen Seite gibt es ein Nachschubproblem.

Allein in der CHAPPI-Fabrik in Verden an der Aller produzieren sie 330 000 Tonnen Tierfutter im Jahr.

Die Tierfutterherstellung ist eine elegante und vor allem eine einträgliche Lösung zur Verwertung der Abfälle.

Schon suchen die Beteiligten nach Wegen zur Perfektionierung.

In Wien haben sie ein Forschungsprojekt ins Leben gerufen, das sich mit der Umwandlung von Abfällen in »gesunde« Inhaltsstoffe fürs Tierfutter beschäftigt. Die Veterinärmedizinische Universität dort ist eine Hochschule, die sehr eng und freundschaftlich mit den Tierfutterfabriken und auch Pharmakonzernen zusammenarbeitet (siehe Kapitel 10).

Ihr internationales Müll-Recycling-Projekt heißt »Safewastes« und wird von der Europäischen Union gefördert. »Wir möchten beweisen, dass die Wiederverwertung von organischem Abfall nicht nur wichtig für die Gesundheit von Mensch und Tier ist, sondern auch Umweltbelastungen reduziert und kosteneffizient ist«, so Professor Chlodwig Franz, der Projektleiter.

Das klingt vertrauenerweckend. Jedoch: Vom Kunden wird viel Glaubensstärke gefordert. Wenn die Produktion industriell organisiert wird, wird die Versorgungskette unübersichtlich. Wo welcher Abfall in welches Produkt gemischt wird, das ist schwer zu erkennen – sogar für die Hersteller. Und schwer zu kontrollieren – zum Beispiel für die Behörden.

Was einer mit eigenen Augen sehen kann, im Werbefernsehen oder bei einer Werksbesichtigung, ist längst nicht das Ganze. Und es sind längst nicht nur Karottenschnitzchen und Lungenfitzelchen, die im Tierfutter landen. Auf krummen Wegen kommen auch andere Rohstoffe zum Einsatz, die nicht immer appetitlich sind.

Für die Tierfutterherstellung gilt, wie bei aller industriellen Nahrungsproduktion, das Gesetz der beschränkten Wahrnehmbarkeit: Was zu sehen ist, ist nicht die ganze Wahrheit.

So gibt es hier in Verden an der Aller, dem Heimtierfutterparadies, keinen Schlachthof. Es gibt hier keine Gemüsebeete. Es gibt kein Sojafeld und keine Zuckerrüben. Alles wird angeliefert. Das Fleisch, die Ingredienzen, sie kommen nicht aus Verden an der Aller und auch zumeist nicht aus dem Land mit den saftigen Wiesen und Bächen und Bäumen und den kleinen Häuschen.

Wie die Warenströme fließen, ist schwer nachzuvollziehen in einer Zeit, in der die Welt zusammengewachsen ist, in der Futter für Hunde und Katzen und Schweine, Hühner, Rinder hunderttausendtonnenfach durch die Lande gekarrt wird.

Die andere Seite dieser Lieferkette sieht anders aus. Es ist, gewissermaßen, die B-Seite.

Dort riecht es unangenehm. Dort sind Leute tätig, die nicht immer den besten Ruf haben. Dort gibt es Lieferbeziehungen, die mitunter etwas unübersichtlich sind. Dort gibt es auch Rohstoffe, die etwas unappetitlich sind, die in der Werbung für Whiskas und Sheba und Pedigree und Nestlé Purina-Tierfutter nicht vorkommen.

In der Dose aber schon.

Das Tiermehl beispielsweise.

Tiermehl kam bisher in der öffentlichen Wahrnehmung nur als BSE-trächtiges Futter für die Tiere in den Ställen vor.

Aber: Haustierfutterproduzenten beziehen ihre Rohstoffe häufig bei Lieferanten, die bei den großen Skandalen in Misskredit geraten waren. Und es ging damals nicht nur um schwammartige Verklumpungen im Hirn von BSE-kranken Kühen. Es ging auch um anrüchige Rohstoffe fürs Tiermehl – bis hin zum Klärschlamm.

Jene Firma beispielsweise, die jahrelang Tausende Tonnen Klärschlamm zu Tierfutter verarbeitet hatte, beliefert alle Großen der Branche: nicht nur Masterfoods, auch Nestlé Purina und Royal Canin (siehe Kapitel 3 und 5).

Klärschlamm zu Tierfutter: Das war auch keine kleine Klitsche, bei der das passierte. Es ist eine Firma, die sich auf das Einsammeln von Resten aus der Nahrungskette spezialisiert hat. Sie heißt Ren-

DAC – und gehört heute zu einem der größten Fleischkonzerne Europas: VION. VION macht jährlich einen Umsatz von mehr als sieben Milliarden Euro. Der Konzern beliefert deutsche Supermärkte mit Schnitzeln und BURGER KING mit Fleisch für die Bulettenproduktion. VION schlachtet zwei Millionen Lämmer, 1,2 Millionen Rinder und 18 Millionen Schweine pro Jahr – das ergibt insgesamt über zweieinhalb Millionen Tonnen Fleisch.

Da fällt natürlich auch einiges an Abfall an.

Der VION-Konzern gehört zu den zehn größten europäischen Fleischvermarktern – und ist ein schönes Beispiel dafür, wie Sphären zusammenwachsen, die eigentlich nicht zusammengehören, Metzgerei und Abdeckerei beispielsweise. Das hat die Firma jetzt auch schon gemerkt – und achtet in Werbung und Public Relations streng darauf, dass die unappetitlichen Geschäftsbereiche nicht so sehr ins Blickfeld der Öffentlichkeit geraten (siehe Kapitel 5).

Früher, im Mittelalter, waren die Abdeckereien vor die Stadttore verbannt, weil sie eine potentielle Brutstätte für Krankheitserreger waren. Die Leute, die das Geschäft betrieben, galten als unehrbar. Sie rangierten auf der sozialen Skala ganz unten, zusammen mit dem Henker, dessen Aufgaben sie oft gleich mit übernahmen.

Die Separierung hatte einen Grund: Gesundheitsvorbeugung. Den mittelalterlichen Menschen war klar, dass die Bereiche getrennt sein müssen, damit sich Krankheitserreger nicht ausbreiten können (siehe Kapitel 5).

Abdeckereien gibt es auch heute noch, überall im Land. Die Produktion dort ist nichts für schwache Nerven. Ein Mann vom Nachrichtenmagazin *Der Spiegel* hat einmal zugesehen und es dann beschrieben: »Es knackt und kracht in der Knochenmühle, wenn ein ausgedienter Zuchtstier durch das Mahlwerk gedreht wird. Mit einem gewaltigen Blubb platzen die gegorenen Gedärme einer Kuh. Die aufgedunsenen Leiber von Ziegen und Schafen werden in einem Riesentrichter zerschreddert.«

Klingt nicht sehr ansprechend. Und dann kommen auch noch die kleinen Hühnchen:

»In die Fleischmühle kommen auch Küken aus dem sogenannten Muser. Die Maschine diente eigentlich der Obstverarbeitung, wird aber auch zum Zerquetschen der frisch geschlüpften männlichen Küken verwendet, die sich naturgemäß nicht zum Eierlegen eignen, mithin keinen Gewinn abwerfen.«

Tierkörperbeseitigungsanlage, so nannte man bisher die Einrichtungen, in denen Tierkadaver, Schlachtabfälle wie Knochengerippe, aber auch kranke oder giftbelastete Tiere aus dem Verkehr gezogen wurden.

Wobei das eigentlich ein falscher Begriff ist: Es wird keineswegs alles beseitigt. Und es wird auch nicht alles aus dem Verkehr gezogen. Manches wird auch wieder in die Nahrungskette eingespeist. Und zu Tierfutter verarbeitet.

Empfindsamen Tierfreunden sträuben sich die Nackenhaare bei dem Gedanken, dass ihre vierbeinigen Gefährten Nahrung aus solchen Quellen bekommen.

Jetzt, da noch der letzte Restmüll verwertet werden muss, zeigt sich, dass diese Art von Recycling auch nicht unbedingt gesund ist.

Es sind nicht mehr die großen Seuchen, die Infektionskrankheiten, die sich ausbreiten. Es sind die chronischen Krankheiten, die heute zu Epidemien geworden sind. Die Vierbeiner zum Beispiel wurden so dick, dass die US-Regierung Anfang 2007 sogar eine Schlankheitspille für Hunde zugelassen hat.

Und die Qualität der Nahrung spielt eine große Rolle. Die industrielle Abfallverwertung über das Tierfutter schadet dem Tier, meint jedenfalls der Hamburger Tierarzt Dirk Schrader:

»Die Müllkippe Hund explodiert«, sagt der Veterinär, der in einer kleinen Villa in Hamburg-Rahlstedt Haustiere behandelt (siehe Kapitel 4).

Die Werbung spiegelt eine Welt vor, in der die Katze glücklich ist, und der Mensch auch.

Die Wahrheit ist: Der Mensch ist einsam, und die Katze hat Diabetes.

Der Mensch hat die Tiere nach seinen Bedürfnissen gezüchtet, erzogen, dressiert, und gefüttert.

Das Haustier als Freund, das Nutztier als Futter.

Um das Tier geht es nicht, es geht um den Menschen.

Die Futterindustrie hat das Tier zum Objekt menschlicher Bedürfnisse gemacht. Und das an einem ganz elementaren Punkt: bei der Ernährung.

Es ist nur so: Tiere sind eigentlich nicht so. Tiere sind eigenständige Wesen mit eigenständigen Bedürfnissen. Sie wollen eigentlich ganz andere Sachen fressen. Die Futterindustrie muss das negieren; schließlich kaufen nicht die Tiere das Futter, sondern die Menschen.

Sie füttert die Haustiere also mit vermenschlichten Menüs. Und sie mästet die Nutztiere mit Rationen, die nur einem einzigen Ziel dienen: größter Profit in kürzester Zeit.

Artgerecht ist das nicht. Es ist wider die Natur.

Und jetzt rächt sich die Natur.

Mit Krankheiten, die direkt oder indirekt Folge der Fütterung sind.

Die Tiere werden krank, die Haustiere übernehmen die Zivilisationskrankheiten ihrer Herren. Und die Menschen werden krank, angesteckt von Erregern, die sie in den Mägen ihrer Nutztiere herangezüchtet haben (siehe Kapitel 8).

Die moderne Art der Tierfütterung ist ungesund. Sie hat die Nahrung zwar unglaublich billig gemacht, doch sie hat die traditionellen Bindungen zwischen Mensch und Tier gekappt und an ihre Stelle die Logik der Industrie gesetzt.

Das erhöht die Risiken, denn der Müll aus den Nahrungsfabriken kann natürlich nicht ewig halten. Alle Rohstoffe der globalisierten und industrialisierten Food-Fabriken müssen über weite Strecken transportiert und für lange Zeit aufbewahrt werden. Damit wächst die Gefahr des Verderbens. Krankheitserreger können sich ausbreiten.

Die US-Firma Diamond Pet Foods beispielsweise musste kurz vor Weihnachten 2005 große Mengen Hundefutter zurückrufen, wegen Befalls mit Aflatoxin, einem Gift, das vom Schimmelpilz »Aspergillus flavus« produziert wird. Die Firma war gezwungen, vor ihrem eigenen Futter zu warnen. »Wenn Ihr Haustier Symptome wie Müdigkeit zeigt, Faulheit oder Lethargie, kombiniert mit Fressverweigerung, gelblicher Färbung von Augen und Zahnfleisch, starkem oder blutigem Durchfall, dann suchen Sie bitte unverzüglich Ihren Tierarzt auf«, so die Pressemitteilung, die über die amerikanische Lebensmittel- und Arzneimittelbehörde »Food and Drug Administration« (FDA) verbreitet wurde.

Da waren in Amerika schon 75 Hunde gestorben. Anfang 2006 starben im gleichen Zusammenhang in Israel weitere 23 Hunde. Todesursache: Leberversagen, nachdem sie »NUTRA NUGGETS PERFORMANCE« von DIAMOND gegessen hatten. Neunzehn verschiedene DIAMOND-Artikel aus der Fabrik in Gaston im US-Bundesstaat South Carolina mussten zurückgerufen werden.

Die EU hat über das Schnellwarnsystem 2006 vor den Schimmelpilzen aus den USA gewarnt. Bei einer Untersuchung der STIFTUNG WARENTEST im Frühjahr 2006 enthielt eine Probe »NESTLÉ PURINA BENEFUL« als einziges von dreißig getesteten Produkten erhöhte Werte von Deoxynivalenol (DON) und Zearalenon (ZEA). NESTLÉS »BENEFUL« gilt als Premium-Futter, wie auch DIAMOND.

Doch Schimmelgift unterscheidet nicht zwischen Billigfutter und Edelware. 1999 starben 25 Hunde an so einem Gift, das unter anderem in der WAL-MART-Hausmarke OL'ROY und 53 anderen Produkten enthalten war. 2004 waren in Asien WHISKAS, PEDIGREE und KITEKAT betroffen. Ursache war verpilzter Mais.

1995 hatte die Firma NATURE'S RECIPE einen Rückruf starten müssen wegen des Schimmelgifts Vomitoxin. Der Rückruf hatte die Firma zwanzig Millionen Dollar gekostet.

Die Zeitschrift *Öko-Test* fand 2004 in allen zwanzig untersuchten Hundetrockenfuttern das Schimmelpilzgift Deoxynivalenol (DON) – bei vier Produkten mehr als tausend Mikrogramm pro Kilo, ein Wert, der bei Schweinen als Richtwert für die Maximalbelastung gilt. Erhöhte DON-Werte wurden gemessen in »ANIMONDA FIT & CROSS DINNER MIT GEFLÜGEL UND RIND«, in EUKANUBA »ADULT ALL BREEDS PERFORMANCE HIGH ACTIVITY«, in »TIP KNACKIGE BROCKEN MIT GEFLÜGEL UND RIND«. Sowie in »ARTUS DOG VOLLNAHRUNG FÜR HUNDE RINGE MIT FLEISCH«. Ochratoxin A, ebenfalls ein Schimmelpilzgift, war nachweisbar in »ORLANDO VOLLNAHRUNGSMIX«, in »BENUTRA HIGH PREMIUM« von ALDI und wieder in »ANIMONDA FIT & CROSS DINNER«.

Die Untersuchung der STIFTUNG WARENTEST 2006 fand bei NESTLÉ PURINA neben den Schimmelpilzgiften auch Gen-Soja, das nicht deklariert war (siehe Kapitel 12).

Vor allem Trockenprodukte sind offenbar anfällig für Schimmel.

Das heißt: Die Zukunft wird schimmlig.

Denn trocken ist trendig.

»Der globale Trend geht zum Trockenfutter«, sagt Hill's Standardwerk »Klinische Diätetik für Kleintiere«.

Doch das Trockenfutter ist bei Experten höchst umstritten. So enthält es nach Branchenangaben viermal so viel Kalorien wie Nassfutter, erhöht mithin das Risiko für Übergewicht. Die Trockenpellets enthalten auch viele Kohlenhydrate – damit sie nicht zerbröseln. »Aus Verarbeitungsgründen wird Trockenfutter auf Getreidebasis hergestellt«, weiß das Hill's-Handbuch: »Die Stärke fungiert als eine Art Zement.« Vierzig Prozent Kohlenhydratanteil sei aus technischen Gründen der Standard – »da dieser Anteil den Minimalanforderungen für das Extrusionsverfahren entspricht«. Der Extruder, das ist die Lieblingsmaschine der Food-Fabriken, kann beinahe beliebige Produkte herauspressen – Chips, Spaghetti, aber auch Katzenflocken und Hundepellets.

Das bedeutet: Nicht feinschmeckerische oder tierfreundliche Gründe bestimmen die Rezeptur, auch nicht Gesundheitsmotive. Eine ganz wesentliche Rolle spielt das Produktionsverfahren.

Nicht das Tier steht im Mittelpunkt, sondern die Maschine.

Das Tier soll aber fressen, und daher wird das Produkt noch passend gemacht – mit den Mitteln der Chemie.

Damit es unterwegs nicht verdirbt, kommen Konservierungsstoffe rein. Damit es appetitlich aussieht, kommen Farben zum Einsatz (siehe Kapitel 7).

Vitaminverluste können durch künstliche Nährstoffe ausgeglichen werden – was allerdings offenbar Glückssache ist: Denn es ist schwierig, den Bedarf der Tiere zu treffen. Manchmal ist zu wenig drin, häufig aber zu viel. Das kann sogar auf die Gesundheit gehen: Die STIFTUNG WARENTEST machte im September 2006 darauf aufmerksam, dass »der Griff zur falschen Tüte« unter Umständen »fatale Folgen haben« könne (siehe Kapitel 13).

Damit es nicht so stinkt, gibt es Aromastoffe; Zucker und Süßstoffe, damit es besser schmeckt – und das Tier mehr verzehrt.

Eine besondere Herausforderung ist es offenbar, das Trockenfutter mit Geschmack zu versehen.

Dafür gibt es ein ganzes Arsenal von Möglichkeiten, so das Handbuch von HILL'S: »Die Pellets der meisten Trockenfutter sind mit Geschmacksverstärkern beschichtet, wie beispielsweise mit tierischem Gewebe, das zuvor durch proteolytische Enzyme verdaut worden ist. Auch Salze, auf der Oberfläche oder im Innern der Pellets enthaltene Fette, L-Lysin, L-Cystein, Mononatriumglutamat, Zucker und Sojasoße wirken geschmacksverstärkend.« Außerdem verwenden die Futtermittelhersteller Blut und Mehl aus Vogelfedern, Nukleotide, Hefeextrakt, Käsetrockenpulver, fermentiertes Fleisch und Molke, fleischhaltige Lösungen, die bei der Extrusion injiziert werden, hydrolisiertes pflanzliches Protein, Eier sowie Zwiebel- und Knoblauchpulver. »Immer häufiger«, so das Handbuch, »werden auch künstliche Aromastoffe eingesetzt, erkennbar am Aroma von Speck und Käse und dem Räucheraroma mancher Haustierfuttermittel und Leckerbissen.«

Das alles aber war bei der Führung im WHISKAS-Werk in Verden nicht zu sehen. Was zu sehen war, war eigentlich in Ordnung, sehr sogar, fand Katzenfreundin Grewe aus Twistringen. »Toll. Sauber. Sehr gut«, lobte sie nach dem Rundgang. Sauberer sei das als manche kleine Metzgerei. »Toll.«

Die Menschen vergleichen die Nahrung für die Tiere gern mit ihrer eigenen. Sie suchen auch Sachen aus, die Namen tragen wie die eigenen Lieblingsspeisen. »FESTTAGSMENÜ MIT GANS NACH TRADITIONELLER ART« von CESAR beispielsweise. Das ist für den Hund.

Die Leute unterscheiden nicht mehr so sehr zwischen dem, was gut für sie ist, und dem, was gut ist fürs Tier.

Viele sehen das Tier sogar als Partner.

Das ist sehr gut für die Menschen.

Für die Tiere weniger.

2. Botox für Boxer

Mensch und Tier nähern sich an

Die Katze wird zum Eros-Spender / Die neue Hundeliebe der Chinesen / Wenn Bello in die Pubertät kommt / Doggy-Wellness: Die Hundeseele baumeln lassen / Geld spielt keine Rolle / Ein stummes Sterben in deutschen Wohnzimmern / Der Feind des Haustiers ist sein Besitzer

Sie sind gemeinsam angekommen, der Mann und sein Hund. Eggert Pries, Betriebswirt aus Schleswig-Holstein, blond, orangerotes T-Shirt, Rucksack, und sein Hovawart warten gemeinsam an der Rezeption. Von Freitag bis Montag haben sie gebucht. »Ich will hier zu einer Feier«, sagt der Mann. Den Hund lässt er so lange hier, und er selbst kommt nach der Feier dann auch wieder her.

Das »Pfötchenhotel« bietet Unterkunft für Mensch und Tier.

Es gibt viele Anlässe, seinen Hund hier abzugeben, für ein paar Stunden oder ein paar Wochen. Manchmal ist es nur ein Geschäftstermin, manche feiern Hochzeit. Ob Hausbau oder ein Hospitalaufenthalt: Manches ist einfacher ohne Hund. Manche lassen ihren Hund hier, wenn sie in Urlaub fahren.

Man kann das Tier auch abholen lassen. Das macht Volker Steinke, der Hunde-Chauffeur. Er hat einen langen grauen Bart und steht an der Rezeption mit Chica, einem Golden Retriever. Chica kommt aus Charlottenburg. Wo sind Herrchen und Frauchen? »Die sind viel unterwegs«, sagt Steinke. »Der Hund war schon ein paarmal da.«

Rechts neben der Rezeption ist eine kleine Lounge, mit schicken Leder-Sitzmöbeln, da kann sich Herrchen oder Frauchen kurz ausruhen, links ein kleiner Shop mit vielen Säcken Royal Canin-Trockenfutter, dort kann man ein paar Leckereien für den Liebling kaufen. Der Futterproduzent Royal Canin ist ein Partner des Pfötchenhotels (siehe Kapitel 10).

Das Pfötchenhotel im brandenburgischen Beelitz, fünfzig Kilometer südwestlich von Berlin, ist geradezu ein Symbol für die veränderte Beziehung zwischen Mensch und Tier. Früher, so weiß es die Legende, hat man ja Hund oder Katze, wenn die Familie im vollbesetzten Volkswagen nach Rimini fuhr, noch an der erstbesten Autobahnraststätte ausgesetzt.

Heute haben viele gar keine Familie. Der Hund ist zum Ersatzpartner geworden. Die Katze zum Eros-Spender.

Und selbst bei jenen, die noch einen Partner haben, schiebt sich das Tier immer häufiger dazwischen: »Ein Hund nimmt mit der Zeit eine solche Hauptrolle ein, dass jede Lust boykottiert wird. Er zerstört den Sex«, sagt Christine Kaufmann, Buchautorin und Schauspielerin (»Liebestöter auf vier Pfoten«).

Früher kannten die Menschen auch die Haustiere nur als Nutztiere. Auch Hund und Katze wurden wegen ihres Nutzens gehalten. Der Hund als Hüter des Hauses, auch als Jagdgehilfe, die Katze als Mäusefänger. Und sie wurden aufgrund ihrer Leistungen geschätzt, mitunter sogar als Götter angebetet (siehe Kapitel 6). Heute wird auch manches Haustier vergöttert, aber eher aus Gründen der zwischenmenschlichen Verarmung.

Das Trendtier Katze beispielsweise sei gleichsam zum Lehrmeister geworden für den Menschen, befand ein deutsches Marktforschungsinstitut namens »Rheingold« (»Institut für qualitative Markt- und Medienanalysen«) in Köln.

Das Institut sieht die Katze als »Kuschel-Katalysator«, sie ermögliche dem Menschen, der flexibel sein soll und Ego-stark und doch sensibel, im charakterlich vorauseilenden Katzenwesen eine »erhabene Spiegelung«. Das Tier zeige ein »Stück natürlicher Überlebenskunst«.

»Durch diese Rückbesinnung auf die Natur hofft man, sich auch selbst ein Stück mit der widerstandsfähigen Überlebenskunst der Katze ausrüsten zu können und sich auf diese Weise selbst gegen härter werdende Zeiten und den Großstadt-Dschungel zu wappnen.« Die Katze als Kumpan biete nicht nur, streichelweich im Fell, »Zuhause und Lebendigkeit«, sondern auch – hopp, ist sie weg – »Unabhängigkeit und Freiheit«. Im Schnurren strahle sie »Emotionalität«

aus und biete so, alles in allem, bei aller Katzenhaftigkeit auch ein Stück »Menschlichkeit«.

Zwischen Mensch und Tier ist eine emotionale Beziehung entstanden – und gleichzeitig eine ziemliche Entfremdung. Das Tier wird nicht mehr als Tier wahrgenommen und behandelt, sondern als Ersatzmensch, als gleichberechtigter Partner. Das ist einerseits eine erfreuliche Aufwertung – aber es wird dem Tier als Tier nicht unbedingt gerecht. Und: Immer mehr Tiere leiden offenbar unter ihrem neuen Status.

Sogar die Chinesen, traditionell eher dem Hund auf dem Teller zugetan, wollen ihn jetzt als Haustier. Im Jahr 2006, dem Jahr des Hundes, sei ein »wahrer Hundehalterboom« ausgebrochen, meldete die *Süddeutsche Zeitung*. Eine Tierschützerin namens Mao Mao sagte gegenüber dem Korrespondenten des Blattes, dass die Liebe allerdings noch Grenzen habe: »Wenn die Hunde den Besitzern aufs Sofa scheißen, dann verlieren sie schnell die Geduld und setzen sie einfach aus.«

In den westlichen Ländern ist die Tierliebe etablierter, und die Leute kümmern sich schon um die Seele des Tieres, um die Persönlichkeitsentwicklung und sogar seine sexuelle Orientierung. Die österreichische Zeitschrift *Wuff* beschäftigte sich schon mit dem Thema »Hunde in der Pubertät. Vom Welpen zum Flegel«. Und das *New York Dog Magazine* widmete sich dem Schock nach dem Coming-out des Hausgenossen (»Mein Hund ist schwul!!«).

Die Tierliebe kennt kaum Grenzen: Der Münchner Psychologe Volker Sorembe etwa richtet seine Libido sogar auf seine Frösche im Gartentümpel: »In besonders glücklichen Situationen kann man den Frosch auch auf den Rücken legen und ihm den Bauch streicheln«, sprach er der überraschten Reporterin Irene Binal vom *Deutschlandradio* ins Mikrofon, die der Frage nachgegangen war, wie die menschliche Zuneigung die Tiere zuweilen überfordert (Titel ihrer Sendung: »Wenn Bello weint«).

Der Mensch nähert sich dem Tier, weil er sich vom Mitmensch zunehmend entfremdet. Viele leben allein, manche einsam. Die zwischenmenschlichen Beziehungen leiden, oft gibt es kein Gespräch mehr, kaum Kommunikation. Vor allem in den Großstädten scheinen zunehmend Hund und Katze zum Lebenspartner zu werden. Und auch beim Futter gibt es Tendenzen der Vermenschlichung – was den Tieren nicht unbedingt gut tut.

Denn die vereinsamten Großstädter opfern sich beinah auf für ihre vierbeinigen Lieblinge: »Es gibt viele Leute, die tun alles für ihr Tier«, sagt Christoph Puls, Marketing-Chef beim Premium-Futterlieferanten GIMBORN. Besonders erfreulich für die Branche: »Das Argument, kein Geld zu haben, spielt nach Umfragen bei der Entscheidung für oder gegen ein Haustier so gut wie keine Rolle«, sagt Detlev Nolte, Sprecher des »Industrieverbands Heimtierbedarf«.

Das zeigt sich in der Doggy-Dingwelt.

Etwa im Shop namens »V.I. Pets« in Hamburg-Pöseldorf.

Vor dem Laden stehen ein älteres Mercedes-Cabrio, ein Opel-Cabrio und ein Ford-Cabrio. In Hamburg fahren sie gern Cabrio und öffnen das Dach, sobald der Regen mal kurz nachlässt.

Klar, dass es daher im V.I. Pets-Shop eine Cabrio-Autofahrerbrille fürs Hündchen gibt, das gleich im Fenster ausgestellt ist, an einem Schaufensterhund.

Dort gibt es auch ein Halsband mit Swarowski-Steinen für 79,90 Euro, ein Körbchen aus Leder für 129 Euro.

Es gibt ein Futternapf-Set für 999 Euro, in Edelholz, braun, mit zwei stählernen Näpfen, einer fürs Wasser und einer fürs Fressen.

Es gibt auch Luxus-Gourmet-Food, eingeschweißte Fertignahrung vom anderen Ende der Welt: »NATURAL NEW ZEALAND PET NUTRITION ZIWI PEAK«, 85 Gramm für 4,90 Euro. Und es gibt eine Art Bonbonregal, mit leckerem Wellness-Futter, »RINTI KNOBLAUCH ECKEN« beispielsweise. Und »GOURMET-HAPPEN« und »KNUDDEL-MIX« und »MINIKNOCHEN-MIX«.

Ein paar Kilometer weiter, in Hamburg-Eppendorf, wo ein »Ristorante« ans andere grenzt und die Leute in edlen, weiträumigen Altbauten wohnen, da wird der Hund auch gern im Kinderwagen spazieren gefahren.

»Das ist ein vertrückter Trend«, sagt Jessica Schlatermund, die Chefin im Laden »DOGMA« (»Lifestyle für Hund und Halter« steht auf der eleganten Markise). Sie achtet darauf, dass alles artgerecht zugeht und der Hund bekommt, was ihm wirklich gut tut. »Wenn der Hund Rheuma hat, da kriegt er eine Jacke, aber die ist maßgeschneidert«, sagt Frau Schlatermund.

Ihre Kunden haben keine Hündchen, sondern Hunde, »weil die Leute ein großes Haus haben und Garten oder sich einen Dog Walker leisten«.

Ein Dog Walker, das ist einer, der mit dem Hund mal Gassi geht.

In Brasilien und Kalifornien steigt schon die Nachfrage nach Schönheitsoperationen fürs Tier: Brust verkleinern, Lid straffen, Falten glätten. Bis hin zum »Botox für Boxer« (*Welt am Sonntag*). Die Schönheitsbranche findet das normal: »Warum soll ein Hund nicht schön sein?«, fragt Edgard Brito, Spezialist für plastische Tierchirurgie im brasilianischen São Paulo.

Die US-Firma NEUTICLES bietet sogar Silikonhoden für kastrierte Hunde. Das soll das »Selbstbewusstsein« der Entmannten heben. Erfinder Gregg A. Miller kam auf die Idee, als sein Bloodhound Buck kastriert worden war. »Ich war wirklich überrascht, als ich merkte, dass die Hoden ein für allemal entfernt waren, nachdem Buck kastriert worden war«, sagt Miller. Er war völlig konsterniert: »Buck war nicht mehr Buck!« Dank der Hilfe eines Veterinärs entwickelte er die »Hoden-Implantate für Haustiere« (US-Patent #58-68140). Eine halbe Million Dollar wurde investiert, bevor die ersten Kunst-Hoden eingebaut werden konnten, beim Rottweiler Max, der dem Polizeibeamten Mike Pyle aus Missouri gehörte.

Das Mitgefühl des Menschen fürs Tier kennt offenbar kaum noch Grenzen.

Manche tanzen schon miteinander. Das heißt dann »Dogdance« und ist die neue »Trendsportart«, wie die *Süddeutsche Zeitung* im September 2006 berichtete. Der Reporter des Blattes war im »Hundesporthotel Wolf« in Oberammergau dabei, als Denise Nardelli die anwesenden Vierbeiner in der Kunst des »rhythmischen Pfotenschwingens« unterwies. Frau Nardelli sei dabei nicht »irgendeine Trainerin«, sondern die »Hundetanz-Päpstin«, Autorin des Standardwerks »Dogdance«.

Dogdance gibt es auch im »Pfötchenhotel«. Dafür ist Monika Lux zuständig. Sie ist klein, drahtig und sehr agil.

Ein Hund braucht eine Aufgabe, sagt Frau Lux. Bei den meisten Hunden reiche Spazierengehen nicht aus. Die seien trieblich und geistig nicht ausgelastet. Sie hätten einen Beutetrieb, einen Jagdtrieb und einen Sexualtrieb. Die Triebe muss der Hund ausleben dürfen, sagt Frau Lux, sonst suche er sich anderswo Ausgleich, dann »nimmt er sich 'nen Fahradfahrer oder einen Jogger«.

»Wir versuchen, die Triebe in die richtigen Bahnen zu lenken«, sagt Frau Lux. Zum Beispiel mit Dogdance. Das ist nicht Walzer, sondern eine Art Ballett, der Hund springt zwischen ihren Beinen herum, reagiert auf Handbewegungen, folgt ihrem Rhythmus. Und alles in unglaublichem Tempo.

Eigentlich ist es gut, wenn Mensch und Tier zusammen sind. Zumindest für den Menschen. Das jedenfalls zeigten verschiedene Beiträge beim Kongress »Mensch-Heimtier-Beziehung« im Frühsommer 2006 in Ismaning bei München. Tiere hätten einen guten Einfluss auf Selbstbewusstsein und Einfühlungsvermögen, sie würden die Schulleistungen bei Kindern steigern, brächten sogar an Straftätern verschüttet geglaubte soziale Seiten zum Vorschein, hielten Langzeitsarbeitslose von Dauerfernsehen und Alkoholmissbrauch ab.

Grundsätzlich gilt: Das Tier im Haus erspart den Doktor, verkündete das Berliner »Robert-Koch-Institut« im Jahre 2004. Die positiven Effekte reichten von niedrigem Blutdruck bis zu günstigeren Cholesterinwerten. Mehr körperliche Bewegung, stärkeres Selbstvertrauen zählte das Institut zu den indirekten Folgen, zu verzeichnen sei auch ein geringerer Medikamentenkonsum.

Die Universität Buffalo hat herausgefunden, dass allein die Anwesenheit eines Tieres im gleichen Raum blutdrucksenkend wirkt und das Stressempfinden mindert. Bei einem Versuch mit Börsenhändlern verringerte sich im Beisein von Hunden die Produktion von sogenannten Freien Radikalen, die Alterungsprozesse beschleunigen sollen und auch als krebsfördernd gelten.

Auch britische Forscher propagieren den Bürohund. Allein das beiläufige Streicheln des Hundes senkt den Blutdruck und setzt das Glückshormon Endorphin frei.

Im »Seniorenzentrum der Arbeiterwohlfahrt« in Feldkirchen-Westerham bei München sind sogar vier Besuchshunde im Einsatz, um den Demenzkranken das Dasein zu verschönern, berichtete die Zeitschrift *Partner Hund* im Sommer 2006. Für Sozialdienstleiterin Lilo van Elk sei es immer eine »stille Freude«, wenn sie in die »strahlenden Augen« und »lächelnden Gesichter« der alten Leutchen blicke. Einer US-Studie zufolge seien die Tiere sogar besser geeignet, den Alten über ihre Einsamkeit hinwegzuhelfen, als Menschen.

Hunde können sogar wahrnehmen, wenn ihr Herrchen einen epileptischen Anfall bekommt, und warnen ihn dann rechtzeitig, bevor der Krampf beginnt. In den USA, Australien und England sind »Anfall-Warnhunde« schon seit über zwanzig Jahren im Einsatz.

Hunde sind so einfühlsam, dass sie sogar Krankheiten erschnüffeln können. Krebs beispielsweise.

Erstmalig hatte das Medizinjournal *Lancet* im Jahre 1989 von einem Hund berichtet, der ständig intensiv am Hautkrebs seiner Besitzerin schnupperte. Bei einer Hundeshow legte sich ein Labrador-Weibchen auf die Füße einer Jurorin. Als man die Frau deswegen zu einer Krebs-Untersuchung drängte, wurde bei ihr ein Melanom im Frühstadium diagnostiziert. Die Hundedame Isabelle wurde dafür später als »America's Top Dog« ausgezeichnet.

Auch bei Blasenkrebs erzielten Forscher um Carolyn Willis vom »Amersham Hospital« in der britischen Grafschaft Buckinghamshire überraschende Ergebnisse: Die Testhunde diagnostizierten, so die 2004 im *British Medical Journal* erschienene Untersuchung, den Blasenkrebs in 22 von 54 Fällen richtig, was einer Trefferquote von 41 Prozent entspricht.

Spektakulär waren die diagnostischen Fähigkeiten der Hunde bei Brust- und Lungenkrebs.

Wissenschaftler der »Pine Street Foundation« in Marin County im US-Bundesstaat Kalifornien haben fünf Hunden innerhalb von sechzehn Tagen den Unterschied zwischen dem Geruch gesunder und krebskranker Probanden beigebracht.

83 der 169 Testpersonen waren gesund, bei den anderen war kurz zuvor entweder Lungenkrebs oder, wie bei 31 Frauen, Brustkrebs diagnostiziert worden. Den Hunden wurden Atemproben aus Plastikbeuteln präsentiert. Wenn sie Krebs rochen, sollten sie sich hinsetzen.

Die Trefferquote war erstaunlich: Bei der Erkennung von Brustkrebs übertrafen die Hunde mit einer Quote von 88 Prozent sogar die Genauigkeit von Mammographien. Beim Lungenkrebs lagen sie gar zu 99 Prozent richtig.

Die Erklärung: Tumore enthalten Benzol sowie winzige Spuren alkalischer Derivate, die in gesundem Gewebe nicht vorkommen. Alle Versuche, diese Substanzen mit künstlichen Geruchsdetektoren zuverlässig aufzuspüren, scheiterten. Die Hunde sind einfach sensibler: Mit ihrer extrem empfindlichen Nase können sie ein einziges Duftmolekül in einer Billion anderer ausfindig machen. Außerdem besitzen sie die seltene Fähigkeit, auch komplexe Duftmischungen erkennen und von anderen unterscheiden zu können. Das Riechepithel des Menschen umfasst fünf Quadratzentimeter, das des Hundes 150; auf diese Fläche kommen beim Menschen fünf Millionen Riechzellen, beim Schäferhund 220 Millionen.

Es gibt natürlich auch Nachteile der Mensch-Tier-Lebensgemeinschaft: Auf der Minus-Seite steht natürlich die Allergie durch Katzenhaare, auch mal ein Kratzer von Krallen. Manchmal überträgt das Tier auch tödliche Infektionen, etwa durch die bei Immungeschwächten gefürchteten Hamsterviren, oder auch Spulwürmer, »Toxoplasmose« oder Tollwut. Nicht zu vergessen die Krankheiten, die die Nutztiere übertragen: Salmonellen, E.coli, BSE (siehe Kapitel 8).

Und manchmal gibt es auch scharfe Bisse, die Kinder ein Leben lang verunstalten.

Andererseits leidet auch das Tier durch zu viel Nähe oder wohlmeinende Fürsorge.

Etwa durch nicht artgerechtes Futter, das der Mensch kauft in der Annahme, was ihm munde, sei auch gut fürs Tier. Beispielsweise Cracker für Kaninchen.

»Die hohe Kaufakzeptanz für diese Snacks liegt in dem Irrglauben des Tierhalters, dass sie für das Heimtier ein ähnlich kulinarisches Vergnügen darstellen wie analoge Lebensmittel für ihn«, sagt Privatdozentin Birgit Drescher aus Stuttgart.

»Tatsächlich wird das Kaninchen von nicht artgerechtem Fraß fett und faul, leidet unter Durchfall«, urteilte das Magazin *Stern*.

Die Futtermittelhersteller befinden sich in einem gewissen Dilemma: Einerseits produzieren sie für Käufer, also Menschen. Andererseits wissen sie genau, dass deren kulinarische Projektionen nicht immer gut sind fürs Tier.

Nestlé Purina etwa fragt regelmäßig Menschen, was sie als Tierfutter wollen. Das Ergebnis: Die menschlichen Ernährungsmoden finden sich bei den Wünschen für den Fressnapf wieder.

»Es gibt ein großes Konsumentensegment, das ein wirkliches Bedürfnis hat, den Hund mit Nahrung zu verköstigen wie einen Menschen«, sagt Steve Crimmins, leitender Manager für Hundefutter-Marketing bei Nestlé Purina.

Und wenn eben Getreide und Gemüse als gesund gilt, dann wollen sie das auch für den Hund. »Sie glauben wirklich, diese Ingredienzen seien wichtig für den Hund«, so Purina-Manager Leigh Krueger. Die Futterfirma muss dann ein bisschen korrigieren: Schließlich ist ein Hund ein Fleischfresser – und kein körnerliebender Vegetarier.

Nicht alles, was die Menschen gut finden, ist auch gut für den Hund. Schokolade beispielsweise kann tödlich sein. »Teilen Sie Ihre Schokolade nie mit dem Hund!«, warnte die Zeitschrift *Unsere besten Freunde*: »60 Gramm Schokoladenkuvertüre reichen aus, um einen Pudel zu töten, eine Tafel Vollmilchschokolade kann für einen Pekinesen schon zu viel sein, eine Tafel Edelbitter überlebt auch ein mittelgroßer Hund nicht.« »Lebensgefährliche Inhaltsstoffe« seien in Schokolade enthalten, teilte die Zeitschrift mit, und bezog sich auf die Tierärzte der britischen Hundefreundeorganisation DOGS TRUST (ehedem »National Canine Defence League«), die empfehlen, Schokolade außerhalb der Reichweite von Hund und Katze aufzubewahren (»Warnung: Schokolade kann Ihren Hund töten!«).

Schuld sei nicht der Kakao, sondern ein Inhaltsstoff namens »Theobromin«. Fälle von Theobrominvergiftung kämen immer wieder vor; Symptome: »Starkes Hecheln, Erbrechen, Durchfall, Herzrasen, und im Extremfall motorische Krampfanfälle und der darauf folgende Tod.«

Wenn die Menschen dem Tier zu viel Fürsorge und Liebe entgegenbringen, kann Krankheit oder gar früher Tod die Folge sein.

»Viel zu viele Tiere werden offensichtlich einfach verschlissen«, klagt Professor Günter Pschorn, Präsident der Bundestierärztekammer. Vor allem die Fische leiden darunter: Sie können ja nicht einmal bellen oder miauen oder murren. Viel zu viele von ihnen werden in viel zu kleine Aquarien gestopft – und schwimmen dann irgendwann an der Wasseroberfläche – mit dem Bauch nach oben.

Experten nehmen an, dass der gesamte Zierfischbestand viermal jährlich erneuert wird.

Ein stummes Sterben in deutschen Wohnzimmern.

»Der größte Feind des Heimtiers ist der unwissende Besitzer«, sagt Silvia Blahak von der Tierärztlichen Vereinigung für Tierschutz. Darum hat die Bundestierärztekammer »das Heimtier« schon zum »zu schützenden Tier des Jahres« erklärt.

Das hat natürlich die Tierbranche nicht ruhen lassen. Sie bietet Rundumversorgung für belastete Hausgenossen.

Etwa in der »Villa Kunterbunt«, einer »Beauty & Relax Villa« in Zwenzow zwischen Berlin und der Ostsee am großen Labussee. Das »Doggy-Wellness«-Hotel hat sich auf die gemeinsame Wellness von Mensch und Tier spezialisiert.

Es gibt da allerlei Streicheleinheiten, eine »Intensiv-Ganzkörpermassage« etwa, eine »Intensiv-Rückenmassage«, eine »Kopf-Reflexzonenmassage«, eine »Ohren-Reflexzonenmassage« und eine »Pfoten-Reflexzonenmassage«, ab dreißig Euro pro Massage, der Preis richtet sich nach Umfang der Massage und der Größe des Tieres.

»Wellness für den Hund? Ist das nicht doch ein wenig dekadent?« So fragt das Doggy-Wellness-Hotel in seinem Werbetext unter der Überschrift: »Doggy-Wellness – die Hundeseele baumeln lassen.«

Das Wellness-Bedürfnis beim Hund indessen sei »kaum zu bestreiten«, schreiben die Doggy-Wellness-Leute. Denn: »Der Hund ist, wie wir Menschen, zahlreichen negativen Umwelt- und Stressfaktoren ausgesetzt.« Und da kann einiges zusammenkommen, wenn der Tag lang ist: »Spazierengehen über harten Asphalt« etwa, dazu »stressige Fahrten mit öffentlichen Verkehrsmitteln«, oder gar das quälende »Treppensteigen in Mietwohnungen«, das »vor allem Jungtiere belastet.« Kein Wunder, dass sich da immer mehr Hunde einfach mal eine Auszeit gönnen.

Bei der »Doggy Wohlfühlwoche« gibt es zur Begrüßung für den Halter einen Begrüßungsdrink und fürs Tier ein »Leckerli«.

Nicht nur die Krankheiten ähneln sich, auch die Therapie nähert sich an – jedenfalls im Doggy-Wellness-Sanatorium: »Grundsätzlich gilt: Was dem Menschen beim Gesundwerden hilft, ist auch gut für Tiere.« Deshalb »kommen bei Doggy-Wellness zahlreiche wohlbekannte Wellness-Techniken zum Einsatz – von der klassischen Massage und Lymphdrainage bis hin zu physikalischen Techniken (z. B. Lasertherapie oder Wärme- und Kälteanwendungen)«.

Und es geht noch weiter: Im Pfötchenhotel im brandenburgischen Beelitz können sogar schwerst pflegebedürftige Hunde kommen. Nur Hartherzige könnten meinen, ein Hund als Pflegefall, den sollte man lieber einschläfern. Einschläfern? Da wehrt sich die Tierärztin im Pfötchenhotel: »Nur weil er inkontinent ist und nicht mehr so gut gehen kann?«

Mensch und Tier nähern sich an – auch bei den Krankheiten. Und vor allem die chronischen Leiden nehmen zu – häufig bedingt durch die Ernährung.

Denn das, was die Tiere kriegen, klingt zwar sehr edel (»ZARTE HÄPPCHEN IN SAUCE MIT HUHN UND HERZ«), doch das, was drin ist, ist nicht immer das Allerfeinste.

3. Der Pfui-Teufel-Faktor

Eine in Verruf geratene Branche will ihr Image aufpolieren

Der Herr des Schlachthofs ist ein bisschen betrübt / Alles wird gut / Unten am Kanal riecht es noch ein bisschen streng / Verwandeltes Wesen: Das Tiermehl hat kein Gesicht / Wie kommt das Schlafmittel ins Hundefutter? Klärschlamm zu Tierfutter: Wenn die Ekelbremse versagt

Auf dem Gelände ist es sehr ruhig. Ein großer Hof, riesige Hallen. Alles tipptopp sauber. Aber es herrscht kein Betrieb, obwohl die Woche schon angefangen hat.

Keine Tiere, keine Menschen sind zu sehen. Nur ein schwarzer BMW steht da. Er gehört dem Chef, Aydin Akdag.

Dann kommt Herr Akdag aus dem Gebäude. Herr Akdag ist ein deutscher Türke, und gegenwärtig ist er ein bisschen betrübt, weil sein Schlachthof so schlecht läuft. »Wir haben im Moment nicht so viel Betrieb«, sagt er. »Wir haben schon Kunden verloren.« Gerade noch vierzig Tonnen pro Woche schlachten sie, ein paar Hundert könnten es sein.

Der Schlachthof liegt ein paar Kilometer außerhalb der Stadt. Aber seit einiger Zeit steht er im Mittelpunkt des Interesses, sehr zum Missvergnügen des Besitzers.

In der Nachbarschaft gibt es eine Kartbahn und einen Karosseriebauer, Computerfirmen, eine Schreinerei. Und an der Ausfallstraße jene Sorte von Betrieben, die sich nach amerikanischem Vorbild auch an den Rändern europäischer Städte ausbreiten: eine ganze Reihe von Supermärkten, darunter einer von LIDL und einer von CARREFOUR. Diverse Autohändler, für Ford, Nissan, Citroën, Volkswagen, Mercedes, Suzuki. Ein Elektromarkt, ein Baumarkt. Eine Autowaschanlage und ein Matratzenhändler, ein Reifenhändler und ein

Heizölhändler. Und daneben »Reiner's Fritteneck«, eine Frittenbude, hier »Frituur« genannt. Wir befinden uns in Belgien, genauer gesagt: im deutschsprachigen Teil Belgiens, in der 18 000-Einwohner-Stadt Eupen, 25 Kilometer von Aachen.

Der Schlachthof wurde hier eigentlich betrieben, um im nahen Deutschland Dönerbuden und türkische Gemeinden mit Fleisch von Tieren zu versorgen, die nach den islamischen Religionsgesetzen geschächtet wurden.

Und genau dagegen wehrt sich eine Bürgerinitiative. Und auch gegen die hygienischen Zustände auf dem Schlachthofgelände, die hier nach Meinung der Kritiker zeitweilig herrschten. Jetzt ist es zwar total clean, jedenfalls außen, doch es gab auch Schlampereien und hygienisch fragwürdige Praktiken bei der Anlieferung der Tiere und beim Abtransport von Fleisch und Schlachtabfällen. Zweimal lag sogar eine ganze Kuh, tot, tagelang auf dem Gelände herum.

Die Behörden mussten einschreiten. Die Stadtverwaltung wies darauf hin, »dass sich ein solcher Vorfall nicht noch einmal ereignen darf«.

Die Umweltpolizei ermittelt, auch die Staatsanwaltschaft, wegen der angeblichen Schlampereien, und jetzt auch wegen der Schießerei letzte Woche am Schlachthof. Ein Geschäftspartner liegt mit einem Lungendurchschuss im Krankenhaus. Die Umstände sind noch ungeklärt.

Verständlich, dass Herr Akdag betrübt ist. All die Umstände sind nicht gerade förderlich fürs Geschäft.

Jetzt aber kommt eine gewisse Geschäftigkeit auf. Ein Lastwagen fährt aufs Gelände, blau-weiß lackiert. Das sind die Farben der Firma Rendac.

Die Firma Rendac ist sehr bekannt in Belgien und den Niederlanden. Sie ist eine riesige Firma, die sogenannte Tierkörperbeseitigungsanlagen betreibt. In Holland hat sie sogar ein Monopol auf das Einsammeln toter Tiere, auch der Haustiere. Und der Tiere, die beim Tierarzt eingeschläfert wurden. Man kann sie sogar übers Internet melden (»Melden kadavers«), dann kommt der Rendac-Lkw und holt sie ab.

Die Firma Rendac gehört zu einem großen Konzern, der auch

Schlachthöfe in Deutschland betreibt: VION. Die Firma, die wir bereits kennengelernt haben, ist der größte Fleischvermarkter Europas und macht über sieben Millarden Euro Umsatz im Jahr. Also ein überaus seriöser Betrieb.

RENDAC allerdings geriet vor einigen Jahren in den Strudel eines Skandals: Die Firma hatte damals Klärschlamm aus Schlachthäusern zu Tierfutter verarbeitet. Fünftausend Tonnen pro Jahr. Das war nicht ungewöhnlich, wurde auch gar nicht verheimlicht, das machten andere Firmen genauso, in Frankreich und auch in Deutschland (siehe Kapitel 9). Die Tierfutterbranche hat über all die Jahre, da sie weitgehend unbeobachtet und nach ihren eigenen Gesetzen wursteln konnte, ein bisschen das Gespür dafür verloren, was anständig ist und was anrüchig. In dieser Zeit ist offenbar auch die Ekelbremse außer Kraft getreten, die andere Menschen vor dem Umgang mit Exkrementen bewahrt.

Der Tierfutterbranche grauste es offenbar vor gar nichts. Und sie kannte auch keine Hemmschwellen bei der Wahl ihrer Rohstoffe. Begünstigt wurden die Praktiken noch durch die mitwirkenden Chemiker, die noch jeden Rohstoff durch geeignete Geschmacksstoffe einigermaßen appetitlich erscheinen lassen können (siehe Kapitel 7).

Forscher von der Landwirtschaftlichen Universität im niederländischen Wageningen beispielsweise veröffentlichten im Jahre 1994 ein Buch über die Gewinnung von Geflügelfutter aus Müll.

Es ging vor allem um die Gewinnung von Hühnerfutter aus Mist, also den Exkrementen der Tiere. Mithin eine Art Kreislaufwirtschaft. Hinten raus, vorne rein.

Nun kann das bei Hühnern durchaus mal vorkommen, wenn sie übern Hof stolzieren, nickend und pickend, dass sie auch mal ein Häufchen aufpicken. Das muss nicht unbedingt schlecht sein, kann sogar zur Immunstärkung dienen, meinen altgediente Tierärzte.

Anders sieht es aus, wenn das Häufchen-Picken zum Prinzip erhoben wird.

Das sterilisierte Erzeugnis nennen die Experten DPW (Dried Poultry Waste, getrockneter Geflügelmüll). Es ist Messungen zufolge reich an Kalzium, Phosphor, Vitamin B und wertvollen Aminosäuren.

In Europa ist die Verfütterung von Kot derzeit verboten. Auch haben die Mist-Forscher Briefe von Menschen erhalten, die Bedenken hinsichtlich »ethischer Fragen« hegten, berichtet Koautor van der Poel: »Diese Leute lehnten es aus moralischen Gründen ab, dass die Hühner gewissermaßen mit ihren eigenen Ausscheidungen gefüttert werden.«

Autor van der Poel und sein Forscherkollege Adel El Boushy aber waren absolut überzeugt von den Qualitäten ihres Rohstoffs.

Es ging ihnen auch nicht nur um die Verfütterung von Hühnermist an Hühner, sondern auch um städtischen Müll, Gerbereiabfälle, Klärschlamm.

Die Wissenschaftler empfahlen das alles auch für Schafe, Lämmer, Rinder und Milchkühe.

Man dürfe natürlich den Kot nicht pur verfüttern, so raten sie, aber ein Mist-Anteil von bis zu vierzig Prozent bringe erstaunliche Ergebnisse. Die Qualität der Eier von mistgemästeten Hennen sei höher, die Viecher würden das Futter zudem besser verwerten.

Weil aber das Federvieh zumindest die Fähigkeit besitze, »süß, salzig, sauer und bitter zu unterscheiden«, raten die Müllverwerter El Boushy und van der Poel zur Geschmackskosmetik bei den Futterbeigaben: »Die Akzeptanz der Nahrung, die auf Müll-Produkten basiert, sollte durch die Verwendung von Süßstoffen verbessert werden.«

Das Buch ist zum ersten Mal 1994 erschienen. Die Verwendung von Exkrementen als Tierfutter war damals in Europa schon verboten. Das Thema stieß in der Branche aber offenbar auf nachhaltiges Interesse, sodass im Jahr 2000 ein Handbuch für Geflügelfutter aus Müll erschien (»Handbook of Poultry Feed From Waste Processing and Use«).

John P. Blake vom Fachinformationsdienst *Poultry Science* war höchst angetan: Es sei, schrieb er in einer Rezension, ein Buch von »beträchtlichem Wert« für Forschung, Praxis und auch die Ausbildung von Fütterungs-Experten, ein »willkommenes Nachschlagewerk« für »jeden, der sich für das Nährstoffgewinnungs-Potential von Abfall interessiert«. Schließlich sei noch allerlei Abfall völlig ungenutzt. Und er zählte den ganzen Nähr-Müll auf: »Geflügelmist,

Schlachtabfälle, Klärschlamm, Gerbereiabwässer, städtischer Müll, Frucht- und Gemüseabfälle.« Aufgabe sei die »Integration und Nutzung dieser Abfälle als akzeptable Futtermittel-Zutat bei der Geflügelproduktion«.

»Der Pfui-Teufel-Faktor ist hoch«, gibt Philip Petry zu, der Präsident der amerikanischen Vereinigung der Futtermittel-Kontrolleure (AAFCO). Aber dank der wertvollen Inhaltsstoffe, schwärmt er, sorgten die Hühner-Exkremente im Futter für einen »wirklich guten Protein-Sprung«.

Selbst das angesehene Wissenschaftsmagazin *New Scientist* lobte die Methode. Die Wissenschaftsjournalistin Debora Mackenzie schrieb in der Ausgabe vom 18. März 2000 über preiswerte Futtergewinnung, indem »Exkremente aus Hühnerställen« einfach »direkt an das Rindvieh verfüttert« werden. Sie räumte ein: »Das Vieh mit Müll zu füttern, mag unappetitlich sein«, doch, so meinte sie, »es macht Sinn.« Schließlich fragte sie: »Wovon wird Ihnen eher übel? Wenn Sie erfahren, dass Ihr Käse von einer Kuh kommt, die sterilisierte Hühnerkacke verspeist hatte – oder wenn er von einer Kuh kommt, die Getreide fraß, von dem ein hungerndes Kind hätte satt werden können?«

Die Äußerung zeigt zweierlei: Zum einen, dass unappetitliche Produktionsmehoden schon weithin salonfähig geworden sind. Und dass, zum andern, auch in Wissenschaftskreisen weithin Unkenntnis herrscht über artgerechte Tierernährung. Rinder fressen bekanntlich von Natur aus nicht Getreide, sondern Gras – und geraten damit kaum jemals in Konkurrenz zu hungernden Kindern (Wenn sie artwidrigerweise Getreide fressen, entstehen im Übrigen aggressive Bakterien, an denen vor allem Kinder sterben, in Amerika, aber auch in Deutschland. Siehe Kapitel 8).

Seit dem BSE-Skandal ist die Öffentlichkeit auf die Praktiken der Branche aufmerksam geworden, und so sind zumindest die großen Firmen wie VION und RENDAC jetzt sehr auf ein neues, sauberes Image bedacht.

Die Branche, so scheint es, hat gelernt aus den Skandalen.

Der RENDAC-Lastwagen ist blitzsauber, ein Schild in der Mitte weist auf den Charakter der Ladung hin: Es ist eine weiße Raute, darauf steht: »CAT 3«. Und: »Nicht für den menschlichen Verzehr geeignet.«

CAT 3 bedeutet: Bei der Ladung handelt es sich um tierische Erzeugnisse der Kategorie 3 nach der Verordnung (EG) Nr. 1774/2002. Diese Verordnung betrachtet die Gilde der Tierkörperbeseitiger als Bibel der Branche. Sie wurde im Jahre 2002 von den europäischen Behörden erlassen, um das ungesteuerte Treiben der Abdeckereien und Tierfutterproduzenten in geordnete und gesundheitlich einwandfreie Bahnen zu lenken.

Es gibt nach dieser Verordnung drei Kategorien von tierischen Abfällen, und jene der Kategorie 3 sind gewissermaßen die feinsten. Dazu gehören beispielsweise »Schlachtkörperteile«, die eigentlich noch »genusstauglich« wären, jedoch aus »kommerziellen Gründen nicht für den menschlichen Verzehr bestimmt sind«. Also Sachen, die man eigentlich noch essen oder zumindest weiterverwenden könnte, die aber schwer zu vermarkten sind: Knochen, Fette, Schwarten und dergleichen. Darunter fallen aber auch »Schlachtkörperteile, die als genussuntauglich abgelehnt werden«, auch wenn sie noch »keine Anzeichen einer übertragbaren Krankheit aufweisen«. Und schließlich Häute, Hufe und Hörner, Haare und Pelze, Schweineborsten und Federn, auch Eierschalen.

Daraus wird zum Beispiel das Futter für die Heimtiere gemacht.

Das Material ist laut Gesetz »unverzüglich abzuholen« und dann zu »verbrennen«, oder aber »als Rohstoff in einem zugelassenen Heimtierfutterbetrieb zu verwenden«.

Zweimal die Woche kommt der Lastwagen von Rendac zum Schlachthof von Herrn Akdag. Herr Akdag muss sogar dafür bezahlen, dass sie ihm den Abfall abtransportieren.

Heute habe er Abfälle vom Schwein und vom Rind in seinem Kipper. Sagt der Fahrer und macht sich ans Beladen.

Wo er die Sachen hinbringe? Nach Denderleeuw, sagt er.

Sein Truck hat ein belgisches Kennzeichen.

Denderleeuw ist 150 Kilometer von Eupen entfernt. Dort ist eine der wichtigsten Niederlassungen von Rendac.

Denderleeuw ist ein hübsches kleines Städtchen mit 17 000 Einwohnern zwanzig Kilometer westlich von Brüssel.

Ein beschauliches Städtchen, dessen Mittelpunkt der Marktplatz ist, mit einer kleinen Kirche aus grauem Stein, dem heiligen Amandus geweiht. Der Marktplatz dient als Parkplatz und ist mit Autos vollgestellt.

Drumherum einige kleine, rot verklinkerte Häuschen, wie sie in der Gegend üblich sind, eine Bäckerei, ein paar Kneipen.

Die Firma RENDAC kennen die Leute. Früher sind die Lastwagen oft mit offener Ladefläche herumgefahren, voll beladen mit Kadavern, und da sei dann auch schon mal ein Tierkopf auf der Straße gelandet, erzählen die Leute.

Früher habe es oft bis hierher gestunken, erzählen sie, aber das sei lange her. »Stink kot« haben sie die RENDAC-Anlage damals genannt, Stinkhütte.

Heute stinkt es oben am Marktplatz nur noch, wenn der Wind ungünstig steht.

Drunten am Kanal rieche es öfter, sagen die Leute. Aber die, die dort gebaut hätten, die seien nun wirklich selbst schuld. Sagen sie in der Kneipe.

Drunten am Kanal liegt die Firma. In unmittelbarer Nähe haben sie wirklich ein Wohngebiet gebaut, die Häuser sind noch ziemlich neu, viele aus Backstein mit höchst adretten Vorgärten.

Dort, wo die Lastwagen mit den Schlachtabfällen ankommen, da riecht es ziemlich streng. Es riecht nicht im engeren Sinne nach Fleisch, es ist eher ein allgemeiner Müllgeruch. Vielleicht auch der Geruch von Verwesung.

Gleich neben dem Kreisverkehr geht's rein. Links ist der Wertstoffhof der Gemeinde, dort kann man Plastik abgeben, Glas, Sperrmüll. Eine hübsche blonde Pförtnerin weist die Ankömmlinge im Renault und Toyota mit vollem Kofferraum und Anhänger ein.

Daneben erheben sich riesige Gebäude. Röhren, Tanks, ein Schornstein, quaderförmige, beige Bauten.

Auf dem größten steht »RENDAC«. Es ist so hoch wie ein Hochhaus, ein gigantischer Quader.

Schwere Lastwagen kommen hinein, fahren heraus, Tankwagen, Kipper, Container. Sie müssen alle durch eine Desinfektionspfütze auf der Straße. Gebrumm. Gestank. Ein Anmeldehäuschen.

Am Eingang weisen Schilder den Weg:

Cat 1 und 2 nach rechts, Cat 3 nach links.

Kategorie 2, das sind nach der Verordnung (EG) Nr. 1774/2002 zum Beispiel »Gülle sowie Magen- und Darminhalt«, ferner Schlachtmaterial, das Arzneimittelrückstände enthält.

Und zur Kategorie 1 gehören die richtig riskanten Abfälle: die sterblichen Überreste von Tieren etwa, die unter BSE-Verdacht standen oder vergleichbare Krankheiten übertragen könnten, außerdem die Kadaver von Heim-, Zoo- und Zirkustieren, von Versuchstieren und von Wildtieren, wenn der Verdacht besteht, dass sie mit einer übertragbaren Krankheit infiziert sind, und schließlich Küchen- und Speiseabfälle aus öffentlichen Verkehrsmitteln.

Kategorie 1 und 2, das sind also Abfallarten, bei denen der Gesetzgeber verhindern wollte, dass sie ins Tierfutter gelangen. Sie werden daher bei RENDAC auch streng separiert.

Ein Tanklastzug kommt heraus. Michael heißt der Fahrer. Ein Actros-Silo-Lastzug von der Spedition »Hansmeier« aus Paderborn.

Tiermehl hat er geladen, sagt er. »Cat 1« steht auf seinem Lastzug. Was passiert mit dem Zeug?

»Das wird alles verbrannt«, sagt Michael. »Das muss ja irgendwohin«.

Es käme ins Zementwerk nach Paderborn.

»Verfüttern darf man das ja nicht mehr seit BSE.«

Tiermehl hat mittlerweile einen schlechten Ruf. Tiermehl gilt schließlich als Auslöser von BSE, der »Bovinen Spongiformen Enzephalopathie«. Hunderttausende Rinder sind daran erkrankt, die meisten in Großbritannien.

Tiermehl wurde zum Symbol für die Perversionen der modernen Agrar-Produktion. Tiere, denen ihre eigenen Artgenossen zum Fraß vorgeworfen werden – ohne dass sie das erkennen können. Das Tiermehl hat kein Gesicht. Nichts mehr erinnert an das Wesen, das es einst war. Es ist nur noch Futter, Proteinquelle, und eine billige dazu.

Die Tiermehl-Affäre zeigt auch, dass die Tiere selbst eigentlich ganz gut wissen, was für sie das Beste ist. Sie würden Tiermehl niemals fressen. Sie würden vieles von dem, was die Menschen ihnen vorsetzen, niemals fressen. Sie fressen es nur, weil es ihnen mit allerlei chemischen Hilfen schmackhaft gemacht wird. Weil jene Geschmacksnoten, die die Tiere als Alarmsignal empfinden würden, mit Hilfe von Aromen und Geschmacksverstärkern »maskiert« werden (siehe Kapitel 7).

Tiermehl ist der Stoff, in dem die moderne Tierfütterung zu ihrem wahren Wesen kommt. Niemand kann erkennen, was da verfüttert wird, niemand ist so recht verantwortlich, niemand weiß, aus welchen Quellen es kam.

Die Tiere wissen nicht, was sie fressen, die Bauern wissen nicht, was sie in den Trog kippen.

Tiermehl markiert auch den Punkt, an dem die Öffentlichkeit zum ersten Mal aufmerksam geworden ist auf das, was den Tieren vorgesetzt wird.

Es wurde offenbar, dass die Tierfutterbranche sehr phantasievoll ist bei der Auswahl ihrer Rohstoffe und Skrupel oder auch nur ein angemessenes Geschmacksempfinden ihr nicht immer im erforderlichen Maße gegeben ist.

Die Tiermehlverfütterung ist zum Skandal geworden, weil an ihr offenbar wurde, dass die »Tierproduktion« auch als Nebendisziplin der Abfallbeseitigung betrieben wird, dass auf die Bedürfnisse der Tiere keinerlei Rücksicht genommen wird, dass es allein um die Rendite geht.

Die Politik hat reagiert, erließ schärfere Gesetze.

Doch nach wie vor werden in der Europäischen Union jedes Jahr mehrere Millionen Tonnen Tiermehl produziert.

Auch hier in Denderleeuw.

Der Haupteingang der RENDAC-Anlage liegt unten am Kanal, direkt neben der Zugbrücke. Ein Firmenparkplatz vor dem eigentlichen Gelände, das eingezäunt ist. Schon von außen zu sehen sind glänzende Rohre, Container, mehrere Gebäude, Baracken. Es sieht ein bisschen aus wie früher an den DDR-Grenzübergängen. Aber alles ist im Umbruch, es herrscht rege Bautätigkeit, alles wird neu gestaltet.

Peter Coele ist der Direktor des Werkes. Er empfängt in einem Raum, der auch sehr nach Umbau aussieht. Es ist ein Kaminzimmer, eingerichtet im Stil der Fünfzigerjahre.

An der Wand Fotos aus der Welt von Rendac: Ein Lastwagen in den Firmenfarben blau-weiß fährt übers Land, eine Kuh schaut zu. Ein Rendac-Lkw fährt nachts an einer Metzgerei vor. Die Fotos sagen: Überall im Land, bei Bauer und Metzger, bei Tag und bei Nacht, holt Rendac die Reste.

An der Stirnseite des Raumes hängen Architektenzeichnungen, sie zeigen die geplanten Umbaumaßnahmen im Werk Denderleeuw.

Werksdirektor Coele ist ein großer, hagerer Mann, freundlich und auskunftsbereit.

100 000 Tonnen Tiermehl, sagt er, produzieren sie aus Material der Kategorien 1 und 2. Das ist jenes, das als Energieträger verkauft wird, vergleichbar Kohle, Gas und Öl, nur etwas aufwendiger produziert.

Bei den übrigen Abfällen aber, den Geschlechtsteilen, der Haut, den Knochen und anderen Abfällen, kurz: den Schlachtabfällen der Kategorie 3, wird der Nährwert genutzt:

»Das wird verarbeitet zu Tiermehl und Fett«, sagt er.

Und wer bekommt das? Die Tierfutterindustrie, sagt er.

Welche Firmen?

»Das geht zu Masterfoods. Nestlé Purina. Royal Canin.«

50 000 bis 60 000 Tonnen pro Jahr. Allein von seiner Firma, von seinem Werk in Denderleeuw.

Tiermehl ist eine ganz normale Zutat in den Rezepturen der kommerziellen Tierfutterproduzenten. Zum Einsatz kommen, so Hill's »Handbuch zur Diätetik der Kleintiere«: Mehl aus Geflügel-Nebenprodukten, Knochenmehl, Schafsmehl, Fischmehl.

Manche Kritiker argwöhnen auch, dass noch andere Lebewesen zu Mehl verarbeitet werden: unsere eigenen Haustiere. Diesen Verdacht haben amerikanische Journalisten an die Öffentlichkeit gebracht, im *San Francisco Chronicle* im Jahre 1990 unter der Überschrift: »Wie Hunde und Katzen im Haustierfutter wiederverwertet werden.«

Die kalifornische Tierärztin Eileen Layne von der Veterinärsvereinigung CVMA (»California Veterinary Medical Association«) sagte zum *Chronicle*: »Wenn Sie auf den Etiketten des Haustierfutters lesen ›Fleisch und Knochenmehl‹, dann ist das gleichbedeutend mit:

›Gekochte und verwandelte Tiere inklusive einiger Hunde und Katzen‹.«

Schließlich stürben jedes Jahr »Millionen amerikanischer Katzen und Hunde«, manche werden von ihren trauernden Hinterbliebenen bestattet, andere aber würden ins Recycling gegeben, könnten dann als Hautcreme zu neuen Ehren kommen. Oder eben als Tierfutter.

Der Verdacht wurde gestützt durch Rückstände eines Narkosemittels namens »Pentobarbital« im Haustierfutter. Das ist weit verbreitet und dient zum Einschläfern von Tieren.

Bei einer Untersuchung des »Centers for Veterinary Medicine« (CVM) der amerikanischen Überwachungsbehörde FDA im Jahre 2002 enthielten von 74 Proben mehr als die Hälfte geringe Rückstände der Droge.

Gesundheitsschädlich ist so eine Dose Hundefutter mit Schlafmittel nicht unbedingt – jedenfalls bei den gemessenen Rückstandsmengen.

Schlimmstenfalls würde Bello ein bisschen schläfrig werden. Und selbst das ist kaum zu befürchten. Dafür müsste man schon die eingeschläferten Tiere pur fressen, so wie jene Zootiere in Dresden, die auffällig müde wurden, nachdem sie »Pentobarbital«-haltige Kaninchen gefressen hatten.

Aber: Für die Kritiker sind die Rückstände des Einschläferungsmittels ein Zeichen dafür, dass Haustiere zu Haustierfutter verarbeitet, die armen Hausgenossen mithin zum Kannibalismus gezwungen werden.

Genauere Nachforschungen aber führten zu Entwarnung: Eine Untersuchung von kommerziellem Haustierfutter der Produktionsjahre 1998 und 2000 durch die FDA-Unterabteilung für Veterinärmedizin erbrachte zwar tatsächlich Rückstände von »Pentobarbital«. Und sie ergab auch, dass praktisch alle Proben Bestandteile aus Tierkörperbeseitigungsanlagen enthielten. Tiermehl. Rindermehl, Knochenmehl. Fett. Talg.

Allerdings fanden die Veterinäre keinerlei Erbgut von Hunden oder Katzen. Sie vermuteten, dass das Mittel von eingeschläferten Rindern oder Pferden stammte.

Die großen US-Haustierfutterproduzenten schwören mittlerweile auch Stein und Bein, dass sie solche Rohstoffe nicht (mehr) verwenden.

In Europa wären solche Rohstoffquellen heute ohnehin nicht zulässig: Nach den neuen Bestimmungen könnten tote Katzen und Hunde nicht als Kategorie-3-Material ins Hundefutter kommen.

Die »Pentobarbital«-Affäre zeigt aber, dass das Haustierfutter ein höchst sensibles Thema ist. Und dass die Tierfreunde beim leisesten Verdacht, dass irgendetwas nicht koscher ist, sehr empfindlich reagieren.

Für die Futterkonzerne geht es dabei um viel Geld.

Und für die Zulieferer natürlich auch.

Und so geben sie sich auch die größte Mühe, nur die A-Seite der Tierfutterproduktion zu zeigen, nicht aber die B-Seite, auf der es streng riecht und auf der seltsame Rohstoffe zum Einsatz kommen können.

So möchte auch die Firma RENDAC nicht als Lieferant in Erscheinung treten. RENDAC holt nur die Abfälle aus den Schlachthöfen. Dann werden sie in den RENDAC-Werken zu gesichtslosem Mehl verarbeitet, zu Fetten und allerlei Zusätzen – und verlassen dann die Fabrik als hochmoderner, gesunder Zusatz aus dem Hause SONAC.

SONAC gehört auch zum VION-Konzern, verkörpert aber eher die A-Seite.

SONAC hat blitzsaubere Prospekte gestalten lassen, für all die Produkte wie Geflügelfleischmehl, Blutmehl, Fleischmehl, die Rohstoffe für die Haustierfutterindustrie. Selbst das Mehl aus Hühnerfedern (»SONAC KERAPRO FEDERMEHL«) wirkt in SONACS Prospekt höchst appetitlich. Der Federcharakter ist auch weitgehend geschwunden, dank achtzehn Stunden Kochzeit. Auf dem Prospekt für »KERAPRO«-Federmehl ist ein süßes Kätzchen abgebildet, das nachdenklich an einem stählernen glänzenden Napf schnuppert.

Wenn die Rohstoffe zu Mehl verarbeitet worden sind, ist der Abfallcharakter vollständig aufgehoben. Das denken jedenfalls die Tierfutterfirmen.

Sie finden Tiermehl prima, loben es in den höchsten Tönen. EUKANUBA beispielsweise nennt es vornehm »Mehl aus Hühnernebenerzeugnissen« und lobt dessen Eigenschaften: »Mehl aus Hühnernebenerzeugnissen ist eine ausgezeichnete Proteinquelle, weil es alle für Fleischfresser, wie Hunde und Katzen, wichtigen Aminosäuren enthält. Unsere Produkte enthalten ausschließlich aus Hühnernebenerzeugnissen hergestelltes Auszugsmehl allerhöchster Qualität.«

»Auszugsmehl«, das klingt nach Brötchen und Kuchen und der Hausfrau, die mit gestärkter Schürze in der Küche steht.

Die Branche hat gelernt: Sie mag zwar Rohstoffe aus anrüchigen Quellen verwenden, aber mittels intensiver Öffentlichkeitsarbeit können diese Rohstoffe vollkommen verwandelt werden und schließlich höchst appetitlich erscheinen.

So richtig bekömmlich und gesund scheint es indessen nicht zu sein. Denn immer mehr Vierbeiner leiden an allerlei Krankheiten. Krankheiten, die es unter Tieren eigentlich nicht gibt. Diabetes, Allergien, Krebs.

Und das kann, so meinen manche Fachleute, auch an dieser Form der Ernährung liegen.

4. Dicker Hund

Die neuen Krankheiten der Tiere

Der Kampfhund wurde schwach und schwächer / Allergien, Bluthochdruck, Krebs: Die Tiere leiden menschlicher / Knuddeln und knabbern / Zwerghamster mit Kummerspeck / Wenn der Massenstall auf den Magen schlägt / Krank durch Chemie im Futter?

Einst war er ein Kraftpaket. Jetzt ist der arme Hund ein Pflegefall. Victor gehört zur Gattung der Molosser. Die Molosser, das sind meist große, schwere Hunde. Sie gelten als ruhig, aber unerschrocken. Schon im alten Rom wurden sie als Kampfhunde eingesetzt.

Der Hund ist schwächer und schwächer geworden, magerte immer mehr ab. Einst wog er 68 Kilo, jetzt sind es gerade noch dreißig. Der Besitzer war ziemlich verzweifelt, als er in die Praxis von Tierarzt Dirk Schrader in Hamburg-Rahlstedt kam: »Mein Hund wird immer dünner, er erbricht sich, frisst nicht mehr richtig.«

Tierarzt Schrader sah ein Tier in einem erbarmungswürdigen Zustand, dünn, abgemagert, die Rückenwirbel traten schon hervor. »Das ist ein alarmierendes Zeichen«, sagt Doktor Schrader, »das deutet auf zehrende Zustände hin.«

Zehrende Zustände. Anders ausgedrückt heißt das: Irgendwo im Körper gibt es sozusagen ein Entkräftigungszentrum, das dem Tier alle Energie raubt.

Eine erste Untersuchung mit dem Röntgengerät konnte den Fall nur bedingt klären: Schrader gab dem Hund ein Kontrastmittel und wunderte sich, dass dieses im Magen verharrte. Irgendetwas versperrte den Durchgang zum Darm.

Der Doktor schlug eine Operation vor, um den Fall zu klären. Der Besitzer aus der nahen Köpenicker Straße, erbat Bedenkzeit – und kam noch am gleichen Tage wieder, am frühen Abend.

Schrader schritt gleich zur Operation.

Seine Tierklinik ist eine hübsche kleine Villa direkt an der Rahlstedter Straße.

Im Erdgeschoss gibt es zwei Behandlungsräume, gekachelt, mit den tierärztlichen Utensilien: Tupfer, Desinfektionsmittel, Pflaster, Edelstahl-Tische, die höhenverstellbar sind.

Es geht drei Treppenstufen hinunter, dann sind Schilder zu sehen: »OP-Bereich« steht da. »Ruhe bitte«. Und: »Achtung Laser«.

Der kleine Operationsraum ist vielleicht zehn Quadratmeter groß, aber mit modernstem Gerät ausgestattet. Das Laser-Gerät (»MLT classic«) ist ein matt-silberner High-Tech-Apparat mit einem dünnen, geschwungenen meterlangen Kabel, an dessen Ende ein blaues, kugelschreiberartiges Gerät sitzt. Damit brennt Schrader kleinere Tumore weg. Ein SurgiVet-Kontrollgerät überwacht den Puls und die Vitalfunktionen. Drei Sterilisatoren, um die Instrumente keimfrei zu machen.

Sogar einen Narkoseraum gibt es, mit einer Sauerstoffflasche. Für Notfälle.

Im großen OP-Saal steht ein imposantes Röntgengerät, eigentlich viel zu groß für kleine Tiere, mit einem halbkreisförmigen Ausleger, damit die animalischen Patienten rundum durchleuchtet und zielgenau behandelt werden können.

Schraders Praxis ist technisch auf dem neuesten Stand, viele Apparate und auch manche seiner Methoden stammen aus der Humanmedizin.

Der Arzt ging mit dem schwächelnden Molosser Victor samt Herrchen nach unten in einen Nebenraum bei dem kleinen Operationssaal, bat den Besitzer, mit anzupacken, und legte den Hund auf einen Behandlungswagen. Dann schickte er den Mann weg. Gab dem Hund ein Schlafmittel. Schob den Wagen in den kleinen Operationsraum. Zog den Hund hinüber auf den OP-Tisch.

Sohn Rudolf-Philipp, genannt Rudi, und Helferin Patricia assistierten jetzt. Schrader hatte schon den Verdacht, dass etwas im Verdauungstrakt nicht stimmte. Die Operation sollte klären, was da los war.

Sohn Rudi rasierte den Hund, Assistentin Patricia nahm den Absaugschlauch und entfernte die Haare. Schrader senior ließ sich das Operationsbesteck reichen, frisch sterilisiert.

»Los, los.« So pflegt er die Operationen zu beginnen. »Nicht so lahm hier.« Hanseatische Kommandos.

Er setzte das Skalpell an, öffnete die Bauchdecke, nahm die Milz heraus und den Darm nebst benachbarten Organen. Und er sah gleich, dass seine Kunst hier am Ende war. Im freigelegten Bauchbereich zeigten sich »erhebliche Verknotungen im Magen-Ausgangsbereich und am Beginn des Darmes«.

Dort steckte ein riesiger Tumor, so groß wie zwei Männerfäuste.

Damit war klar, warum das Kontrastmittel den Magenraum nicht verlassen konnte, und auch, warum dem Hund die Kräfte schwanden.

Eine Hoffnung auf Besserung gab es nicht.

»Der Hund hat Krebs«, konstatierte der Arzt: »Das wird nichts mehr.« Dann übergab er den Patienten seinem Sohn: »Wieder zumachen.«

Rudi nähte Victors Bauch wieder zu, später kam dann Martin Laubinger und holte das Tier wieder ab.

Krebs bei Hunden und Katzen: Das kommt immer häufiger vor. Mittlerweile sind nach einer Branchen-Faustregel fünfzig Prozent der Todesfälle bei den Älteren krebsbedingt; Schrader nimmt gar an, achtzig Prozent. Er glaubt, dass der Zuwachs bei den Tumoren dem industriellen Futter zu verdanken ist: »Mit den Umsatzzahlen der Futterindustrie stieg die Krebsrate massiv an«, behauptet der Arzt.

In der Tierwelt gibt es seit einigen Jahren auch völlig neue Krankheiten, Leiden, die bisher nur Herrchen und Frauchen kannten: die Zivilisationskrankheiten Diabetes, Allergien, Neurodermitis, Hautausschläge. Und sogar psychische Störungen breiten sich angeblich aus.

Im Keller von Schraders Tierklinik sind sozusagen die Krankenstationen, Boxen, in denen Tiere wohnen, die stationär aufgenommen wurden.

In Box 6 sitzt ein kleiner, süßer Hund, ein Shih Tzu. Er fiept. Auf dem Rücken hat er eine kleine Plakette: der Anschluss für die Infusion. Er hat es an den Bandscheiben.

In Box 7 liegt ein Schäferhund auf einer rosa Decke. Berry. Berry lahmt.

Schmerzende Bandscheiben, lahme Beine: Die Probleme am Skelett zählen zu den häufigsten Krankheiten, mit denen Schrader in seiner Praxis konfrontiert wird.

An der Spitze, auf Platz 1 der Hitliste der Hundekrankheiten sozusagen, steht in seiner Praxis eine Art Arthritis: die sogenannte »Hüftgelenksdysplasie«.

Auf Platz 2: Probleme mit der Wirbelsäule, beispielsweise Bandscheibenvorfälle.

Platz 3: Hautprobleme, Allergien.

Platz 4: Magen-Darm-Störungen.

Und auf Platz 5 schließlich, wie bei Victor, dem Molosser: Krebs.

Für Schrader ist völlig klar, warum die Tiere jetzt mit diesen Krankheiten kommen: Die »Ursache Nr. 1 für Krankheiten beim Hund« ist für ihn: »Fehlernährung«.

Vor allem die artfremden Ingredienzen der industriellen Tiernahrung hat er als Krankheitsauslöser im Verdacht: »Wenn wir die Chemie im Hundefutter wegließen, hätten wir gesündere Hunde.«

Schraders Auffassung wird von einer wachsenden Zahl von Tierfreunden und Fachleuten geteilt.

Wolfgang Ramsleben, Tierheilpraktiker und ehemaliger Präsident des »Deutschen Teckelklubs«, sieht bei Erkrankungen wie Arthritis, Arthrose und der sogenannten Hüftgelenksdysplasie (HD) eine »ausgewogene Ernährung« neben angemessener Bewegung als hilfreich und heilsam an. Zusätzliche Nährstoffe hält er für therapeutisch nicht sehr sinnvoll – denn er glaubt, dass davon ohnehin zu viel verabreicht werde. Schließlich enthält so gut wie jedes Fertigfutter Vitamine – und der Overkill macht krank: »Übervitaminisierung und Übermineralisierung« könnten zu den Erkrankungen führen (siehe Kapitel 13).

Die Hüftgelenksdysplasie scheint nicht nur bei den Hunden in Schraders Hamburger Praxis ziemlich weit verbreitet.

Sie führt dazu, dass der Hund lahmt. Lange Zeit galt die Krankheit als erblich bedingt. Nun allerdings scheint sich die Ansicht durchzusetzen, dass auch hier die Ernährung eine zentrale Rolle spielt –

und die Ingredienzen des Industriefutters die Krankheit fördern, vor allem die hormonell aktiven Bestandteile, wie manche vermuten (siehe Kapitel 11).

Der Karlsruher Tierfutterkritiker Klaus Dieter Kammerer war einer der Ersten, der diesen Verdacht äußerte.

Von dem Tierarzt Dr. Helmar Lankenfeld aus Neustadt an der Donau, zwischen Ingolstadt und Regensburg, bekam er Zuspruch und Bestätigung. Lankenfeld schrieb: »In unserer Familie hat es immer große Hunde gegeben, die in der Nachkriegszeit mit Hausmannskost ernährt wurden, ohne Probleme. Die traten erst auf, als wir es besonders richtig machen wollten, mit Fertigfutter.«

»Ich bin Großtierpraktiker und konnte vor einigen Jahren einen Schäferhund bei einem Bauern beobachten. Der bekam ihn mit ca. sieben Monaten von einem Züchter quasi geschenkt, da er unverkäuflich war. Der Hund lahmte sehr stark, insbesondere aus der Hüfte, und kam hinten kaum hoch. Ich wollte natürlich sofort die üblichen Vitamin- und Mineralstofftabletten einsetzen, was aber am Geiz des Bauern scheiterte.

Der Hund wurde mehr oder weniger aus dem Sauentrog ernährt und entwickelte sich zu meinem Erstaunen zu einem prächtigen Schäferhund, dem man nach anderthalb Jahren keinerlei Lahmheit mehr ansah.«

Auch in den USA, dem Heimatland des Industriefutters, mehren sich die skeptischen Stimmen.

»Je mehr ich recherchiere und lerne über kommerzielles Tierfutter und, im Gegensatz dazu, natürliches, vollwertiges Futter, desto mehr bin ich überzeugt, dass es da eine sehr enge Verbindung gibt zwischen minderwertiger Ernährung und schlechtem Gesundheitszustand von Katzen und Hunden«, sagt die US-Industriekritikerin Ann N. Martin (»Protect Your Pet«).

Herr und Hund nähern sich an. Sie haben ihr Dasein aufeinander eingestellt. Sie nähren sich aus den gleichen Quellen. Schlucken die gleichen Chemikalien. »In Altersverhalten und Todesursachen ähneln sich Mensch und Hund immer mehr«, sagt die Zoologin und Hundekundlerin Helga Eichelberg.

Vor allem beim Krebs sind die Veterinäre zunehmend in Sorge.

»Der Anstieg ist alarmierend«, sagt der US-Veterinär Ihor Basko, Betreiber der »All Creatures Great & Small Clinic« auf der hawaiianischen Insel Kauai. Die meisten Krebsarten, die Menschen befallen, treffen auch Tiere – wenngleich nicht alle Rassen gleichermaßen. Große Hunde wie Neufundländer, Saints, der Irische Wolfshund oder der Deutsche Schäferhund bekommen leichter Knochenkrebs. Bullterrier oder Dalmatiner eher Hautkrebs.

Die US-amerikanische Stiftung »Morris Animal Foundation« hatte 1998 eine Studie unterstützt, die bei 720 Todesfällen unter Hunden nach den Ursachen suchte. Das Ergebnis: 479 waren an Krebs gestorben, also weit mehr als die Hälfte, bei zwölf Prozent waren es Herzprobleme, bei sieben Prozent die Nieren, immerhin vier Prozent starben an den Folgen epileptischer Anfälle.

Bei 469 Todesfällen unter Katzen war es in 32 Prozent der Fälle Krebs, bei 23 Prozent Nieren und Harnwege, in neun Prozent der Fälle Herzprobleme.

Seit Krebs bei Hunden sozusagen zur Volkskrankheit wird, rüsten auch die Hospitäler auf. Neuerdings gibt es sogar schon Spezialstationen in Tierkliniken.

Am 25. Januar 2006 wurde die Abteilung »Onkologie« an der Veterinärmedizinischen Universität Wien (VUW) eingeweiht. Dabei wurde, wie die Hochschule mitteilte, das neue Gerät zur Bestrahlungstherapie von krebskranken Tieren vorgestellt, »ein Linearbeschleuniger der Firma Siemens«. Dieses Gerät sei »in Österreich einzigartig« bei der Behandlung von Tieren. Die Veterinärmedizinische Universität Wien eröffne damit den österreichischen Besitzern von krebskranken Kleintieren »neue Möglichkeiten der Heilung oder Schmerzlinderung für ihren vierbeinigen Liebling«.

An der Universität Zürich, gibt es solches Bestrahlungsgerät für Heimtiere, den Linearbeschleuniger, seit Längerem schon. Als der Apparat im Jahr 2006 kaputtging, gab es einen Streit um die Frage, wer ein neues Gerät bezahlen solle, ob Krebsbehandlung bei Kleintieren angesichts des Elends in der Welt ein Luxus sei, für den die Leute selbst aufkommen sollten – oder ob der Steuerzahler zuständig sei, da aus der Behandlung von Tieren auch Schlüsse für die Krebstherapie bei Menschen gezogen werden könnten.

Mensch und Tier werden zur Schicksalsgemeinschaft.

Die Tiere im Stall brüten schon neue Bakterien aus, die auch die Menschen bedrohen, wie etwa die neuartigen E.coli-Bakterien, an denen weltweit vor allem Kinder sterben – und die jetzt sogar schon im Trinkwasser zu finden sind (siehe Kapitel 8).

Bei den Nutztieren haben die Mediziner sogar völlig neue Krankheitserreger entdeckt. Es handelt sich nicht um Viren oder Bazillen, sondern um enge und überfüllte Ställe. Sie gelten mittlerweile als Krankheitserreger eigener Art. Ein Virus allein wäre nicht weiter schlimm, könnte vom Immunsystem locker weggesteckt werden – doch die Lebensumstände führen dazu, dass die Tiere krank werden. Die Tiere sind geschwächt, sie leben auf engem Raum, in stickiger Luft – solche Faktoren wirken tatsächlich als Krankheitsauslöser. Die Experten sprechen in solchen Fällen von sogenannten »Faktorenkrankheiten«.

Das bedeutet: Die Massentierhaltung ist ungesund.

»Gerade bei einer hohen Aufstallungsdichte«, so schrieb im Sommer 2006 das *DGS Magazin*, das Fachblatt für Schweine- und Geflügelfabrikanten, hätten »Krankheitserreger ein hohes Potential, sich zu vermehren.« Zudem seien die Tiere »durchschnittlich schwerer« geworden. Im Jahre 1982 etwa wogen Puten nach 21 Wochen 13,2 Kilogramm, im Jahr 2002 waren es 20,2 Kilogramm – fünfzig Prozent mehr. Ein solches Wuchstempo schwächt die Abwehr.

Auch die Haustiere werden immer dicker, sie werden ebenfalls gemästet, allerdings aus Liebe – und ein bisschen auch aus Unkenntnis.

Oakley beispielsweise, ein sechsjähriger Golden Retriever, war dicker und dicker geworden, hatte schließlich 46,5 Kilo gewogen. Und wurde dann zum Medienstar – weil er bei einem Abspeckwettbewerb Sieger wurde. Die *BBC* berichtete im Dezember 2005 über den Fall; die Meldung wurde von vielen Nachrichtenagenturen verbreitet, unter anderem auch in Deutschland.

Stolze 7,6 Kilo hatte Oakley abgenommen. Das reichte für den 1. Preis beim Abspeckwettbewerb einer britischen Tierschutzvereinigung. Der Preis: ein Zwei-Tages-Urlaub in der Grafschaft Dorset für den Hund und sein Frauchen Lisa Deadman.

Warum Oakley so fett geworden ist, gestand Lisa Deadman den Reportern: »Wir genossen es, vor dem Fernseher zu knuddeln und unsere Lieblingsknabbersachen zu futtern.«

Ein paar Kilo zu viel auf den Rippen, das ist nicht nur ein ästhetisches Problem, es kann auch ungesund sein.

Übergewicht erhöht nach Meinung zahlreicher Wissenschaftler das Risiko für Diabetes; auch Kreislaufstörungen können die Folge sein, das Skelett kann leiden. Übergewicht schädigt die Leber, erhöht den Blutdruck, geht auf die Gelenke, verursacht Arthritis.

Übergewichtige Tiere sterben zwei Jahre früher als ihre schlanken Artgenossen.

Immer mehr Tiere sind zu fett. Bei einer englischen Studie aus dem Jahr 1983 mit 8268 Hunden aus elf Tierarztpraxen waren es schon 24 Prozent, 25 Prozent bei einer US-Untersuchung an 23 000 Hunden aus sechzig Praxen. Sogar Hengste und Stuten zählen zum Club der Dicken: »Immer mehr Pferde leiden unter Übergewicht«, sagt Professor Doktor Ellen Kienzle von der Tierärztlichen Fakultät der Ludwig-Maximilians-Universität in München.

Kienzle schätzt den Anteil übergewichtiger Haustiere in Deutschland heute auf ein Drittel und gibt einfache Tipps zur häuslichen Diagnose. Grundregel nach einer Studie der US-Akademie der Wissenschaften: »Wirken Katzen übergewichtig, dann sind sie es auch.« Wer sicher gehen möchte, dem empfiehlt Kienzle die Fetterfassung mittels »Schlachtergriff«: »Wenn der Rippenbogen nicht mehr zu sehen ist und der Hüftknochen nicht mehr zu ertasten ist, ist Ihr Tier zu dick.«

Schwer ist das natürlich bei Rössern. Das Gewicht eines Pferdes zu schätzen, gilt als reine Glückssache. Auch die unter Kennern altbekannte Methode für mathematisch begabte Reiter und Stallburschen, bei der man den Brustumfang mit sich selbst und mit der Körperlänge multipliziert und durch 11 900 dividiert, hat sich als fragwürdig erwiesen. »Das Ergebnis dieser Methode und das Gewicht, das die Waage anzeigt, klaffen ziemlich häufig weit auseinander«, sagt Pferde-Expertin Kienzle.

Auch bei der Ursachenforschung in Sachen Übergewicht bei Tieren gehen die Meinungen auseinander.

Einigkeit herscht noch in der Annahme, dass die »übermäßige Aufnahme von Kalorien« zur »exzessiven Körperfettbildung« führen kann, wie das HILL'S-Handbuch zur Kleintierernährung schreibt. Diese Form der Überfütterung sei »wahrscheinlich die häufigste Form von Fehlernährung bei Haustieren in der westlichen Gesellschaft«.

Das Futter habe damit allerdings nichts zu tun, meint das Handbuch des Futterherstellers HILL'S: »Eine Forschungsarbeit fand keinen Unterschied in der Art des Futters, welches an übergewichtige Tiere verfüttert wird.« Diese Untersuchung stammt allerdings schon aus dem Jahre 1986.

Die Tierärztin Gertrude Edtstadtler-Pietsch kam in ihrer im Jahre 2003 vorgelegten Dissertation zu Katzen an der Ludwig-Maximilians-Universität München zu dem Schluss: »Die hohe Schmackhaftigkeit der Produkte und die fast durchgehend zu hoch angesetzten Fütterungsempfehlungen der Hersteller, gekoppelt mit der emotionalen Komponente des Fütterns, die häufig zu einer Überversorgung der Tiere mit Energie führt, tragen zusätzlich zu einer den tatsächlichen Energiebedarf der Katzen meist übersteigenden Versorgung bei.« Zu wenig Bewegung spiele dabei allerdings auch eine Rolle.

Übergewichtige Tiere: das ist in der freien Natur eigentlich kaum vorstellbar. Fette Krokodile? Schwabbel-Adler? Löwen mit Wampe? Unvorstellbar. In der Wildnis sind die Instinkte intakt, die die Nahrungsaufnahme regeln.

Den Haustieren aber scheint das instinktive Wissen, wie viel sie fressen müssen, abhanden gekommen zu sein. Die US-Tierärztin Dr. Elisabeth Hodgkins meint: »Die Hunde können nicht mehr unterscheiden zwischen dem, was sie brauchen, und dem, was sie wollen.«

Der Zusatz von künstlichen Süßstoffen, Aromen, oder auch des sogenannten Geschmacksverstärkers Glutamat kann dazu führen, dass die Tiere mehr fressen und an Gewicht zulegen. Bei der Mast ist dieser Effekt sogar erwünscht – und von den Herstellern dieser Masthilfsmittel auch in einigen Fällen wissenschaftlich belegt (siehe Kapitel 7).

Selbst bei den Gemütskrankheiten, an denen die Tiere neuerdings vermehrt leiden, könnte das Futter eine Rolle spielen. Denn zahlreiche Inhaltsstoffe der täglichen Nahrung haben große Bedeutung für das Gehirn, nicht nur für den Intellekt, auch für die Psyche (siehe Hans-Ulrich Grimm: »Die Ernährungslüge«).

Gerade die Haustiere entwickeln offenbar zunehmend Neurosen: Ängstlichkeit, Aggressivität. Bei Katzen kommen spezielle Verhaltensweisen dazu wie Unsauberkeit oder gar »Protestharnen«, wie der Tierarzt Rolf Spangenberg in seinem Buch über Katzenkrankheiten schreibt: »Auf einmal setzt sie Bächlein und Häufchen in der ganzen Wohnung ab«, und die »Möbel werden mit Urin bespritzt.«

Selbst Rennmäuse leiden an Verhaltensstörungen. Sie nagen am Gitter, werden gar auffallend träge, wenn man ihre Bedürfnisse nicht erfüllt; dabei sind sie von Natur aus eher ein wenig hyperaktiv.

Eine große Zahl von Büchern zeugt von Verhaltensauffälligkeiten: »Der schwierige Hund«, »Verhaltensstörungen bei Hund und Katze« oder auch »Was tu ich nur mit diesem Hund?«

Der angesehene Seelenarzt Professor Volker Faust aus dem Zentrum für Psychiatrie Weißenau beim oberschwäbischen Ravensburg hat sich in einem wissenschaftlichen Aufsatz mit den Mitgeschöpfen beschäftigt. Titel: »Seelische Störungen bei Tieren?«

Er hat sich dabei, in Zeiten von Scheidungsboom und Single-Gesellschaft, unter anderem dem Thema Partnerverlust zugewandt. Etwa bei den Graugänsen, die schon bevorzugtes Objekt des Ur-Verhaltensforschers Konrad Lorenz waren. Eine Graugans, wenn ihr der Partner genommen ist, gerät zu einem »pathologischen Zerrbild ihrer selbst«. Offenbar, meint Faust, gelten auch hier ähnliche Seelengesetze wie beim Menschen: »Je länger ein Graugans-Paar glücklich verheiratet war, desto schwerer fällt es dem Überlebenden, nach Verlust des Gatten eine neue Bindung einzugehen. Dabei scheinen die Weibchen ausgeprägter betroffen als die Männchen. So wird von verwitweten Gänsen berichtet, die lebenslang völlig einsam und geschlechtlich inaktiv blieben. Von (männlichen) Gantern soll man derlei kaum beobachtet haben.«

Manche Tiere, durch traumatische Erfahrungen offenbar seelisch verwirrt, übersprängen bei der Partnerwahl beherzt die Artengrenze. Faust weiß gar, dass »vereinsamte Vögel« sich »eng an ihren Pfleger anschlossen«.

Partnerverlust: Bekannt sei auch das übellaunige Verhalten von Menschenaffen nach der Trennung von ihrem Partner. Beim Affen, dem Menschen nahe, mag man das verstehen, doch auch andere Tiere zeigten deutliche Symptome von Liebeskummer. Solch eine Reaktion zeige jedenfalls der sibirische Zwerghamster nach Partnertrennung: Dessen »depressives Syndrom« äußere sich neben psychomotorischer Hemmung und Isolationsneigung vor allem in Übergewicht (»Kummerspeck«). Das könnte nun eine neue und eigenständige Erklärung für das grassierende Übergewicht bei Haustieren sein.

Die neuen Leiden mögen für die Tiere und ihre Hausgenossen traurig sein. Für die Tierbranche sind sie eher eine Herausforderung bei der Erschließung neuer Einnahmequellen.

Gegen die Zuckerkrankheit wurde bereits »Caninsulin« für Hunde und Katzen entwickelt. Es gibt Diätfutter zur »Unterstützung der Nierenfunktion«, zur »Unterstützung der Herzfunktion bei chronischer Herzinsuffizienz«, bei »akuter Resorptionsstörung des Darms«, zum Ausgleich »unzureichender Verdauung«.

Es gibt Spezialfutter, das gut für die Zähne sein soll.

Und natürlich: zur Bekämpfung des Übergewichts.

Bei Royal Canin beispielsweise finden wir Spezialfutter der Serie »Royal Canin Obesity Management« für Hunde und Katzen.

Für die Epileptiker gibt es »Phenobarbital« und »Primidon«, die klassischen einschlägigen Medikamente auch bei menschlichem Anfallsleiden. »Diazepam« (Valium) soll ebenfalls dagegen helfen, es eignet sich auch zur Therapie für Katzen, die unentwegt miauen. Und gegen eine Krankheit namens »CDS« gibt es, vom Viagra-Hersteller Pfizer, ein Medikament namens »Anipryl«. CDS, das ist eine Art Alzheimer bei Hunden (»Cognitive Dysfunction«, zu deutsch: geistige Fehlfunktion). Das »Tierhilfswerk Austria« empfiehlt ein Medikament namens »Hyperegalin«, entwickelt »auf tierversuchsfreier, pflanzlicher Basis«. Das wirkt persönlichkeitsstärkend für die Hascherln unter den Hunden, hilft dem schüchternen Hund ein bisschen auf die Sprünge: »Bei richtiger Dosierung zeigt der Hund schon nach wenigen Tagen deutlich mehr Selbstbewusstsein und weniger Angst.«

An der Veterinärmedizinischen Universität Wien gibt es schon eine Vorlesung zum Thema »Spezielle Verhaltensstörungen bei Hund und Katze«. An erster Stelle steht, da die Hochschule ja (siehe Kapitel 10) den geschäftsmäßigen Seiten des Veterinärwesens gegenüber sehr aufgeschlossen ist, das Ziel: »Kenntnis der veterinärmedizinisch relevanten Psychopharmaka« und deren Einsatz.

So werden auch die seelischen Verstimmungen zu einer neuen Einnahmequelle für die Veterinärsbranche.

In München schrieb etwa Constanze Pape ihre Doktorarbeit zum Thema »Der Einsatz von Antidepressiva in der Therapie von Verhaltensproblemen bei Hund und Katze«.

Das Ergebnis: Die sogenannten »Serotoninaufnahmehemmer« erwiesen sich als hilfreich bei »angstbedingten Verhaltensweisen« sowie »Zwangsstörungen«. Auch die Substanzen »Venlafaxin« und »Mirtazapin« könnten bei der Behandlung eingesetzt werden, sie helfen gegen Depressionen und sind auch bei Menschen bewährte Mittel. Ein Stoff namens »Clomipramin« erweise sich zumindest ansatzweise als heilsam bei der »Behandlung des Harnmarkierens bei Katzen«, dem offenbar häufigsten Verhaltensproblem bei Katzen.

Mit der chemischen Keule gegen die Revierkämpfe des Katers?

Es geht auch mit herkömmlichen therapeutischen Methoden. So gibt es immer mehr Spezialisten für Tierpsychologie.

Die Reporterin Irene Binal fand bei den Recherchen für ihren Bericht zur psychischen Lage des deutschen Haustiers im *Deutschlandradio* alsbald auch die Spezialisten für die Seelen von Settern, Siamkatzen, Sittichen: die Leute aus der Abteilung »Angewandte Tierpsychologie«. Sie reagierte zunächst mit einem Abwehr-Reflex: »Angewandte Tierpsychologie! So skurril das auch auf den ersten Blick erscheinen mag – die Tiertherapie ist auf dem besten Weg, sich ihren festen Platz im tierärztlichen Spektrum zu erobern.«

Schon hat die Branche ein zusätzliches Einnahmefeld erschlossen: Die Bundestierärztekammer bietet ein Seminar zum Thema »Verhaltenstherapie« an. Zwei Tage, 210 Euro, an der Uni Gießen, in Zusammenarbeit mit der »Klinik für Geburtshilfe, Gynäkologie und Andrologie der Groß- und Kleintiere« der Justus-Liebig-Universität in Gießen.

In der Schweiz gibt der Biologe und Tierpsychologe Dennis C. Turner, gebürtiger Amerikaner und Privatdozent an der Universität Zürich, einen Kurs in tierpsychologischer Beratung. Kosten: 7400 Schweizer Franken (4700 Euro). Der Kurs findet statt in den Räumen der Universität auf dem Zürcher Irchel, Winterthurerstraße 190. Insgesamt umfasst die Ausbildung mehr als vierzehn ganztägige Seminare, dazu Praktika und Vorlesungen; die Ausbildung erstreckt sich über zwei Jahre und endet mit einer Abschlussprüfung.

So ergibt sich noch aus jeder Lebensäußerung des Heimtiers – und wenn es Melancholie und Schwermut sind – die Chance eines Geschäfts.

Besonders begabt für die Erschließung von Einnahmequellen sind die Leute aus dem globalen Tierfutter-Business.

5. Geld stinkt nicht

Das weltweite Geschäft mit dem Futter fürs Tier

Schicke Prospekte und ein Schild vom Designer / Super-Konzern: Vom Hamburger-Fleisch bis zum Katzenkadaver / Saubere Trennung / Krise? Was für eine Krise? / Bei Lidl *ist Katzenmilch teurer als die H-Milch für die Menschen / Traumhafte Gewinne mit Hamster, Sittich, Hund*

Es ist eine merkwürdige Doppelexistenz, die diese Fabrik hier pflegt. Sie hat, so könnte man sagen, zwei Gesichter. Eine schönes und ein hässliches. Das könnte daran liegen, dass sie Hässliches in Schönes verwandelt.

Der junge Mann ist auf der schönen Seite tätig. Er ist Holländer, heißt Geert van der Velden und trägt ein rot-weiß-kariertes, kurzärmeliges Hemd. Er präsentiert die schicken Prospekte und die Philosophie der Firma. Es geht darin um glückliche Haustiere, abgebildet sind Hunde und Katzen und Schweine, Meeresgetier und Hühner und auch schöne Menschen, im Geschäftsbericht, der von ganz erfreulichen Gewinnen berichtet.

Die Firma produziert Tierfutter, in großem Stil.

Dabei ist es vielleicht so eine Art Geschäftsgrundlage, dass die Firma zwei Gesichter hat. Schließlich beliefert das Unternehmen auch berühmte Konzerne wie Masterfoods (Whiskas, Chappi, Kitekat) oder Nestlé Purina oder Royal Canin.

Und die verkaufen gern teure Gourmet-Häppchen in kleinen goldenen Schälchen – da soll niemand daran erinnert werden, dass manches darin aus hässlichen Quellen stammt.

Auf der schönen Seite ist die Luft auch rein. Auf der Seite, wo die Villa steht. Von der Straße aus ist sie noch nicht zu sehen, aber wer ein paar Schritte bis zum Tor geht, sieht sie gleich. Sie ist riesengroß, reetgedeckt. Ein parkartiger Garten, stoppelkurzer Rasen, alte

Bäume, Blumen. Und alles umzäunt, mit einem schweren braunen Stahltor gesichert. Stacheldraht.

Hier hat früher der Direktor gewohnt, das war üblich so, bei vielen Fabriken. Auch bei einer Firma wie dieser, die manchmal ziemlich stinkt, jedenfalls auf der hässlichen Seite.

Wir sind mitten in Holland, nahe der Industriemetropole Eindhoven. Heute ist ein schöner Tag, die Sonne scheint durch die Bäume, der Wald am Kanal mutet irgendwie südlich an, unbeschwert. Das Wasser glitzert, der Sand knirscht weich unter den Füßen.

Ein Stück weiter, auf der anderen Seite des Kanals, haben sie eine kleine Siedlung gebaut, einen familienfreundlichen Vorort mit geklinkerten Einfamilienhäuschen, Gärten, Bäckern, Cafés, mit verkehrsberuhigten Straßen, auf denen die Leute mit ihren Fahrrädern fahren. Es ist ein flaches Land, dann und wann ist eine Windmühle zu sehen. Es gibt sogar noch gepflasterte Landstraßen, Kanäle mit Hebebrücken wie aus einem Gemälde von Vincent van Gogh.

Es gibt aber auch gigantische Gewächshäuser, riesige Ställe, und diese Anlage, versteckt im Wald, am Wilhelminakanaal. Eine Tierkörperbeseitigungsanlage. Die ganze Anlage wirkt ein bisschen versteckt, mitten im Wald.

Vor dem Tor steht ein Schild. Ein schickes Schild, vom Designer gestaltet, mannshoch. Darauf steht: Vion Group. Und: Vion Sobel.

Vion ist jener riesige, weitverzweigte Konzern, den eigentlich jeder kennen müsste, der größte Fleischvermarkter Europas und der Branchenführer in Deutschland. Vion ist auch einer der größten Lieferanten von Rohstoffen fürs Tierfutter.

Vion hat sich auch deutsche Fleischkonzerne einverleibt, Südfleisch beispielsweise und den bayrischen Fleischriesen Moksel, die Pommersche Fleischwaren Anklam und die ehemalige Norddeutsche Fleischzentrale in Bad Bramstedt. Sie haben Betriebe und Niederlassungen im bayrischen Vilshofen und im schwäbischen Crailsheim, in Lüneburg und Regensburg, in Frankfurt und Furth im Wald. Unter anderem.

Sie beliefern die Fast-Food-Kette Burger King und verkaufen an deutsche Supermärkte abgepacktes Fleisch unter der Marke Food Family.

Sogar Bio hat die Firma im Programm, ganz modern gestylt, als Bio Beef Stix oder Bio Chik'n Wings, tiefgekühlt halt, manches sogar mit Naturland-Siegel.

Vion hat auch eine Vision: »Unser Ziel ist klar vorgezeichnet und weist uns in Richtung Spitzenposition in Europa.«

Zu Vion gehören aber auch Firmen wie Rendac, jener Tierkörperbeseitigungsanlagen-Konzern, der in Belgien und den Niederlanden tätig ist und zeitweilig berühmt wurde, weil er einmal Klärschlamm zu Tierfutter verarbeitet hat.

Vion ist einer der Betriebe, die die Produktion von Nahrung für Mensch und Tier in höchstem Maße professionalisiert haben. Vion hat eine ganz neue Organisationsstruktur, eine neue Firmenphilosophie, neue Prospekte. Vion unternimmt alles, damit die Konzernteile, in denen es ein bisschen streng riecht, nicht so sehr an die Öffentlichkeit dringen.

Das Geschäftsmodell ist ziemlich pfiffig ausgedacht.

Es basiert auf Schlachtabfällen. Davon hat ein Konzern wie Vion ohnehin genug. Und andere Schlachtbetriebe müssen ihren Abfall loswerden – bezahlen sogar mitunter dafür, dass ihn jemand abholt, So wie der Deutsch-Türke Akdag, der in seinem Schlachthof im belgischen Eupen die Rendac-Lastzüge kommen lässt – und dafür bezahlt wie unsereins für die Müllabfuhr.

Das bedeutet: Die Rohstoffe, aus denen die goldenen Häppchen für unsere vierbeinigen Freunde gemacht werden, sind nicht nur billig.

Es gibt sogar noch Geld für jene, die sie abholen. Entsorgungsgebühr.

So bekommen die Tierfutterproduzenten doppelt Geld: für die Rohstoffe und für die Produkte.

Kein Wunder, dass es ein begehrtes Geschäftsfeld ist. Mit Fleisch ist ja nicht wirklich viel zu verdienen, wenn bei Edeka der Truthahnrollbraten 4,44 Euro kostet pro Kilo.

Schön, wenn da die Geflügelüberreste für 13,12 Euro übern Tresen gehen, im Trockenfutter »Babycat 34« von Royal Canin, vermengt mit ein bisschen Reis, Maismehl, Erbsenkleie, Zuckerrübentrockenschnitzeln.

Beim Tierfutter sind die Leute höchst großzügig – und wenn sie sich die Leckereien für ihre Lieblinge selbst vom Mund absparen müssen.

Beim Tierfutter gibt es auch noch grandiose Wachstumsraten und beeindruckende Erfolgsgeschichten.

Das liegt nicht nur daran, dass die Zahl der Tiere stetig zunimmt – trotz schrumpfender Bevölkerungszahlen. 4,1 Millionen Hunde kläfften 1992 in Deutschland, 5,3 Millionen im Jahr 2004. Die Zahl der Katzen nahm im gleichen Zeitraum von sechs auf 7,5 Millionen zu, die Anzahl der Aquarien von 0,9 auf 1,95 Millionen. Hinzu kommen mehr als sechs Millionen Hamster, Kaninchen und andere Kleintiere – doppelt so viele wie 1992. Ganz zu schweigen von den Sängern – 3,9 Millionen Ziervögeln.

23 Millionen Tiere bevölkern Deutschlands Wohnungen und Häuser. Ohne die Fische, die ja schwer zu zählen sind. Und ohne Schlangen.

In Deutschland leben zudem:

13 Millionen Rinder (davon 4,2 Millionen Milchkühe)
26 Millionen Schweine
39 Millionen Legehennen
65 Millionen Masthähnchen und Puten.

Einer, der beim Tierfutter viel in Gang gebracht und viel Geld gemacht hat, ist ein Mann namens Torsten Toeller.

Herr Toeller besitzt Läden wie diesen, draußen am Ortsrand: ein großer Parkplatz, vor der Tür zwei Hundehütten, und drinnen die ganze Welt des Heimtierfutters. Lange Regale mit großen Dosen und kleinen Schälchen, mit bunten Snacks und glänzenden Säcken. Mit Halsbändern, Leckereien, Vitaminen. Ein Fressnapf-Laden.

Auch im Fressnapf-Laden riecht es streng. Vielleicht ein bisschen wie Hund? Oder eher wie industrielles Futter? Vielleicht auch wie Tierkörperbeseitigungsanlage.

Fressnapf ist die erfolgreichste Neugründung in der Branche. Die Firma wächst ständig, und auch Herr Toeller ist immer in Bewegung: »Morgens frage ich mich, welche Hürde ich heute überspringen kann«, sagte er einmal zu einem Reporter der *Lebensmittelzeitung*. Torsten Toeller hat schon einige übersprungen.

1990 hat er seinen ersten Laden im rheinischen Erkelenz eröffnet, binnen weniger Jahre expandierte die Kette, die er als Franchise-Unternehmen organisiert hat, auf 750 Läden in elf Ländern Europas. 2006 erreichte er nach eigenen Angaben einen Marktanteil von 17,8 Prozent, im deutschen Fachhandel sogar fast vierzig Prozent. Zehntausend Artikel führt er in jedem seiner Läden. 733,3 Millionen Euro setzte er 2005 um, ein Plus von 13,1 Prozent im Vergleich zum Vorjahr.

Die Idee hatte er aus Amerika mitgebracht, doch sein damaliger Arbeitgeber hielt nicht viel davon. So hat sich Toeller kurzerhand selbständig gemacht.

Torsten Toeller ist ein Mensch, der gern handelt und entscheidet.

Was er nicht leiden kann, sagte er zu dem Reporter der *Lebensmittelzeitung*, ist Gejammer: »Wenn die Leute von Krise reden, krieg ich die Krise.«

Das könnte daran liegen, dass seine Branche keine Krise kennt.

Der Lebensmitteleinzelhandel klagt, die Landwirtschaft klagt, die Gastronomie sowieso. Die Branchen, die die Menschen ernähren, klagen seit langem. Vor allem über die Kundschaft: Die Leute wollen kein Geld ausgeben.

Ganz anders die Branche, die unsere liebsten Freunde füttert, die Hunde und Katzen, Hamster und Sittiche.

Das Tierefüttern war früher ganz einfach: Das Tier bekam das, was die Menschen übrig ließen. Das ist jetzt auch noch so ähnlich. Nur dass die Preise zwischendurch explodieren.

Ein Sack Trockenfutter »Select Gold« für große Hunde kostet 4,49 Euro pro Kilo, »Sheba Hähnchenbrustfilets« kosten pro Kilo 9,87 Euro, die Packung mit zwei 85-Gramm-Dosen »Shiny Cat« Thunfisch mit Hühnchen von Gimpet kostet, aufs Kilo umgerechnet, 10,05 Euro. Iams-Trockenfutter »Active Maturity 7+« liegt bei 10,30 Euro pro Kilo. Die »Multi Fit Snacks Crunch« in der 35-Gramm-Packung kosten umgerechnet aufs Kilo 28 Euro, und »Gimpet Käse-Paste mit Biotin« hat einen stolzen Kilopreis von bis zu 80 Euro.

Zum Vergleich: Bei Aldi kostet das Kilo Butter-Mandel-Stollen zu Weihnachten 2,92 Euro. Das kaufen die Kunden, wenn sie sich zu den Feiertagen mal was ganz Besonderes gönnen.

Die Leute, die beim Lebensmitteleinkauf für sich selbst auf jeden

Cent schauen, sind bei Tierfutter grenzenlos großzügig. Beim Billighändler Lidl zum Beispiel kostet der Liter H-Milch für Menschen 0,55 Euro, die Katzenmilch 2,25 Euro.

Das Tierfutter-Business muss mithin für die Beteiligten die reine Freude sein.

Und viele können daran teilhaben. Vom Food-Multi bis zum kleinen Garagenproduzenten.

Während in anderen Branchen die Konzentration voranschreitet und nur noch wenige große Konzerne sich die Märkte teilen, können sich in der Tierfutterbranche noch viele kleine Unternehmen halten.

73 Namen enthält allein die Liste der »Heimtierfutterbetriebe nach Artikel 18 der Verordnung (EG) Nr. 1774/2002« des deutschen Landwirtschaftsministeriums. Masterfoods gehört dazu. Auch Saturn Petfood ist dabei, die Firma gehört zur Heristo Aktiengesellschaft, zu der auch das Imperium der Wurstfabrikanten Stockmeyer zählt. Die Firma Tiernahrung Deuerer im badischen Bretten steht auf der Liste, auch »boos Heimtiernahrung« in 86562 Berg im Gau. Zugelassen ist auch ein »Herr Rosseburg« in 14974 Trebbin, Ortsteil Großbeuthen, die Firma Balzer's Tiernahrung in 26506 Norden, und Rondo Food in Halle/Saale.

Das große Geschäft machen aber natürlich die Multis.

Allein der weltweit tätige Nahrungs-Multi Nestlé steigerte seinen Umsatz mit Erzeugnissen fürs Heimtier von sechs Milliarden Schweizer Franken im Jahr 2000 auf fast elf Milliarden 2005. Masterfoods setzt mit Whiskas, Chappi, Pedigree allein in Deutschland neunhundert Millionen Euro um – vierzig Prozent des Branchenumsatzes von 2,3 Milliarden Euro.

Der US-Haushaltskonzern Procter & Gamble (Pampers, Meister Proper) hat sich 1999 den US-Tierfutterriesen Iams zugelegt. Der hat einen Umsatz von 1,8 Milliarden Dollar jährlich und ist in siebzig Ländern vertreten.

Hill's gehört zur Colgate-Palmolive-Gruppe; die Produkte gibt es in 39 Ländern weltweit, in sechzehn Ländern Europas inklusive Russlands, aber auch in Argentinien, Brasilien, Venezuela, Japan, Taiwan, Australien. Hill's ist, laut Eigenwerbung, Weltmarktführer (»The Global Leader in Pet Nutrition«). Das ist aber wohl eher ideell zu verstehen: Umsatzmäßig liegt die Tochter des Zahnpasta-Weltmarktführers bei weniger als 1,52 Milliarden Dollar. Mehr als fünfhundert Millionen Euro Umsatz macht ROYAL CANIN, der aus Frankreich stammende Tierfutter-Multi.

»Das Geschäft mit Haustieren kennt keine Grenzen«, schwärmte das Wirtschaftsmagazin *brand eins* im Jahr 2005.

Weltweit geben Haustierbesitzer jährlich 25 Milliarden Dollar fürs Tierfutter aus.

Allein in Deutschland macht die Heimtierfutterbranche 2,1 Milliarden Umsatz pro Jahr, dazu 760 Millionen für Zubehör wie Hundeknochen.

Und während vor allem die Deutschen beim Essen für sich selber ständig knausern, geht's beim Tierfutter steil nach oben: »Generell lässt sich ein Trend zu hochwertigen Premiumprodukten feststellen«, sagte im Juni 2006 Bianca Corcoran der *Lebensmittelzeitung*. Sie übt einen Beruf aus, den man »Account Director« nennt, bei der Gesellschaft für Konsumforschung, Abteilung »Information Ressources«.

Seltsam: Fürs Schnitzel wollen sie nichts ausgeben, aber bei den Schlachtabfällen kennen sie keine Grenzen.

Beim »Kleintierfutter entdecken die Hersteller gerade das Hochpreissegment«, sagte Frau Corcoran: »Dabei reicht die Bezeichnung Premium oder Superpremium für einige Produkte mittlerweile gar nicht mehr aus. Die Devise heißt vielmehr Luxus pur oder Hyper Premium.«

Geld spielt keine Rolle.

Nach einer Umfrage der Zeitschrift *Ein Herz für Tiere* im April 2006 geben vierzig Prozent der befragten Heimtierhalter fünfzig bis hundert Euro pro Monat für ihre Lieblinge aus.

Die Tierbranche ist ein einträgliches Geschäft für alle Beteiligten. Schon das Tier ist nicht billig: Ein reinrassiger Hund kostet ab Züchter oft um tausend Euro. Und es kommt noch einiges dazu im Laufe eines Hundelebens. Die Experten vom österreichischen »Institut für interdisziplinäre Erforschung der Mensch-Tier-Beziehung« fanden in einer Studie (»Faktor Hund«) heraus, dass Hundehalter 14 000 Euro ausgeben für ihr Tier, von der Wiege bis zur Bahre sozusagen. Nach einer Untersuchung des Wiener Marktforschungsinstitutes

»Kreutzer, Fischer und Partner« sichert allein die Hundehaltung in der Alpenrepublik 5600 Arbeitsplätze und spült jährlich 150 Millionen Euro in die öffentlichen Kassen.

Die Städte und Gemeinden in Deutschland nehmen durch die Hundesteuer weit über zweihundert Millionen Euro pro Jahr ein.

Der Kult ums Tier nährt viele Branchen: Die Hersteller von Accesoires vom Napf bis zum Halsband, die Pharmahersteller, Chemielieferanten und Zusatzstoffhersteller, die Veterinäre. Neuntausend Tierarztpraxen gibt es allein in Deutschland – manche spezialisiert auf Schildkrötenleiden oder das Herz des Hundes.

Die Pharma-Firma Bayer Animal Health macht in 120 Ländern einen Umsatz von über achthundert Millionen Euro (2005). Boehringer Ingelheim brachte es auf 361 Millionen, Novartis Tiergesundheit auf 750 Millionen US-Dollar.

Weltweit liegt der Umsatz für Tiergesundheit (»Animal Health«) nach Angaben der Weltgesundheitsorganisation (WHO) bei über achtzehn Milliarden Dollar.

Dabei geht es natürlich nicht nur um Bello und Hansi, Mitzi und Mümmelmann. Sondern auch um Zenzi und Theres, um Kuh, Schwein, Huhn.

Und hier werden noch größere Räder gedreht, geht das Spiel um noch größere Summen.

Die Akteure sind Giganten.

Auch wenn ihre Namen nicht immer so gigantisch klingen.

Raiffeisen, zum Beispiel. Das klingt eher nach Trachtenjanker und dörflichem Tanz.

Doch Raiffeisen ist Big Business.

Allein die deutschen Raiffeisen-Genossenschaften setzen an die vierzig Milliarden Euro im Jahr um – viermal so viel wie die gesamte deutsche Buchbranche, die gerade mal neun Milliarden Euro schafft. Gegenüber Raiffeisen ist die Deutsche Lufthansa mit achtzehn Milliarden Euro Umsatz (2005) fast ein Kleinbetrieb.

Wenn Raiffeisen keine zersplitterte Genossenschaft wäre, sondern als Gesamtunternehmen gewertet würde, käme es unter den zehn größten deutschen Handelsunternehmen auf Platz 5. Der Agro-Multi ist auch größer als die deutsche BP, Bayer, Audi und Shell.

Auf Platz 19 der größten Handelsunternehmen in Deutschland liegt eine Firma namens ALFRED C. TOEPFER. Mit einem Jahresumsatz von knapp sechs Milliarden Euro ist sie weit größer als etwa der Textilkonzern C&A (knapp fünf Milliarden) und der deutsche Ableger des Möbelgiganten IKEA (2,7 Milliarden).

Die Firma TOEPFER ist ein vornehmes Hamburger Handelshaus, an dem seit einigen Jahren der amerikanische Agro-Riese ARCHER DANIELS MIDLAND (ADM) die Mehrheit hat.

»Der Handel mit Agrarprodukten ist ein entscheidender Faktor der Weltwirtschaft. Auf diesem Gebiet sind wir zu Hause«, schreibt die Firma in ihrer Selbstdarstellung nicht ohne Stolz.

Seit 1919, dem Jahr der Gründung, ist ALFRED C. TOEPFER im Handel mit Getreide, Ölsaaten und Futtermitteln aktiv. Heute hat TOEPFER INTERNATIONAL 42 Niederlassungen in aller Welt, mit 1600 Mitarbeitern, die eine Gesamtmenge von mehr als vierzig Millionen Tonnen bewegen.

Agro-Konzerne beschränken ihre Aktivitäten schon längst nicht mehr auf die heimische Scholle, sie sind international verflochtene Großunternehmen und pflegen Geschäftsbeziehungen in aller Welt.

Weil diese Firmen aber in der Öffentlichkeit nicht sehr bekannt sind, bleiben auch ihre Aktivitäten dem Publikum meistens verborgen. Die Firma TOEPFER beispielsweise war, vor Jahren, in einen Dioxin-Skandal verwickelt. Es ging um Milch, die extrem überhöhte Mengen an Dioxin enthielt. Anfangs standen alle Beteiligten vor einem Rätsel. Die Dioxinbelastung war zuerst in Südbaden aufgetaucht, doch die Ursache lag am anderen Ende der Welt: Als Dioxin-Quelle wurden sogenannte Zitruspellets identifiziert. Das sind Abfallprodukte der Orangensaftproduktion, die getrocknet und als Viehfutterzusatz verkauft werden: kleine braune Kügelchen, die ganz leicht nach Zitrone duften. Sie waren aus Brasilien über ein RAIFFEISEN-Mischfutterwerk nach Südbaden gelangt. Das Supergift war beim Trocknen der Schalen hineingeraten.

Diese Zitruspellets waren von der Firma TOEPFER importiert worden. Für die Dioxinbelastung konnte sie natürlich nichts.

Es gab dann europaweite Aufregung, die Lieferungen mit Zitruspellets wurden gestoppt, und das erstaunte Publikum erfuhr, wie viel solcher Zutaten aus fernen Ländern die heimischen Kühe so fressen: Europaweit wurden davon damals, 1996, knapp drei Millionen Tonnen pro Jahr verkauft.

Tierfutter, das ist ein Multimillionen-Tonnen-Geschäft.

Allein in Deutschland werden unvorstellbare Mengen Mischfutter an die Tiere im Stall verfüttert: 68 Millionen Tonnen sind es im Jahr – das ist mehr, als die Leute Sprit verbrauchen. Beim Kraftstoff fürs Auto verbrauchten die Deutschen im Jahr 2005 54,4 Millionen Tonnen (davon 24 Millionen Tonnen Benzin und 30,2 Millionen Tonnen Diesel).

Die großen Mengen kommen zustande, weil die Menschen sehr viel Fleisch essen. Sechzig Kilo pro Kopf und Jahr, davon elf Kilo Geflügel. Das Futter kommt selten vom Acker neben dem Stall, sondern zumeist von irgendwo anders. Die EU etwa importiert jährlich bis zu vierzig Millionen Tonnen Soja aus den USA, Argentinien und Brasilien.

Die Internationalisierung der Produktion von Tierfutter hat die Waren spektakulär verbilligt. Sie hat allerdings auch dazu geführt, dass Verantwortlichkeiten verwischt wurden und auch die Zusammenhänge nicht mehr erkennbar sind. Die Vorstellungen der Menschen und die Wirklichkeit können daher krass auseinanderklaffen.

Die Firmen sind daran nicht ganz unbeteiligt, arbeiten sogar ganz aktiv daran, die Spuren zu verwischen.

Der Abfall, auf dem der Geschäftserfolg des Unternehmens RENDAC beruht, wandelt zum Beispiel auf dem Weg in die Tierfutterfabrik seine Identität. Das Wort Abfall hören sie ja in den Tierfutterfabriken nicht so gern (siehe Kapitel 1).

Bei dieser Firma im niederländischen Son, neben jener Villa im Wald, reden sie auch nicht mehr gern über Abfall. Dabei haben sie ganz zweifellos mit Abfall zu tun.

Auf der B-Seite der Firmenanlage riecht es durchdringend. Ist es der Geruch von Kadavern? Verwesung? Der allgemeine Geruch von Müll und irgendwelchen tierischen Überbleibseln? Vielleicht ist es wieder der RENDAC-Geruch.

Von außen sind Tanks zu sehen und ein Schornstein. Silbrige

Rohre. Ein Backsteingebäude, an dem die Fenster zerborsten sind, manche mit Spanplatten geflickt. Stacheldraht. Auch hier ist die neue Zeit noch nicht ganz angebrochen. Aber der Umbau ist im Gange.

Es gibt Parkplätze für Besucher und Beschäftigte.

Und es gibt die andere Seite, auf der die Lastzüge ankommen.

In der Mitte der Anlage: ein modernes Verwaltungsgebäude.

Innen riecht es nicht. An der Rezeption empfängt eine freundliche Empfangsdame die Besucher. Ein Großdia mit einem Luftbild zeigt das Ausmaß der ganzen Anlage. Die Villa ist zu sehen, die Rohre, Hallen, die ganze Welt, in der die Reste der Tiere verarbeitet werden.

Geert van der Velden ist für den Verkauf der Sachen zuständig. Der junge Mann im rot-weiß-karierten kurzärmeligen Hemd. Er versteht sich als SONAC-Mann. SONAC, nicht RENDAC.

RENDAC, sagt er, sei eigentlich eine Energiefirma.

Energiefirma? Und die holt Schlachtabfälle aus Schlachthöfen?

Die Schlachtabfälle, die zu Tierfutter verarbeitet werden, haben mit den RENDAC-Werken nichts zu tun, sagt van der Velden.

»Das sind die SONAC-Werke«, sagt der junge Mann, »und dann gibt es noch die RENDAC-Werke.«

SONAC, RENDAC, das ist doch eigentlich völlig egal, möchte man meinen.

Doch gerade darauf läuft der ganze Umbau hinaus, dass es eine »strikte Trennung« gibt, so ein Firmenprospekt.

Der tiefere Sinn liegt darin, dass niemand mehr eine Verbindung herstellen soll zwischen den teuren Gourmet-Häppchen in den goldenen Schälchen und den Schlachtabfällen, die die RENDAC-Lastwagen abholen, wie beim Schlachthof des deutschen Türken Akdag im belgischen Eupen (siehe Kapitel 3).

Dann findet also irgendwo eine Verwandlung der übelriechenden RENDAC-Schlachtabfälle in wertvolle SONAC-Rohstoffe statt?

Nein, sagt Herr van der Velden.

Dass ein Schlachthof wie jener in Belgien von einem RENDAC-Lastwagen angefahren werde und der dort die Kategorie-3-Rohstoffe für die Tierfutterproduktion abholt, das sei eigentlich ausgeschlossen.

»Das kann nicht sein.« Sagt Herr van der Velden. »Das ist normalerweise völlig getrennt, das ist auch gänzlich getrennt, aus Marketinggründen.« Und: »Ich kann mir nicht vorstellen, dass man mit einem RENDAC-Lastwagen Kategegorie-3-Ware abholt.«

RENDAC holt keine Schlachtabfälle ab fürs Tierfutter. Sagt der junge Mann.

SONAC und RENDAC, das ist streng getrennt. Eigentlich soll in der ganzen sauberen SONAC-Welt, in der die Rohstoffe für WHISKAS und KITEKAT bereitgestellt werden, nichts mehr an das Müll-Milieu erinnern, in dem RENDAC zu Hause ist. Das ist jetzt alles streng auseinanderdividiert, sagt Herr van der Velden. »Da werden Sie keinen Lkw sehen, wo RENDAC draufsteht.«

RENDAC sei eine Firma, die beispielsweise Brennstoff für Energieriesen wie etwa EON verkaufe. Hergestellt aus dem Abfall-Material der Kategorien 1 und 2. Das also auf gar keinen Fall mehr verfüttert werden darf.

SONAC aber ist die Firma, die wertvolle Rohstoffe für die Haustierfutterindustrie bereitstellt.

Vielleicht, räumt er ein, könne es in Einzelfällen mal vorkommen, wegen veränderter Lastwagenplanung in den Ferien. Aber eigentlich verstößt das gegen das Marketingprinzip.

Daher sollen jetzt auch mehr und mehr neutrale Wagen eingesetzt werden. Damit niemand mehr den Zusammenhang herstellen kann zwischen Abfall und dem Futter für unsere kleinen Lieblinge.

Es ist, so kann es einem vorkommen, ein unehrliches Gewerbe. Und auch ein unehrlicher Umgang mit dem Tier.

Die Nutztiere werden ausgebeutet und mit absonderlichen Substanzen gefüttert, die oft artwidrig und mitunter sogar gefährlich sind, für Mensch und Tier (siehe Kapitel 8 und 12).

Die kleinen Lieblinge zu Hause aber werden als Lebenspartner betrachtet, sie müssen nichts tun, dürfen nur auf dem Sofa sitzen, kuscheln, sie werden umhätschelt und verwöhnt – mit Nahrung, die nach Luxus aussieht, aber vielfach nur wiederaufbereiteter Abfall ist.

In früheren Zeiten wurden die Tiere im wahren Sinn des Wortes vergöttert, wurden Katzen und Hunde angebetet – aber wegen ihrer Leistungen, wegen ihres Nutzens.

Ihre Nahrung aber war, so steht zu vermuten, dabei erheblich tierfreundlicher.

6. Krieg oder Kuscheln

Wie das Haustier zum Partner des Menschen wurde

Der Tod des Hündchens stimmte den König sehr traurig / Warum Pfalzgraf Hermann einmal einen Hund tragen musste / Die Katze als Göttin / Die scharfen Hunde des Freiherrn Dobermann / Deutsch, deutscher, Schäferhund / Als Hund eine Katastrophe, als Mensch unersetzlich

Er galt als menschenverachtender Tyrann und Zyniker, berühmt wurde er als Militarist. Er führte jahrelang Kriege; sein Überfall auf Schlesien kurz vor Weihnachten 1740, in dreifacher Übermacht, mit 22 000 Soldaten, gilt seinen zahlreichen Kritikern als sensationellstes Verbrechen der damaligen Zeit.

Über die Menschen hatte er keine gute Meinung: »Die große Menge unserer Gattung ist dumm und böse.«

»Er hat niemals geliebt«, schrieb der Schriftsteller Thomas Mann über König Friedrich den Großen von Preußen, genannt der Alte Fritz (1712 bis 1786).

Und er meinte damit: Der Alte Fritz liebte die Frauen nicht, er verbannte sie aus seinem Leben.

Geliebt aber hat er doch – die Hunde. Seinen jeweiligen Lieblingshund ließ er sogar in seinem Bett schlafen. Und er sorgte sich rührend um das Wohlergehen der Tiere.

Als Hündin »Biche« 1745 nach der Schlacht bei Soor in die Hände der Österreicher fiel, setzte Friedrich alle diplomatischen Hebel in Bewegung, um das Tier – das er als seine treueste Freundin bezeichnete – zurückzubekommen. Und als sie zurückkam, auf den Tisch sprang und ihm die Vorderbeine um den Hals schlang, stiegen ihm Tränen in die Augen.

Noch stärker hing er an »Alkmene«. Während des Feldzuges gegen Schlesien wurde ihm ihr Tod gemeldet, er ließ ihren Sarg in die Bibliothek im Schloss Sanssouci stellen, besuchte nach seiner Rückkehr das schon halb verweste Tier und ließ es in der Gruft beisetzen, die für ihn selbst bestimmt war. Für die anderen Hunde hatte er eigens Gräber neben dem Schloss anlegen lassen.

Die Beziehung des Alten Fritz zu seinen Hunden mag merkwürdig erscheinen, auch im Kontrast zu seiner menschenverachtenden Grundhaltung. Aber er zeigte schon die moderne Beziehung zum Haustier, geprägt von Zuneigung und Emotionalität. Der Hund wird nicht wegen seines Nutzens und Könnens geliebt, sondern wegen seines Charakters und seines Wesens, seiner Persönlichkeit.

Mensch und Haustier – eine wechselvolle Geschichte.

Die Beziehung zwischen Mensch und Tier wandelte sich im Laufe der Zeiten sehr. Sie war Moden unterworfen und war auch abhängig vom Entwicklungsstand des Menschengeschlechts. So ist das Haustier zum Betroffenen, ja Opfer der Menschheitsgeschichte geworden. Es hat den Menschen durch die Epochen begleitet – und sich dabei nach den menschlichen Wünschen gestalten lassen. Charakter, Wesen und sogar die äußere Erscheinung der verschiedenen Rassen – all das hat sich erst im Laufe der Zeit entwickelt. Das Tier wurde vermenschlicht – und entfernte sich mehr und mehr von seinem wahren Wesen.

Ganz zu Beginn war das Tier auch im Hause geschätzt wegen seiner Nützlichkeit – und die Nützlichkeit basierte auf der Art der Nahrungsbeschaffung. Die Katze jagte Mäuse, der Hund die Kaninchen.

Das Tier konnte seine Triebe noch leben – und nährte sich gleichzeitig davon. Eine naturnahe Form der Nahrungsbeschaffung, und ein guter Grund, das Tier zu lieben. Das Tier bekam kein Futter, sondern ging seinen eigenen Trieben zur Nahrungsbeschaffung nach – und wurde aufgrund der besonderen Begabungen dabei als Haustier geschätzt.

Heute ist der Nutzen, die Pflicht des Haustieres gewissermaßen, in den Hintergrund getreten. Die Nähe zum Menschen ist dem Haustier zur Natur geworden. Und die Menschen haben ein zwiespältiges Verhältnis zu den Haustieren entwickelt. Auf der einen Seite begegnen sie ihnen mit Liebe, ja Hingabe, behandeln sie als Partner und

Lebensgefährten. Auf der anderen Seite degradieren sie das Tier zum Müllschlucker.

Früher wurde das Tier vergöttert – aber wegen seiner Fähigkeiten.

Der Hund etwa, das älteste Haustier des Menschen, war schon vor neuntausend bis zehntausend Jahren ein nützlicher Begleiter. Zwar wissen die Forscher nicht genau, zu welchem Zwecke eigentlich die Steinzeitmenschen die Wölfe domestiziert hatten. Sicher war aber: Sie hatten ihre Funktion.

Sie leisteten eine »unabdingbare Hilfe bei der wichtigsten aller Aufgaben: der Ernährung«, schreibt Erik Zimen in seinem Standardwerk »Der Hund«. Denn der Hund half schon früh bei der Jagd. Das lässt sich auch bei Völkern nachweisen, die wie Steinzeitmenschen leben, meint Zimen: »Wie unersetzlich die Hunde bei Naturvölkern der Neuzeit noch sind, zeigt Darwins Bericht von den Feuerländern, die er anlässlich seiner Südamerikareise mit der ›Beagle‹ kennenlernte. Ihre Hunde seien den Feuerländern derart wichtig gewesen, dass diese auch in Zeiten großer Not eher durchgefüttert wurden als die alten Menschen.« Und er schließt daraus: »Hunde waren zu einem lebenswichtigen Produktionsfaktor geworden.«

In diesen Kulturen haben die Hunde auch noch weitere Aufgaben: Sie wurden zur Bewachung von Haus und Hof eingesetzt und zur Verteidigung der Herden, sogar als Babysitter kam der Hund zum Einsatz – und die unterschiedlichen Rassen wurden je nach ihrem Talent für die jeweiligen Einsatzbereiche ausgewählt.

Auch die Katze war damals nicht nur der schnurrende Behaglichkeitsfaktor auf der Ofenbank. Ihre Talente liegen bekanntlich in der Mäusejagd – und daher wurde sie als Haustier auserkoren, in vielen Teilen der Welt.

Beispielsweise im alten Ägypten.

Dort hatte die Katze eine höchst wichtige gesellschaftliche Funktion: Dort waren die Kornkammern die Basis des Reichtums. Die Katzen schützten die Speicher vor Mäusefraß. Somit hatten sie auch am Reichtum ihren Anteil und wurden daher geehrt und geschätzt.

Katzen galten sogar als heilige Wesen: Wenn sie starben, trauerten die Menschen um sie wie um ein Familienmitglied. Die Menschen rasierten sich zum Zeichen ihres Schmerzes die Augenbrauen ab, trugen Trauerkleidung und sangen Klagelieder. Das tote Tier wurde mit kostbaren Bändern umwickelt, in einen Katzensarg gelegt und auf dem Katzenfriedhof begraben. Die Katze wurde einbalsamiert wie ein König, auf dass sie auch im Jenseits ein nützlicher Begleiter sei als Hüterin der himmlischen Kornkammern.

Seit dem dritten vorchristlichen Jahrtausend gab es eine Katze als Göttin: Bastet mit Namen, Gattin des Sonnengottes Ra. Sie war die Göttin der Liebe, der Fruchtbarkeit, der Anmut und der Schönheit. Als Mondkatze bewachte sie unter anderem bei Nacht die Sonne und bekämpfte deren Todfeindin, die Schlange der Finsternis.

Auch in anderen Weltregionen war die Katze Bestandteil religiöser Zeremonien, etwa in Indien. Von dort gelangte sie erst nach China. Auch dort waren die Katzen die Bewahrer und Beschützer des gesellschaftlichen Reichtums: Sie beschützten die Kokons der Seidenraupen. Und sie hatten auch ihren Anteil an der geistigen Überlieferung, schützten in den Tempeln die alten Handschriften vor Ratten und Mäusen. Die Chinesen glaubten, dass nur der Mensch und die Katze eine Seele besaßen.

Hunde waren nicht nur heilig, sondern auch Heiler. Schon in China: Dort dienten sie, vor dreitausend Jahren, als Diagnosehelfer der Doktoren. Denn den Chinesen war schon damals bekannt, dass Hunde mit ihren extrem empfindlichen Nasen Krankheiten beim Menschen erriechen können – eine Fähigkeit, die in neuester Zeit durch wissenschaftliche Untersuchungen nachgewiesen wurde, beispielsweise für verschiedene Krebsarten (siehe Kapitel 2).

Auch in Mesopotamien war der Hund im Gesundheitswesen tätig, als das seinerseits heilige Tier der Heilgöttin Gula. Geachtet wurde er, so vermuten Fachleute, wegen der angeblich heilsamen Wirkung seiner feuchten Zunge. Auch in Griechenland wurde er in diesen Sphären verehrt, als Begleiter des Heilgottes Asklepios.

Der Hund hatte in der Antike allerdings auch seine abgründigen und aggressiven Seiten. In der antiken Mythologie ist er häufig Jagdbegleiter, vertritt aber auch das Finstere und das Jenseits. Der Höllenhund Zerberus hatte seine Aufgaben in der Unterwelt. Hundeopfer wurden auch dargebracht am Grab und im Kult der finsteren Göttin Hekate.

Im europäischen Mittelalter war wiederum die Katze das finstere Element, die schwarze Katze etwa galt als Schülerin des Teufels. Und als Begleiterin der Hexen traf auch die Katze die gesellschaftliche Ächtung. Auf ihrem Besenstiel reiste die Hexe bekanntlich stets in Begleitung einer Katze durch die Lüfte. Auch im Hexenhaus hatte die bucklige Hausherrin eine Katze auf der Schulter. Diese Nähe zur schwarzen Magie wurde den Katzen zum Verhängnis; häufig endeten sie gemeinsam mit der Hexe auf dem Scheiterhaufen.

Ein inniges Verhältnis zu einem Tier, besonders zur Katze, galt damals als Blasphemie. Es gab bei den Armen als auch bei Aristokraten und Klerikern Katzenfreunde. Mit den ihr unterstellten magischen Kräften nahm sie in der damaligen Heilkunst einen wichtigen Platz ein; fast alles von ihr wurde zu medizinischen Zwecken genutzt.

So löste sich im Laufe des Mittelalters das Image des Haustiers von seiner nützlichen Funktion.

Noch zur Zeit Karls des Großen (748 bis 814) genoss der Jagdhund wegen seiner Nützlichkeit besondere Wertschätzung. Kaiser Karl hatte Gesetze erlassen, wonach alle christianisierten Untertanen zur Wolfsjagd verpflichtet waren. Besonders große Hunde halfen bei dieser Hatz auf ihre Ahnen, und sie genossen auch besondere Privilegien. Je größer sie waren, desto angesehener war ihr Herr. Sie wurden von besonderen Dienern versorgt und durften sogar mit in die Kirche.

Später allerdings wandelte sich die gesellschaftliche Bedeutung der Tiere. Der Hund, der ja als besonders fügsam und dem Herrn untertan gilt, wurde zum Element einer bizarren Strafmaßnahme, eingesetzt, um den Delinquenten zu erniedrigen und öffentlich zu demütigen: dem sogenannten Hundetragen (»Cynophorie«).

Sie galt offenbar als eine besonders erniedrigende Strafe, da der Mensch sich zum Diener des Hundes machen musste. Sie wurde jenen zugedacht, die Landfriedensbruch begangen oder sich als »Verräter wider die kaiserliche Gewalt« betätigt hatten.

Diese Form der Erniedrigung zum Zwecke der Disziplinierung war offenbar weit verbreitet: »Diese hund-tragung ist eine schimpffliche militarische straffe gewesen bey den Schwaben, Francken, Sachsen und Boͤhmen«, schrieb Martin Pegius in seinem 1725 erschienenen Werk »Juristische Ergoetzlichkeiten vom Hunde-Recht, und denen darbey vorkommenden Faellen: welchen, als ein Anhang, das Recht derer Tauben und Huener beygefueget worden«.

Diese Strafe ereilte etwa den Pfalzgrafen Hermann im Jahre 1155.

Pfalzgraf Hermann scheint ein gewalttätiger, zorniger Mann gewesen zu sein, der sein Leben mit Plündern, Brandschatzen und Morden zubrachte. Dies nun war dem Kaiser Friedrich Barbarossa zur Kenntnis gekommen, und es behagte ihm gar nicht. Als er im Jahre 1155 von einer langen Reise aus Italien zurückkehrte, hielt er zu Worms in ansehnlicher Fürstenrunde Gericht über Hermann. Und dann sprach Barbarossa sein hartes Urteil: Hermann sollte einen Hund tragen, eine deutsche Meile (7,7 Kilometer) weit, von einer Grafschaft zur anderen, barfuß, mitten im kalten Winter.

Die Strafe zeitigte Wirkung; Hermann legte Reue an den Tag und sein Amt nieder, trat sodann mit sofortiger Wirkung in ein Zisterzienserkloster ein und machte diesem noch reiche Schenkungen. Er starb aber schon bald, am 20. September 1156. Seine Ehe mit Gattin Gertrud war kinderlos geblieben.

Herr trägt Hund: Ein frühes Zeichen der Aufwertung des Tieres. Die nächste Stufe war die Verhätschelung, im achtzehnten Jahrhundert, im Rokoko, der Zeit der gepuderten Perücken und der ausladenden Röcke. Das war auch jene Zeit, in der der Alte Fritz die innigliche Beziehung zu seinen Hündchen pflegte.

Der Alte Fritz war dabei kein Einzelfall. Die Hunde hatten sich von ihren Pflichten – Jagen, Wachen, Babysitten – emanzipiert und durften auf dem Sofa Platz nehmen.

»Man hielt sie jetzt zu dekorativen Zwecken«, schreibt Hundepapst Zimen. Und sie wurden verwöhnt nach Kräften: »Wie zu allen Zeiten großer Hundeliebhaberei ging es den vierbeinigen Zöglingen weitaus besser als den meisten Domestiken, ganz zu schweigen vom Gros der Bevölkerung.«

Die Verehrung des Hündchen reichte fast an Vergötzung, wie Zeitgenossen mitunter etwas pikiert berichteten: Im *Journal de Paris* beklagte sich ein Leser im Jahre 1781, dass man sich »bei Gesellschaften nicht mehr niedersetzen kann, ohne eine Hundegottheit zu erdrücken«.

Zu dieser Zeit begann auch die gezielte Zucht bestimmter Rassen nach vorgegebenen Merkmalen. Dabei orientierten sich die Zuchtziele noch an der jeweiligen Aufgabe des Hundes: Jagdhund, Hütehund, Polizeihund, Kampfhund, Blindenhund. Später kamen dann gewissermaßen politische Ziele hinzu, und irgendwann ging es vorwiegend um die Schönheit.

Wie sich die Rassen anfangs entwickelten und ob sie gar einen gemeinsamen Ahnherrn hatten, darüber stritten sich die Hundeforscher (»Kynologen«).

Nach Auffassung des Schweizer Hundehistorikers Theophil Studer (1845 bis 1922) entwickelten sich die heute bekannten Rassen aus wenigen »Ur-Rassen«. (Studers Hauptwerk: »Die prähistorischen Hunde in ihrer Beziehung zu den gegenwärtig lebenden Rassen«) Professor Studer war Vorsteher der zoologischen Abteilung des Naturhistorischen Museums Bern und der Urvater aller Kynologen.

Er vertrat die Theorie vom Ur-Hund, gab ihm sogar einen lateinischen Namen: »Canis ferus«. Es soll ein Wildhund gewesen sein, der parallel zu Wolf, Schakal und anderen Wildhundearten in Eurasien gelebt haben soll. Nachteil: Niemand hat ihn je gesehen. Das hielt Studer indessen nicht von einer Rassentheorie ab, die auf dem Ur-Hund fußte.

Von »Canis ferus«, sozusagen dem Adam unter den Hunden, sollen alle Rassen ausgegangen sein, zunächst als die sogenannten fünf »Ur-Rassen«:

Unter ihnen war »Canis intermedius«, der Urahn der Jagdhunde. Von »Canis feineri« stammten alle Windhunde ab und auch der Irische Wolfshund. »Canis matris-optimae« war der Vorläufer der Schäferhunde. Vom »Canis inostranzeni« entwickelten sich die nordischen Hunde, auch der Deutsche Schäferhund und auch der bullige Mastiff. Die Kleinen entstanden aus der Linie des »Canis palustris«: Spitz, Chow, Pinscher, Terrier.

Andere Forscher erklärten wahlweise den Schakal, den Koyoten und natürlich den Wolf zum Ur-Hund.

Bei der Entwicklung der Hunderassen spielte die Geschichte des Menschengeschlechts eine wesentliche Rolle. Es waren natürlich nicht die Hunde, die bei der Paarung auf Fell, Rücken, Beinstellung achteten, es waren die Menschen. So spielten die geschichtlichen Umstände auch hundegeschichtlich eine wichtige Rolle, und natürlich auch die Moden der jeweiligen Epochen, die Ideologien und die Kulturen.

Der Mensch schuf sich den Hund nach seinen Wünschen, modellierte seine Gestalt, bildete seinen Charakter. Und so wie heute Hollywoodfilme Dalmatiner oder Golden Retriever zu Trendhunden machen, so waren es früher die Kaiser und Könige oder auch Kanzler, die über Schicksal und Karriere einer Hunderasse bestimmten.

Die deutschen Hunderassen beispielsweise gewannen ihren Charakter und ihre Bedeutung, wie auch die deutsche Nation, erst im Laufe des neunzehnten Jahrhunderts. Bei den Hunden galten zuvor noch die englischen Rassen als Vorbild.

Je deutscher aber das Land wurde, desto deutscher wurde auch der Hund. Im neunzehnten Jahrhundert begann das Rassehundewesen sich zu organisieren. Und Reichskanzler Otto von Bismarck (1815 bis 1898) förderte gar die Karriere eines ersten Nationalhundes: Die Deutsche Dogge wurden damals zum »Reichshund«.

Kurz darauf kam der Dobermann. Er wurde benannt nach einem Herrn Dobermann und gebildet nach dessen Lebensmaximen.

Karl Friedrich Louis Dobermann (1834 bis 1894), der Begründer und Namensgeber der Rasse, war Steuereintreiber in Thüringen. Er brauchte Hunde für Geldtransporte. Sie sollten möglichst scharf sein und bedrohlich wirken. Beim Dobermann galt »extreme Schärfe als wichtigste Eigenschaft«, wie Hundeforscher Zimen schrieb. So züchtete er aus Deutschen Doggen, Pinschern und Rottweilern einen Hund, der seinen Namen tragen sollte.

Zum Inbegriff des »deutschen Hundes« aber wurde der Deutsche Schäferhund. Der kam anfangs tatsächlich, wie der Name sagt, als Hirtenhund zum Einsatz: in den Schafzuchtgebieten auf der Schwäbischen Alb, in Thüringen, Sachsen und im Elsass. Schäferhunde gab es allerdings viele, und weil der Hütehund nicht weit herumkam auf der Welt, sondern meist in der Heimat blieb, gab es auch viele lokal oder regional begrenzte Rassen (sogenannte »Schläge«), etwa den Harzer Fuchs oder den Westerwälder Kuhhund.

Zum Vater des echten Deutschen Schäferhundes wurde schließlich ein Karlsruher Offizier, Rittmeister Max von Stephanitz (1864 bis 1936).

Der hatte einst in der Rheinebene einen Schäfer bei der Arbeit beobachtet, und sah dabei natürlich auch dessen Hund, der folgsam auf Zuruf die Herde kontrollierte.

Stephanitz war begeistert, wollte aber die Leistungen dieser Sorte Hund noch optimieren.

So kaufte er am 15. Januar 1898 vom Frankfurter Züchter Friedrich Sparwasser einen dreijährigen Rüden mit dem seltsamen Namen Hektor Linksrhein. Von Stephanitz gab dem Rüden den Namen Horand von Grafrath, was natürlich auch nicht viel besser war.

Horand war 61 Zentimeter groß, besaß, wie die einschlägige Hundeliteratur weiß, einen »edlen Kopf« und »gute Linien« und war ein »großer Raufer«. Sein »Wurfbruder« Luchs Sparwasser war von ähnlichem Charakter.

Von diesen beiden Brüdern stammen die meisten Deutschen Schäferhunde ab – und sie waren offenbar ziemlich vermehrungsfreudig: Als Stephanitz 1936 starb, heulten ihm zu Ehren schon 700 Deutsche Schäferhunde.

Stephanitz gründete am 22. April 1899 mit einer Gruppe von Gleichgesinnten in Karlsruhe den »Verein für Deutsche Schäferhunde«. Das Deutsche Reich war noch jung, und Rittmeister Stephanitz war vom deutschen Gedanken so angetan, dass sein Verein den Hund in den Dienst der Nation stellte.

Schon 1903 ließ er verschärfte deutschtümelnde Tendenzen erkennen: »Auch Hundezucht steht in Beziehung zum Vaterlande, soll diesem dienen«, verkündete Stephanitz. »Vaterländische Empfindungen zu fördern«, sollte sich »jeder Deutsche berufen fühlen.«

Seine Hunde-Ideologie nahm zunehmend völkisch-rassistische Züge an. Er verglich die Hundezucht mit der Entwicklung der Menschen: »Die allgemeine seelische Minderwertigkeit der Sprößlinge aus Verbindungen ungleicher Menschenrassen ist zur Genüge bekannt. Das Eheverbot für Angehörige hochstehender Kulturvölker mit Frauen niedrigerer Rasse ist daher eine durchaus zweckmäßige Maßregel.«

Er wandte sich auch dagegen, dass die Deutschen unter dem Einfluss eines »Fremdvolkes« (den Juden) es verlernt hätten, »arisch, deutsch und rein zu fühlen«.

»Lassen wir Tierzüchter uns daraus eine Lehre ziehen.«

Solch demonstratives Deutschtum beförderte in jenen Zeiten die Karriere der neuen Rasse: Im Ersten Weltkrieg zeigte sich schon der Heerführer und zeitweilige Hitler-Parteigänger Erich Ludendorff mit Deutschen Schäferhunden, später auch Reichspräsident Paul von Hindenburg, der »Reichsführer SS« Heinrich Himmler und natürlich der »Führer« Adolf Hitler selbst.

Das Deutschtum hatte jedoch auch Nachteile für den Schäferhund. Er musste einrücken in den Krieg: 30 000 wurden eingezogen – und viele ließen ihr Leben auf dem Feld der Ehre.

Hunde im Krieg: Das war nun keine deutsche Erfindung. Kampfhunde wurden in früheren Zeiten nicht nur in Rotlichtvierteln an Zuhälterhänden ausgeführt, sondern vornehmlich bei kriegerischen Auseinandersetzungen.

Schon bei den alten Griechen waren Molosser im Kriegsdienst tätig. In den Perserkriegen (490 bis 449 v. Chr.) waren sie sowohl auf griechischer als auch persischer Seite dabei: Damals kämpften, wie der griechische Historiker Herodot schrieb, »Mann gegen Mann, Pferd gegen Pferd, Hund gegen Hund«.

Bei Kelten und Galliern wurden die kämpfenden Hunde durch Rüstungen geschützt; sie trugen breite Halsbänder mit langen Eisenstacheln. Die so ausgerüsteten vierbeinigen Kämpfer wurden auf die gegnerische Reiterei gehetzt: Hund gegen Pferd. Doch Kriegshunde taten nicht nur Dienst an der Waffe, sondern waren auch im Schutz- und Wachdienst tätig, suchten nach verwundeten oder getöteten Soldaten oder versteckten Gegnern, schnüffelten nach Minen und übermittelten Botschaften.

Manche kamen gar als Selbstmordattentäter zum Einsatz: Die Armee der Sowjetunion bildete Hunde zur Sprengung deutscher Panzer aus. Dazu wurden die Tiere während der Ausbildung unter Panzern gefüttert. Vor ihrem Einsatz ließ man sie einige Tage hungern und schickte sie dann mit einem Sprengsatz auf dem Rücken, der durch einen dünnen Metallstab gezündet wurde, zu den feindlichen Panzern, um diese zu sprengen.

Wenn auch die Deutschen die Kriege nicht gewannen – der Deutsche Schäferhund wurde im Ersten und Zweiten Weltkrieg zur führenden Rasse, auch bei den Gegnern.

Er stellte etwa achtzig Prozent der im Krieg eingesetzten Hunde. Im Ersten Weltkrieg wurden nur einige Tausend Hunde verwendet, im Zweiten Weltkrieg waren es insgesamt ungefähr 200 000, allein in Deutschland und Frankreich jeweils 40 000. Um genügend Kriegshunde zu bekommen, wurden eigene Zucht-Zentren unterhalten, die aber bald nicht mehr den nötigen Nachwuchs an Hunden liefern konnten. Darum zogen »Stellungskommissionen« durch die Lande und veranstalteten »Hundemusterungen«. Die »tauglichen« Hunde wurden in »Kriegshundekursen« für die Front ausgebildet.

So war es auch im Falle des »Kriegshundes« nicht der Hund, der sich freiwillig meldete, sondern der Mensch, der ihn zu kriegerischen Zwecken abrichtete. Das finden Hundefreunde wie Autor Zimen auch in der Debatte um die sogenannten »Kampfhunde« wichtig. Ob Mastiff, Pitbull, Bullterrier: Es sei nicht der Hund, der zum Aggressor wird, sondern der Mensch, der ihn zu einem solchen züchte.

Auch Hunde-Experte Zimen ist der Auffassung, die Zuchtgeschichte habe großen Anteil daran, dass Hunde zu potentiell gefährlichen Stadtbewohnern geworden sind. Wenn es immer wieder Debatten um Kampfhunde gibt und Kinder zu unschuldigen Opfern von Hundebissen werden, dann seien dafür auch die züchterischen Maximen jener zackigen Zeitgenossen verantwortlich, die den Dobermann oder den Deutschen Schäferhund erfanden. Meint Zimen, der ein gebürtiger Schwede war und daher eine gewisse Skepsis und Distanz zu solchen Nationaltugenden hat, die sich in manchen Hunderassen verewigten: »Es ist eine traurige Folge der Zucht und Abrichtung mannscharfer Hunde im Geiste von Stephanitz, dass wir alljährlich in der Bundesrepublik über 10 000 Verletzte und etliche Tote durch aggressive Fehlleistungen von Hunden zu beklagen haben.«

Doch die Hunde scheinen als Trend-Tier ohnehin auf dem Rückzug, sie werden abgelöst von der Katze.

Seit in Deutschland an die Stelle der Kriegskultur eher eine Kuschelbewegung getreten ist, wird die Katze zum Leit-Tier.

Die Katze scheint zukunftsfähiger in der modernen Gesellschaft, in der es um flexible Überlebensstrategien geht. Es ist nicht mehr das Feld der Ehre, die Schlachtstätte, die das Modell der gesellschaftlichen Auseinandersetzungen bildet, es ist eher: der Dschungel.

Und da ist die Katze mit ihren flexiblen Überlebensstrategien dem Befehlsempfänger Hund weit überlegen.

Heute indessen ist auch der Hund in den meisten Fällen nicht Waffe, sondern Weggefährte, ja Sozialpartner, sogar »mehr Sozialpartner denn je«, so *Das Deutsche Hunde Magazin* im September 2006 in einer Geschichte über »Rassen, die passen«. Als »Damenhündchen« beispielsweise seien Kleinhunde in besonderer Weise geeignet: »Der kauzige Affenpinscher macht sich Fremde nicht leicht zu Freunden, aber wer sein goldenes Herz erobert hat, hat einen Freund fürs Leben.«

So ein Freund war auch der Mischling »Scooter«. »Als Hund«, sagte der frühere (und Anfang 2006 verstorbene) Bundespräsident Johannes Rau, sei sein »Scooter« eine »Katastrophe. Als Mensch ist er einfach unersetzlich.«

Der Hütehund ist Vergangenheit, die Mäusefängerkatze: passé. Das Tier soll nicht mehr dienen und nützen, es soll dem Menschen Partner sein.

So gleicht sich auch die Futterwahl der Partner an: Detlev Nolte, Sprecher des Industrieverbandes Heimtierbedarf (IVH), sagt: »Das, was der Verbraucher im Lebensmittelbereich akzeptiert und für gut befindet, versteht er auch im Tiernahrungsbereich.« Sogar am Erscheinungsbild des Tierfutters wird »konsequent gearbeitet«, so der Zentralverband zoologischer Fachbetriebe.

So gibt es die »Fleischterrine mit Wild und Karotten«, »Lamm à la Mediterranée«, »Huhn à la Provence«.

Das birgt natürlich auch Gefahren. Denn so wie der Mensch seine Rationen mit Chemikalien würzen lässt, so macht er das auch beim Futter fürs Tier.

Chemie im Futter – und es freut sich das Tier?

7. Blaue Lippen

Chemische Zusätze im Tierfutter bedrohen die Gesundheit

Lustlos statt läufig: Was ist nur mit der Hündin los? / Farben für die Fische / Säureattacken aus dem Futternapf / Wenn Chemiegeschmack die Instinkte austrickst – und deshalb dick macht / Geschmacksverstärker, Süßstoffe, Aroma: Deklaration auf dem Etikett leider verboten

Die Berichte aus Kreisen von Tierärzten und Hundezüchtern klangen alarmierend.

Ein Rottweiler-Züchter berichtete von einem Hund, der an Leberkrebs gestorben war.

Ein Züchter von Deutschen Schäferhunden meldete Mundkrebs bei einem seiner Hunde.

Eine Züchterin für Pudel und Collies beobachtete plötzlich, dass Hündinnen, die zuerst »wie ein Uhrwerk« regelmäßig Nachwuchs geworfen hatten, nun plötzlich auffällige Lustlosigkeit an den Tag legten.

Einige Welpen kamen gar mit Missbildungen zur Welt, ohne Beine, Schwänze oder Geschlechtsorgane. Eine Tierärztin berichtete von bizarr missgebildeten Kälbern, bei denen die Augen auf der Rückseite des Kopfes lagen, die ohne Ohren zur Welt gekommen waren, oder auch mit Beinen, die falschherum angewachsen waren.

Die Ursache war, so vermuteten jedenfalls die argwöhnischen Fachleute, eine Substanz namens »Ethoxyquin«. Der Stoff findet sich mitunter im Tierfutter, ganz legal, er ist unter dem Kürzel E 324 zugelassen als Zusatzstoff, und außerdem als Schädlingsgift im Einsatz.

Die amerikanische Aufsichtsbehörde FDA (»Food and Drug Administration«) fand die Berichte nicht besorgniserregend genug, um die Chemikalie vom Markt zu nehmen. Vielleicht misstrauten sie der

Einsenderin, einer Tierärztin aus Kalifornien, die sich einer ganzheitlichen Heilweise verpflichtet fühlt und die Schreckensberichte gesammelt und eingereicht hatte.

Die amerikanischen Behörden sahen keinen Grund, die Chemikalie zu verbieten. Es waren einfach Geschichten, die passiert sind, vielleicht sogar Legenden von Veterinärsstammtischen, ohne jede wissenschaftliche Beweiskraft.

Schließlich gab es genug Studien, unter anderem auch solche von der Herstellerfirma MONSANTO, die der Chemikalie Unbedenklichkeit attestierten.

Allerdings: Bei genauerer Betrachtung enthielten auch manche dieser Studien einige Merkwürdigkeiten.

Bei einer Gruppe von Hunden, die die Höchstdosis von hundert Milligramm pro Kilogramm Körpergewicht bekommen hatten, wurde der Versuch wegen Vergiftungserscheinungen abgebrochen. Alle Versuchsteilnehmer aus dieser Gruppe mussten schon nach neun Wochen eingeschläfert werden.

Bei einer Hündin wurde nach vierzig Wochen bei einer bescheidenen Drei-Milligramm-Dosis eine sogenannte »Histoplasmose« festgestellt, eine Pilzkrankheit.

Bei anderen Versuchstieren ging das Gewicht zurück, die Leber arbeitete nicht mehr richtig, bei vielen stiegen die Entzündungswerte auffällig an.

Besonders seltsam war: Bei manchen Versuchstieren verfärbte sich der Urin urplötzlich, wurde ganz dunkel, bernsteinfarben, bei anderen grün oder braun. Mitunter waren Herz, Leber, Nieren auch schon bei geringer Dosis auffällig vergrößert.

So ist das bei den Chemikalien häufig: Die einen Untersuchungen berichten von schlimmen Folgen der Chemikalien, andere von vollkommener Harmlosigkeit (siehe Hans-Ulrich Grimm / Bernhard Ubbenhorst: »Echt künstlich. Das Dr. Watson Handbuch der Lebensmittel-Zusatzstoffe«).

Nun würden die Laien sagen, wenn es auch nur den geringsten Verdacht auf schädliche Folgen gibt, dann kommt das Zeug nicht ins Futter. So dachten früher auch Ärzte und Behörden.

Mittlerweile ist es umgekehrt: Bevor nicht der letzte Wissenschaftler schlimmste Schäden attestiert, werden die Chemikalien weiter untergemischt. Und dass sämtliche Wissenschaftler ins kritische Lager wechseln, ist nicht so schnell zu befürchten – vor allem nicht bei den Tierernährungs-Professoren, bei denen es gar kein kritisches Lager gibt (siehe Kapitel 10).

So gehen die Urteile meist weit auseinander und die Hersteller verweisen auf die behördliche Zulassung und entlastende Wissenschaftler.

So sind auch bei dem umstrittenen Stoff namens »Ethoxyquin« die Futterfabrikanten vollkommen überzeugt von der Harmlosigkeit.

Die Firma Eukanuba etwa teilt mit:

»Ethoxyquin ist ein Antioxidans, das Fette stabilisiert und vor dem Ranzigwerden schützt. Somit sorgt Ethoxyquin dafür, dass der Nährwert der Nahrung erhalten bleibt. Zu den zu schützenden wichtigen Komponenten gehören auch die fettlöslichen Vitamine A, D, E und K. Ethoxyquin stellte sich in zahlreichen Untersuchungen als sicher und wirksam heraus und wird in Eukanuba Veterinary Diets verwendet, um die empfindlichen Fettsäuren zu schützen.«

Die empfindlichen Fettsäuren schützen – das muss man natürlich nur, wenn man die Sachen länger aufbewahren möchte, als eigentlich gut für sie ist. Wenn die Nahrung gegessen wird, bevor sie verdorben ist, dann muss man auch keine Fettsäuren schützen.

Die Tierfutterhersteller aber (wie übrigens auch die Hersteller von Nahrung für Menschen) wollen die Waren möglichst lang verkäuflich halten. Schließlich sind auch weite Wege zu überbrücken, von einer Abdeckerei irgendwo in Belgien über eine Fabrik irgendwo in Norddeutschland bis zu einem Supermarkt irgendwo in Österreich. Manche Erzeugnisse haben gar transatlantische Reisen hinter sich.

Die industriellen Tierfutterproduzenten sind also zwingend auf Chemikalien angewiesen, die die Verderbnis künstlich hinauszögern.

Sie brauchen auch Stoffe, die unangenehme Gerüche und Geschmacksnoten »maskieren«, was jeder nachvollziehen kann, der einmal die Duftnote einer Tierkörperbeseitigungsanlage in der Nase hatte, die häufig Rohstoffe für die tierischen Leckereien zur Verfügung stellt (siehe Kapitel 3).

Sie brauchen auch Stoffe, die dafür sorgen, dass die Cremes und Soßen und Füllungen der Dosen anständig zusammenhalten und nicht gleich zerfallen.

Sie freuen sich auch über Chemikalien, mit denen die Hühner, Schweine, Rinder profitabler arbeiten, mehr Milch geben, mehr Mastgewicht zulegen, mehr Eier legen.

Kurz: Kein Schwein braucht Chemie im Futter.

Der Löwe fände es vermutlich ziemlich absurd, wenn das Leben seiner Lieblingsspeise Antilope mit Chemikalien künstlich verlängert würde. Die Gemsen grasen auch gern ohne Geschmacksverstärker auf der Matte. Der Eisbär fängt und frisst Fische, auch ohne dass diese mit Farbstoffen verhübscht worden wären.

Die Zusatzstoffe sind nur für den industriellen Verarbeitungsprozess und für die Verteilung im weltweiten System der Supermärkte wichtig.

Zusatzstoffe sind auch gesundheitlich nicht unproblematisch. Natürlich gibt es manche, die harmloser sind, und andere, die kritischer zu bewerten sind. Manche der chemischen Zutaten können zu Allergien führen, andere zu Immunstörungen, einige können das Gehirn beeinflussen, das Denkvermögen und die Psyche. Mitunter können sie die Verdauung stören und zu Übergewicht führen.

Und je mehr diese Substanzen im Futter verbreitet sind, desto größer ist das Risiko.

Mittlerweile sind sie ziemlich weit verbreitet.

Im Jahr 2003 wurden allein in Deutschland Futterzusatzstoffe für über 250 Millionen Euro verkauft.

Je nach Effekt gibt es eine Fülle von chemischen Zutaten. Zum Beispiel zur Dotterfärbung beim Ei. Welche Farben da zum Einsatz kommen, das ist heute lehrbuchmäßiges Grundwissen für den Hühnerbaron.

So schreibt der seit 1997 emeritierte Weihenstephaner Professor Manfred Kirchgeßner in seinem Standardwerk über Tierernährung: »Die zur Dotterfärbung notwendigen Farbstoffe müssen dem Tier mit dem Futter zugeführt werden. Dadurch ist je nach den Verbraucherwünschen (Frühstücks-, Industrieei) eine bestimmte Dotterfarbe zu erreichen.«

Die Farbe entsteht seit jeher durch das Futter. Mais macht gelb, Gras grün, Paprika rot. Wenn Lachse kleine Krebse fressen, wird ihr Fleisch rot. So wie Menschen, wenn sie viele Karotten essen, gelb werden.

Beim Huhn und seinem Ei wird heute die Farbe auch über zugesetzte Farbstoffe reguliert.

Die Firma LOHMANN ANIMAL HEALTH aus Cuxhaven beispielsweise hat da für jeden Wunsch etwas Passendes. LOHMANN ANIMAL HEALTH, kurz LAH, gehört zu einem Familienclan, der auch die Besitzer des Hühnergiganten »WIESENHOF« umschließt. Die Firma produziert jedes zweite Hähnchen in Deutschland und jedes vierte auf der Welt.

Lohmann hat eine breite Palette an Farbstoffen zur Auswahl, nicht nur »zur Steuerung der Eidotter-Pigmentierung«, sondern auch »zur Hautfärbung für Geflügel«.

Mit Zusatzstoffen ist offenbar alles manipulierbar.

Die sinnliche Erscheinung ist in der Natur immer ein Zeichen für etwas. Geschmack und Geruch zeigen, dass da Mais war beim Maishähnchen, Krebs beim Lachs, eine Erdbeere im Joghurt.

Die Chemikalien dienen dazu, etwas vorzuspiegeln, was nicht da ist.

Weil Karotten und Krebse, Mais und Paprika relativ teuer sind, greifen die Industriefutterfabrikanten lieber zu billigen Farbstoffen.

Zugelassen sind viele:

Ein Stoff namens »Astaxanthin« (E 161j) sorgt bei Lachsen und Forellen dafür, dass das Fleisch der Fische schön rosa wird. Eigentlich deutet die rosa Färbung darauf hin, dass der Fische viele kleine Krebse gefressen hat. Aber welcher Lachs bekommt heute schon kleine Krebse?

Die Zusatzstoffe E 161b und 161g färben Lebensmittel orange bis rosarot. Es gibt E 142, Brillantsäuregrün, E 131, Patentblau, E 110, Gelborange S, das rosa bis rote E 127, »Erythrosin«, und E 153, Kohlenschwarz, für die Gruftis unter den Zierfischen.

»Canthaxanthin« (E 161g) ist für Geflügel zugelassen, ausgenommen die Legehennen. Es ist auch in Bräunungscremes für Menschen gebräuchlich, was erkennen lässt, wie weit sich Mensch und Huhn schon angenähert haben. Der Tönungsstoff erwies sich im Übrigen nur in hohen Dosen als gesundheitsschädlich. Er kann, so zeigten einzelne Fälle, ein sogenanntes Goldflimmern im Auge erzeugen. Außerdem kann er das Blutplasma orange färben und hat auch, so wird überliefert, einmal zu Blutarmut geführt.

Der Farbstoff gehört zu den sogenannten »Xanthophyllen«. Das sind natürliche, gelb-orangefarbene Farbstoffe. Sie kommen von Natur aus in vielen Pflanzen wie Tomaten, Orangen, Hagebutten, aber auch in grünem Gemüse vor.

Anders ist es bei E110 (Gelborange S) oder E102 (»Tartrazin«). Das sind sogenannte Azofarbstoffe. Die kommen in der Natur nicht vor. Sie werden ausschließlich chemisch hergestellt, aus Teer ursprünglich, neuerdings aus Rohöl. Diese Azofarbstoffe können, das ergaben wissenschaftliche Studien, zu Hautproblemen führen, bei Kindern auch für Hyperaktivität und Lernstörungen verantwortlich sein. Sie sind für Zierfische zugelassen. Wenn der Zierfisch also demnächst wild umherschwimmt oder gar aus dem Aquarium springt: Vielleicht war es ja das Futter.

Farbstoffe sind in vielen Tierfutterpackungen enthalten: In »HILL'S SCIENCE PLAN POLLO GUSTOSO« zum Beispiel vermerkt das Etikett: »Gefärbt mit Eisenoxid«.

Der Cuxhavener Zusatzstoff-Händler LOHMANN hat auch Antioxidantien im Angebot (»Loxidan«), zudem Aromen (»Cuxarom«), auch prima Darmflora-Stabilisatoren (»ToyoCerin«), Futterenzyme und Vitamine.

Zugelassen sind laut Futtermittelverordnung insgesamt über zweihundert Stoffe, darunter auch Spurenelemente und Vitamine, Medikamente und sogenannte Leistungeförderer, für Legehennen, Truthühner, Masthühner, Ferkel, Schweine, Kälber und Rinder.

Die sogenannten Antioxidantien etwa sorgen dafür, dass die Sachen nicht so schnell verderben. Darunter sind eher harmlose Konservierungsmittel wie etwa diverse Vitamine. Zugelassen ist auch die in Soft Drinks für Menschen allgegenwärtige Zitronensäure, die bei Menschen die Zähne zerstört und auch zur Aufnahme von Aluminium im Gehirn beitragen kann. Sie ist etwa in »HILL'S SCIENCE PLAN«-Trockenfutter zur Haarballenkontrolle enthalten.

Als Zutaten im Einsatz sind auch E 295 (»Ammoniumformiat«), E 240 (»Formaldehyd«) und E 223 (»Natriummetabisulfit«). Damit halten die Futtermittel länger. Verwendet werden überdies problematische Substanzen mit zungenbrecherischen Namen wie »Butylhydroxyanisol«, abgekürzt BHA (E 320) oder »Butylhydroxytoluol«, kurz BHT (E 321).

BHA und BHT können in großen Mengen zur lebensgefährlichen Blausucht führen, die durch eine typische Blaufärbung von Lippen, Schleimhäuten und der Haut gekennzeichnet ist. Dabei wird die Sauerstoffbindung in den roten Blutkörperchen unterbunden, was besonders bei Kindern zu akutem Sauerstoffmangel bis hin zum Erstickungstod führen kann (Fachbegriff: »Methämoglobinämie«). Aus diesem Grund ist die Anwendung in Kinder- und Säuglingsnahrung verboten.

Bei Tier- und Reagenzglasversuchen veränderte E 320 in großen Mengen das Erbgut, vor allem in Zellen des Magen-Darm-Traktes. In Langzeit-Tierstudien zeigten sich E 320 und E 321 bei Einnahme großer Mengen als krebserregend und verursachten Magen- und Leberkrebs bei Mäusen.

Eingesetzt werden auch Bindemittel, Fließhilfsstoffe und Gerinnungshilfsstoffe, die dazu dienen, dass die Futtermittel besser transportiert, verladen und aufbewahrt werden können. Auch das ist kein tierfreundlicher Akt, sondern eher eine Maßnahme zum Vorteil von Raiffeisen-Futterwerken. Dazu zählen unter anderem die Kieselsäure E 551.

Es gibt Emulgatoren und Stabilisatoren, Verdickungs- und Geliermittel, die ebenfalls die Verarbeitung erleichtern, nebenbei aber auch die Futteraufnahme erhöhen.

Es gibt reine Designerstoffe wie die beinahe allgegenwärtigen »veresterten« Mono- und Diglyceride von Speisefettsäuren, sogenannte Emulgatoren (E 471).

Sie sorgen dafür, dass Pulver sich leicht in Flüssigkeit lösen kann. Oder dass Nudeln und Reis nicht verkleben. Sie können auch als Schaumverhüter und als Backmittel eingesetzt werden.

Medikamente nehmen die Menschen erst dann, wenn sie krank sind. Da in der Massentierhaltung aber der wichtigste Krankheitserreger dauernd anwesend ist, die Massentierhaltung selbst mit ihren engen und erregerfreundlichen Ställen (siehe Kapitel 8), wird im Futter gleich das Medikament mit verabreicht: Man kann ja nie wissen, wofür es gut ist. Zugelassen sind Arzneien wie E764 (»Halofuginon«) und E758 (»Robenidin«) zur Verhütung der »Histomoniasis« und der »Kokzidiose«, gefürchteten Geflügelkrankheiten.

Es gibt eine ganze Reihe von Säuren, etwa E297 (Fumarsäure), E507 (Salzsäure), E513 (Schwefelsäure), E200 (Sorbinsäure).

Oder E338, die Phosphorsäure. Sie ist für alle Tierarten zugelassen, und auch für Menschen-Drinks wie Cola. Als Cola-Zusatz ist die Säure ja ein bisschen in Verruf geraten, weil sie als »Kalziumräuber« gilt, der zu Knochenschwund führen kann und zu verfrühter Osteoporose, sogar schon bei Kindern, wenn sie zu viel Cola und zu wenig Milch trinken.

Als Gegengift sozusagen kennt der Futtermischer die sogenannten Säureregulatoren, ein ganzes Arsenal ist zugelassen, wie E503 (»Ammoniumcarbonat«), E510 (»Ammoniumchlorid«), E526 (»Calciumhydroxid«) und 28 weitere Stoffe zur Säureregulierung.

Zugelassen sind auch eine Reihe von sogenannten »Leistungsförderern«, Dopingmittel sozusagen. Die Tiere im Stall sind ja keine Kuscheltiere. Sie müssen Geld bringen. Sie sind keine Lebensgefährten des Menschen, sondern Leistungsträger. Die Leistung, die das Tier erbringen muss, ist klar: Die Henne muss Eier legen, die Kuh Milch geben. Das Hähnchen, die Pute, das Schwein und der Bulle, sie sollen möglichst schnell ihr Schlachtgewicht erreichen.

Leistungsförderer, das sind beispielsweise Stoffe wie etwa E712 (»Flavophospholipol«) für Legehennen, Truthühner, Masthühner, Ferkel, Schweine, Kälber. Das ist eines der letzten zugelassenen Antibiotika im Tierfutter, die meisten anderen wurden verboten, weil bei Menschen diese Arzneien plötzlich nicht mehr wirkten.

Ob es sinnvoll ist, mit so einem Mittel die Hennen dazu zu bewegen, mehr zu legen, ist selbst in der Veterinärbranche umstritten. Eine werdende Tierärztin wie Doris Lattemann aus Salzgitter jedenfalls warf in ihrer Dissertation an der Tierärztlichen Hochschule Hannover im Jahr 2000 die Frage auf, ob die Förderung der Eierproduktion unbedingt nötig sei, wo doch, zumindest bei den Legehennen, mit einem Ei pro Tag »vermutlich nahezu das maximal Mögliche erreicht« sei.

Immerhin: Manche der Zusätze dienen der Geschmacksverbesserung. Da hat wenigstens das liebe Tier was davon, möchte man meinen: mehr Genuss an Trog und Napf.

Doch selbst die Zusätze, die den Geschmack verbessern, werden nicht aus reiner Tierliebe eingesetzt. Selbst hier gibt es Hintergedanken, und der Leistungsgedanke ist nur einer davon.

Das Geschäft mit dem Geschmack will sich offenbar kaum jemand im Tierfutter-Business entgehen lassen. Der deutsche Kunstgeschmacks-Gigant SYMRISE aus dem niedersächsischen Holzminden, hervorgegangen aus den traditionsreichen Aromaproduzenten DRAGOCO und HAARMANN & REIMER, versorgt auch das liebe Vieh. Der Cuxhavener LOHMANN-Konzern hält laut Prospekt auch die von den Haustieren bevorzugten Aromen »in verschiedenen Varianten für alle Tierarten« bereit.

Und auch die Firma GEPRO GEFLÜGEL-PROTEIN VERTRIEBS GMBH & CO. KG, Diepholz, liefert Geschmack. GEPRO ist laut Eigendarstellung »ein Zusammenschluss von norddeutschen Geflügelschlachtereien«, sie hat sich zum Ziel gesetzt, »hochwertige Geflügeleiweiß- und Geflügelfettprodukte mit ausgewogenen Inhaltsstoffen« herzustellen. Sie beliefert nach eigenen Angaben »weltweit« die Haustierfutterindustrie.

Sie hat beispielsweise einen Geschmack namens »7064 Trigarol Dog Gravy« für Hunde im Angebot. Das Produkt »ermöglicht die Entwicklung bestimmter Soßen in trockenem Hundefutter, Instantdrinks oder Mashprodukten«. Und auch für Katzen gibt es was: »4036 Trigarol Cat Premium P«. Das verstärke »die Akzeptanz von trockenem Katzenfutter«, und zwar »unabhängig« von dem »jeweiligen Katzenfuttergrundgeschmack«. Und »7613 Trigarol Dog Profi P« verstärke »die Akzeptanz von trockenem Hundefutter«, gleichfalls unabhängig vom »jeweiligen Hundefuttergrundgeschmack«.

Das bedeutet: Mit diesen Geschmäckern kann man den Hunden und Katzen offenbar jedes beliebige Futter unterjubeln, unabhängig davon, was es ist und wie es schmeckt. Angesichts der Rohstoffe, die in der Branche zum Einsatz kommen, vom normalen Schlachtabfall bis zum Klärschlamm (siehe Kapitel 3), sicher ein sehr erfolgversprechender Ansatz.

Immerhin sind die verwendeten Geschmäcker an den Vorlieben der Tiere und interessanterweise zumindest teilweise an deren natürlichen Fressgewohnheiten orientiert.

So haben die Aromakünstler auch die Leibspeisen für unsere vierbeinigen oder gefiederten Freunde nachgebildet: Die Katze kriegt, ganz ohne Jagd und Mühe, ein Aroma Marke »Maus«, und für Hühner haben die Chemiker eine Komposition vom Typ »Regenwurm« zusammengestellt – eine besonders bewundernswerte Leistung der Labor-Mannschaft, vor allem hinsichtlich der sicher schwierigen Untersuchung, wie denn wohl das Original schmeckt.

Die Aromafabrik Bell Flavors & Fragrances hat für Schweine sogar das Aroma Typ »Trüffel« im Angebot, und fürs Pferd beispielsweise die Geschmacksrichtung »Heu & Kraut«.

Da wächst dann allerdings die Gefahr, dass dem armen Tier etwas untergeschoben wird, was es nie fräße, nur weil es schmeckt wie die geliebte Wiese.

So kann es gehen, beispielsweise, mit dem Geschmack Marke »Bigarol HerbaromL« für Rinder: Es »vermittelt den typischen Geruch von frischem Heu einer Kräuterwiese«, so der Prospekt.

Denn es spielt eine ganz große Rolle, ob die Tiere Dinge fressen, die ihnen eigentlich unangenehm aufstoßen würden. Aroma hilft, die natürliche Ekelschwelle zu überlisten.

Der Prospekt für die Bigarol-Aromen wirbt sogar damit: Beispiel »Bigarol TroparomL«. Der Stoff täuscht das Schwein über die wahre Zusammensetzung seines Frühstücks hinweg, denn es sorgt für eine »frisch-fruchtige Himbeer-Erdbeer-Note unterlegt mit reifen Waldbeeren« und ist daher »bestens geeignet zur Aromatisierung von Problemfuttermitteln im Schweinefutterbereich«, wie die Herstellerfirma in ihrer Produktinformation schreibt. Das Mittel ist zum Aufsprühen gedacht und in mehreren Packungsgrößen erhältlich, vom Dreißig-Kilo-Plastikkanister, der immerhin schon für 375 Tonnen Futtermittel reicht, bis zum Achthundert-Kilo-Mehrwegcontainer für zehntausend Tonnen »Problemfuttermittel«. Die Agro-Lieferanten denken offensichtlich vor allem an etwas größere Ställe.

Bei anderen Aromen wird auch deutlich, um welche Problemfuttermittel es sich handelt. Das Spezialaroma »Bigarol PomaromP« etwa, das auch Rindviechern vorgesetzt wird, »maskiert unerwünschte Futterfett-Noten«, und zwar mit dem Geschmack von Äpfeln. Die armen Schweine bekommen »NectaromP«, es bringt eine »harmonisch mit Waldmeister abgerundete Vanille-Milch-Note« ins Menü, das in Wahrheit grauslig schmecken würde. Das Waldmeister-Aroma aber ermöglicht: »Beste Kaschierung von medizinischen, metallischen und chemischen Noten bei Mineralfuttermischungen.«

Oder »Bigarol LactaromP« für Kälber: Es »maskiert hervorragend Bitterstoffe, Futterfett-Noten und Eigennoten von tierischen Proteinträgern (Tier-, Fisch-, Blutmehl)«. Es schmeckt auch ganz anders, und lenkt ab von ekligem Tiermehlgeschmack (»Süße Kokos-Vanille mit einer Buttermilch-Note verfeinert und fruchtig abgerundet«).

Der Prospekt bekennt: »›Bigarol‹-Spezialaromen für Tierfutter werden überall dort eingesetzt, wo unangenehm schmeckende Inhaltsstoffe maskiert werden sollen, um eine bessere Akzeptanz zu erreichen.«

Das bedeutet: Die Aromachemikalien werden eingesetzt, um noch den letzten Müll genießbar zu machen. Das Schöne ist: Die Hersteller der Aromen verschweigen das gar nicht – jedenfalls nicht gegenüber den Tierfutterfabriken.

Die Aromen im Futter können den »anrüchigen Geschmack von billigsten Futterrationen effektiv maskieren«, verkündete der US-Produzent Agrimerica, dankenswert ehrlich, im Prospekt für seine Futteraromen.

Auch Danisco wirbt mit diesem Effekt bei seinen »Flavodan«-Aromen: »Maskiert unangenehme Zutaten« und ermöglicht so »mehr Flexibilität und verringerte Kosten bei Futter-Rezepturen.«

Es geht um die Maskierung des Mülls.

Die Zugabe von Aromen erleichtert auch die artwidrige Fütterung von Tieren, lässt den Rindern das Getreide munden, das ihnen eigentlich nicht gut tut – und das nach neuen Erkenntnissen die Ursache für die Ausbreitung von Krankheitserregern, wie den gefährlichen neuen Stämmen von E.coli-Bakterien, ist (siehe Kapitel 8).

Die Manipulationen sind nötig, um die Kontrollmechanismen der Tiere auszutricksen. Der Geschmack spielt bei vielen Tieren eine viel größere Rolle als beim Menschen. Der Mensch hat neuntausend, das Schwein 15 000 und das Kalb sogar 25 000 Geschmacksknospen.

Die Folgen dieser Geschmacksmanipulationen sind schwerwiegend, für die Tiere, aber auch für die Menschen. Just jene Zutaten nämlich, deren verdächtiger Geschmack »maskiert« wird, sind oft ungesund: Als eine der Ursachen für die Rinderkrankheit BSE gilt bekanntlich der Umstand, dass die Tiere artwidrigerweise Tiermehl bekamen. Und die belgischen Dioxin-Skandale von 1999 und 2006 entstanden, weil im Tierfutter verseuchtes Fett war. All das würden die Tiere womöglich nie fressen – einfach aufgrund des unangenehmen Geschmacks.

Auch die medizinischen Geschmacksnoten mögen die Viecher offenbar nicht – sie sind auch nicht gut, weil sie bekanntlich langfristig die Wirkung von Antibiotika beeinträchtigen. Die armen Tiere aus der Quälzucht aber müssen regelmäßig Medikamente fressen, um gegen die vielen Krankheitserreger im Massenstall gewappnet zu sein. Die Tiere wollen das eigentlich nicht, sie »haben ein Problem mit der Annahme einer Medizin, wenn diese ohne ein überdeckendes Aroma verabreicht wird«, weiß der Aromaproduzent Bell Flavors & Fragrances, der dankenswerterweise eine aromatische Lösung für das Problem parat hat.

Die Geschmacksmanipulationen haben noch einen weiteren Grund: Sie dienen auch als Masthilfsmittel. Der Zusatzstoff-Spezialist Lohmann etwa verkündet, seine Aromen hätten die Funktion der »Absicherung« oder gar »Steigerung« der Futteraufnahme.

»Faktoren, die auf die Futteraufnahme einen negativen Einfluss haben (z. B. bitter schmeckende Substanzen), können überdeckt und somit in ihren Auswirkungen begrenzt werden.« So heißt es in den »Produktinformationen« zu den Lohmann-Geschmacksmitteln »Cuxarom Vanilac 100«. Ähnlich bei »Cuxarom Spicemaster P«, der Aromamixtur mit einer »weichen, süßlichen Kräuternote«, oder bei »Piglet Cherry-Almond 100«.

Auch bei den Süßstoffen spielt dieser Masteffekt eine wichtige Rolle.

Bei den Menschen sollen sie ja schlank machen, worüber auch Christina Hof in einem Artikel über »Süßstoffe in der Tierernährung« in der Publikationsreihe »Lohmann Information« schreibt. Die Hoffnung trüge allerdings mitunter, weswegen schon die *New York Times* über den Umstand berichtete, dass Diät-Soft-Drinks nicht unbedingt schlank machen. Und sie schloss daraus, dass die Süßstoffe vielleicht mitunter auch dick machen könnten.

Im Schweinestall ist es eigentlich gar nicht so unangenehm, wenn »Süßstoffe womöglich sogar die Gesamtkalorienaufnahme erhöhen«, meint daraufhin Frau Hof: »Für den Nutztierbereich« könne man »diese Erkenntnisse aufgreifen, um die Futteraufnahme und damit eventuell die tägliche Zunahme abzusichern und zu verbessern.«

Auch andere Geschmacksverbesserer werden gezielt eingesetzt, damit die Tiere mehr fressen. Dafür eignen sich beispielsweise die Aromen.

Wie etwa »Flavodan™ SB-185«, ein Futteraroma in Pulverform aus dem Hause Danisco, Geschmacksrichtung Erdbeere. Damit nehmen Ferkel schneller zu. Das ergaben Vergleichstests mit verschiedenen Futterarten und Geschmacksrichtungen.

120 Versuchsferkel, alle zwei bis sieben Wochen alt, durften antreten beim großen Vergleichsfressen im Nationalen Institut für Tierwissenschaften im dänischen Foulum (siehe Hans-Ulrich Grimm: »Die Suppe lügt«).

Das Ergebnis: Die armen Ferkel, die das normale Futter bekamen, nahmen nur 301 Gramm am Tag zu. Die Genießer, die sich an »Flavodan™ SB-185« gütlich tun durften, dem Erdbeer-Aroma-Futter, nahmen täglich um 322 Gramm zu. Und noch mehr legte eine weitere Gruppe zu: Sie bekam, gewissermaßen als Nachtisch, »Flavodan™ MC-147« – Sahne! Sahne-Aroma, um genau zu sein. Damit nahmen sie sogar 325 Gramm täglich zu. Darüber lag nur noch eine Gruppe, die einen Süßstoff bekam.

Die Firma Danisco ist mit solchen Geschmacksverschönerungsprodukten sehr erfolgreich: Sie macht allein damit weltweit einen Umsatz von etwa dreihundert Millionen Dollar (230 Millionen Euro) pro Jahr. Und sie ist rund um den Globus in vierzig Ländern vertreten: so in Spanien, Deutschland, Portugal, zudem in Argentinien,

Brasilien, Chile, Japan, Kanada, Kolumbien, Malaysia, Mexiko und den USA (Gesamtumsatz: 2,3 Milliarden Euro).

DANISCO zählt sich zu den weltgrößten Herstellern von Lebensmittel-Zutaten, liefert auch Aromen für Menschen und allerlei andere Additive für die Lebensmittelproduktion sowie, so ist die Welt heutzutage, auch für die Plastik-Industrie.

Die Stoffe sind begehrt bei den Futtermittelproduzenten.

Mehr futtern: Das ist ein schönes Ziel, und sehr verständlich, jedenfalls aus der Sicht der Futterfabrikanten und der Aromaproduzenten und der Agro-Fabriken.

Im Sinne der Tiere und ihrer Halter ist es natürlich nicht.

Denn die leiden ja am Übergewicht. »Das Übergewicht bei Haustieren scheint genauso problematisch zu sein wie das Übergewicht bei Menschen«, sagt die amerikanische Tierernährungsspezialistin Dr. Elisabeth Hodgkins, die beklagt, dass die Hunde »nicht mehr unterscheiden zwischen dem, was sie brauchen, und dem, was sie wollen« (siehe Kapitel 4).

Und das ist womöglich gerade das Verdienst der Aromatisierung.

Denn es wurde einiges an menschlicher Geistesleistung darauf verwendet, den Tieren die instinktive Fress-Bremse, das natürliche Gefühl für Sättigung abzugewöhnen. Zum Beispiel bei der im SYMRISE-Konzern aufgegangenen Firma HAARMANN & REIMER, der Aromafabrik aus Holzminden. Sie hat sich schon vor Jahren ein Verfahren, das die Futteraufnahme erhöht, beim Europäischen Patentamt patentieren lassen, unter der Nummer 0 043 486 A 2 (siehe Hans-Ulrich Grimm: »Die Suppe lügt«).

Es betrifft ein »neues Aromamittel für Tierfutter, ein Verfahren zum Verändern des Aromas bzw. Duftes von Tierfutter und das nach dem Verfahren hergestellte Tierfutter«. Denn, so die Patentschrift: »Tiere, insbesondere Haustiere, bevorzugen bestimmte Nahrungsmittel, wobei das Aroma eine ausschlaggebende Rolle spielt. Aus diesem Grunde kommt der Aromatisierung von Tierfutter eine besondere Bedeutung zu.«

Die Firma hat nun ein Aromamittel gefunden, das einen etwas komplizierten Namen hat: »2-Methyl-3-mercaptothiophen«. Glücklicherweise müssen die Tiere das Zeug nicht aussprechen, sondern nur fressen, und das tun sie laut Patentschrift liebend gern: »Tierfutter mit dem erfindungsgemäßen Aromamittel wird von den Tieren besonders bevorzugt«.

Das wurde natürlich in Tests ausgiebig geprüft. Die Versuchsleiter gaben Hunden und Katzen zwei Näpfe: einen mit normalem Futter, einen mit dem aromatisierten Futter. Beide Näpfe wurden so gut gefüllt, dass die Tiere sie sicher nicht leer fraßen. Nach jeder Mahlzeit wurde gemessen, was sie im jeweiligen Napf übrig ließen. Die Hunde durften sieben Tage lang testen, die Katzen an zehn Tagen.

Das Ergebnis: Alle Viecher bevorzugten den Aroma-Fraß. Die Hunde entnahmen davon durchschnittlich 61,3 Prozent, vom Nichtaromatisierten nur 38,7 Prozent. Die Katzen favorisierten das Futter mit dem künstlichen Geschmack noch deutlicher: Sie schluckten 70,1 Prozent vom Aroma-Futter und vom anderen nur 42,8 Prozent.

Wenn Katzen also, wie zu hören ist, WHISKAS kaufen würden, dann könnte es ja daran liegen, dass der feine Geschmack aus der Fabrik drin ist: »WHISKAS MIT RIND«, »WHISKAS MIT LAMM UND GEFLÜGEL« hat es, auch »SHEBA MIT SEEZUNGE IN ASPIK«. Auch das »GOURMET DINNER« von FRISKIES, der Tierfutter-Tochter von NESTLÉ, enthält das industrielle Aroma, und auch die »SPEZIALITÄT MIT RIND UND HUHN FÜR ERWACHSENE KATZEN« aus dem gleichen Hause. Jedenfalls steht es so auf den Etiketten der amerikanischen Produktversionen.

Auf den deutschen Etiketten steht davon nichts. Es steht auch nichts von Glutamat darauf und nichts von Süßstoffen. Obwohl doch die Zusatzstoff-Produzenten so von diesen Sachen schwärmen, sind sie auf den Etiketten nirgends zu finden.

Das bedeutet nun nicht, dass diese Chemikalien nicht drin wären.

Es ist nur so: Die Leute von WHISKAS, PEDIGREE, HILL'S und EUKANUBA, sie dürfen zwar den Geschmack nach Herzenslust manipulieren.

Auf dem Etikett müssen sie davon allerdings nicht berichten.

Mehr noch: Die »Kennzeichnung von Aromastoffen«, aber auch von Süßstoffen und Glutamat, so teilte das Bundesministerium für Ernährung, Landwirtschaft und Verbraucherschutz auf Anfrage mit, sei »nicht zulässig«.

Die Hersteller dürfen nur vage Angaben machen: »mit Konservierungsstoff« oder »mit Farbstoff«. Auch Zitronensäure dürfen sie nennen und einen Stoff namens »Bentonit-Montmorillonit«. Welche anderen der vielen Zusatzstoffe sie verwendet haben, dürfen sie nicht bekanntgeben. Und von den wichtigen Aromachemikalien, Süßstoffen, dem Geschmacksverstärker Glutamat müssen sie vollständig schweigen.

Schweigepflicht für Geschmacksfälscher: eine seltsame Gesetzgebung, die es nicht nur zulässt, sondern sogar vorschreibt, dass die wichtigsten und bedeutsamsten Informationen über Zusatzstoffe unterschlagen werden.

Das ist umso bedenklicher, als diese Geschmacksverstärker allgegenwärtig sind – und schwerwiegende Auswirkungen auf den Körper haben können.

Geschmacksverstärker sind Big Business: »Geschmacksverstärker bringen größten Umsatz«, meldete schon 2001 die Unternehmensberatungsfirma Frost & Sullivan: Allein im Jahr 2000 wurden 52 000 Tonnen Geschmacksverstärker im Tierfutter eingesetzt.

Insgesamt hat sich allein bei Glutamat der weltweite Gesamtabsatz von 262 000 Tonnen im Jahre 1976 auf 1,7 Millionen Tonnen im Jahre 2005 erhöht.

Der Geschmacksverstärker Glutamat ist einer der umstrittensten Zusätze. Die Hersteller und die Behörden sind von der Unbedenklichkeit überzeugt. Andererseits berichten Kritiker von zahlreichen schädlichen Effekten, sogar auf das Gehirn, auf das Verhalten – auch das Fressverhalten.

Glutamat verändert das Fressverhalten und steigert die »Gefräßigkeit«, wie eine Studie von Professor Michael Hermanussen aus dem Jahr 2005 ergab.

»Bei Ratten, deren Appetitregulation der menschlichen ähnelt, kann man definitiv sagen, dass glutamatreiche Kost die Gefräßigkeit fördert«, berichtet Hermanussen. »Wir geben den Ratten Glutamat, dann fangen sie an zu fressen. Danach bekommen sie einen Rezeptorenblocker, der die Wirkung des Glutamats an der Nervenzelle im Gehirn unterbindet und sie hören sofort auf zu fressen.«

Es kann auch zu Entwicklungsverzögerungen im Gehirn und zu Verhaltensstörungen führen.

So ergab eine tschechische Studie aus dem Jahr 2005, dass Ratten, die nach der Geburt hohe Dosen von Glutamat bekommen hatten, zudem Veränderungen im Gruppenverhalten zeigten, auch die Wahrnehmungsfähigkeit und die Aufmerksamkeit nahmen ab.

Bei Versuchen mit Affen und anderen Versuchstieren hatte sich schon seit den ersten Versuchen von John Olney im Jahre 1969 gezeigt, dass Glutamat zu Zerstörungen in bestimmten Gehirnregionen führen kann. Es kann daher, langfristig, bei neurodegenerativen Erkrankungen wie Alzheimer und Parkinson eine Rolle spielen.

Es kann aber auch relativ kurzfristig wirken.

Als bekanntestes Beispiel dafür gilt der Arzt Dr. Robert Ho Man Kwok, ein Mann, der aus Korea stammte, in Amerika lebte und im Jahre 1968 einen Brief an das *New England Journal of Medicine* schrieb und damit einen ziemlichen Wirbel auslöste.

Darin berichtete er von einem »merkwürdigen Set von Symptomen«, die als »China-Restaurant-Syndrom« bekannt wurden, weil sie regelmäßig dann auftraten, wenn er in einem chinesischen Restaurant speiste.

Es begann mit einem Taubheitsgefühl im Nacken, das ausstrahlte bis in die Arme, begleitet von einem allgemeinen Schwächegefühl und plötzlichem Zittern. Dabei folgten die Symptome stets einem bestimmten Muster: Etwa zwanzig Minuten nach der Mahlzeit wurde sein Mund taub, im Nacken begann es zu kribbeln. Sechs Stunden später setzten Kopfschmerzen ein. Nach 24 Stunden verschwanden die Symptome, gleichzeitig verspürte Kwok heftigen Durst.

Bei Tieren sollen in seltenen Fällen auch ähnliche Reaktionen beobachtet worden sein, sagt die US-Autorin Ann N. Martin: »Obwohl es selten vorkommt, gab es Fälle, in denen Hunde schwere Reaktionen gezeigt haben nach Aufnahme dieser Substanz.« Oft seien auch schwere Glutamat-Unverträglichkeitsreaktionen fälschlicherweise als epileptische Anfälle diagnostiziert worden.

Und es kann auch unter anderen Bezeichnungen auftauchen: So enthält Hefeextrakt Glutamat, allerdings von Natur aus. Es könnte nach Ansicht mancher Hersteller gleichwohl allergische Reaktionen hervorrufen. Auch unter der Bezeichnung »Aroma« oder »Würze« oder »Hydrolisiertes Pflanzenprotein« könnte es auftauchen. Deutsche Tierbesitzer braucht das indessen nicht zu kümmern: Sie erfahren von alldem nichts. Die Kennzeichnung dieser Zusatzstoffe ist nicht nur nicht vorgeschrieben, sondern nicht einmal erlaubt.

Nur wenn die Tiere Menschennahrung bekommen, können sie auf dem Etikett davon lesen – und daraus ihre Konsequenzen ziehen.

Ann N. Martin warnt sehr davor, den Tieren Menschennahrung vorzusetzen – jedenfalls aus industrieller Produktion. Denn: »Menschliche Nahrung kann auch eine Quelle für Glutamat sein.«

Auch ein Hamburger von McDonald's könnte problematisch werden – für Katzen. Denn die Gurke im Burger enthält einen Stoff namens »Benzoesäure« (E 210). Benzoesäure, aber auch die sogenannten »Benzoate« (»Natriumbenzoat«, »Kaliumbenzoat«, »Calciumbenzoat«, E 211 bis E 213) sind für Haustiere verboten.

Denn vor allem Katzen reagieren sehr empfindlich.

In einem Fall in den Siebzigerjahren starben in einem Londoner Tierasyl 28 von vierzig Katzen an einer Benzoesäure-Vergiftung nach Verzehr von Benzoesäure-konservierten Lebensmitteln. Daher sollten, meinen Fachleute, Tierhalter auch den Katzen kein menschliches Futter vorsetzen, das mit Benzoesäure konserviert wurde.

Am besten wäre es, die Tiere wären insgesamt ein bisschen vorsichtig gegenüber dem, was ihnen die Menschen vorsetzen.

Das gilt auch für die Kühe im Stall. Das Futter, das sie bekommen, fördert zwar die Leistung, zum Beispiel die Milchproduktion. Die Kühe können Preise bekommen und erhöhen für ihren Besitzer den Profit. Doch dieses sogenannte Kraftfutter entspricht leider nicht dem, was die Tiere von Natur aus fressen würden: Gras. Kraftfutter besteht zu wesentlichen Teilen aus Getreide – und das fördert im Magen der Rinder ein Gebräu, das nicht gut ist für die Menschen. Es enthält aggressive Bakterien, die sich schon weltweit verbreiten – und immer wieder sogar zu Todesfällen führen. Vor allem bei Kindern.

8. Tödliche Keime

Wie falsches Tierfutter auch Menschen krank machen kann

Wie kommt die Bazille ins bayrische Trinkwasser? / Bauer ohne Respekt / Kinder sterben an der Hamburger-Krankheit / Wer hat den schönsten Amischlitten im Dorf? / Zu teuer: Kühe dürfen nicht mehr grasen / Auch beim Bio-Bauern ist nicht immer alles Natur

Der Erreger breitet sich aus, scheinbar unaufhaltsam. Menschen erkranken, manchmal in Scharen. Und immer wieder gibt es Tote durch die aggressiven Bakterien.

Im Sommer 2006 starben zwei Menschen in Amerika, ein zweijähriger Junge aus dem Staat Idaho und eine ältere Frau aus Maryland. Insgesamt erkrankten 192 Menschen in 26 Bundesstaaten.

Ein Jahr zuvor sind in Großbritannien 160 Menschen erkrankt, der fünfjährige Mason Jones starb am 4. Oktober 2005 im »Bristol Children's Hospital« in Südengland.

Auch in Deutschland breitet sich der Erreger aus. Am 26. März 2006 ist im Landkreis Oberallgäu ein zweijähriger Junge gestorben.

Bei der zum LIDL-Konzern gehörenden Supermarktkette KAUFLAND herrschte daher ziemliche Aufregung, als staatliche Lebensmittelkontrolleure Anfang 2006 in Hackfleisch verdächtige Bakterien entdeckten. Die KAUFLAND-Leute räumten schnell das Hackfleisch aus dem Regal und schlugen sogar öffentlich Alarm. Einen Tag später stand in *Bild am Sonntag*:

»Die KAUFLAND Fleischwaren SB GmbH warnt vor ihren Hackfleischpackungen. In Gehacktem mit dem Verbrauchsdatum 21. Januar seien Kolibakterien gefunden worden. Das betroffene Produkt wird unter dem Namen ›PURLAND‹ vertrieben. Die Bakterien können die Gesundheit beeinträchtigen.«

Quelle für die gefährlichen Bakterien ist der Magen der Rinder. Mittlerweile haben sich die Bakterien aber schon weiter ausgebreitet, tauchen nicht nur in Milch auf, sondern auch in Gemüse, ja sogar im Trinkwasser. Die Behörden sind beunruhigt. Im September 2006 trafen sich in der irischen Hauptstadt Dublin Experten der Weltgesundheitsorganisation WHO und der Welternährungsorganisation FAO mit Experten für Lebensmittelsicherheit aus aller Welt, um über Gegenmaßnahmen zu beraten.

Die Erreger sind bekannt: Bakterien einer bestimmten Familie, die unter dem Kürzel EHEC zusammengefasst werden (enterohämorrhagische Escherichia coli-Bakterien: Kolibakterien, die Blutungen im Verdauungstrakt auslösen können). Der wichtigste der EHEC-Erreger ist »E.coli 0157:H7«. Ein Name, der wie Science-Fiction klingt.

Die Ursache für die Ausbreitung der Bakterien ist bekannt: Es ist das Futter, das die Rinder heute bekommen. Nicht Heu oder Gras, wie seit Jahrtausenden, sondern vielfach auch Getreide. Darauf ist der Verdauungstrakt nicht eingestellt, es bilden sich die gefährlichen Bakterien, gefährliche Varianten der ansonsten eher harmlosen Kolibakterien.

Tierfutter als Krankheitsursache für die Menschen: Das ist noch eine ungewohnte Vorstellung. Tier ist Tier, Stall ist Stall, und Teller ist Teller. So dachten die Leute bisher. Nie kümmerte sich ein Städter um die Vorgänge im Stall.

Seit BSE ist das ein bisschen anders geworden.

Die Rinderseuche BSE (Bovine Spongiforme Enzephalopathie, zu Deutsch: »das Rind betreffende schwammartige Gehirnkrankheit«) hat das Bewusstsein geschärft, die Sensibilität erhöht. Auch die Behörden beschäftigten sich mit den Fütterungspraktiken in den modernen Ställen.

Die genauen Auslöser wurden nie geklärt. Als mögliche Ursache gilt die artwidrige Fütterung der Kühe und sogar der Kälber. In Verdacht geriet das Tiermehl, in das verstorbene kranke Artgenossen eingemahlen wurden. Als möglicher Übertragungsweg geriet aber auch der sogenannte Milchaustauscher in den Blick, ein Pulvergetränk, das Kälber kriegen, weil die Milch ihrer Mütter zu teuer wäre.

Wenn auch an BSE weniger Menschen starben als befürchtet, so war es doch der bislang weltweit größte und teuerste Tierfutterskandal. Hunderttausende von Tieren mussten getötet werden – selbst wenn sie gar nicht infiziert waren. Der Fleischmarkt brach zusammen, die Schäden gingen in die Milliarden.

Im Preiskrieg nehmen die Kollateralschäden zu. Auf der Jagd nach immer billigeren Nahrungsmitteln, auf der Hatz nach dem billigsten Fleisch gibt es auch Opfer. Die industrielle Produktionsmethode hat Folgen. Krankheitsausbrüche. Rückrufaktionen. Lebensmittelskandale.

Die Insassen der Tierfabriken bekommen ausgeklügelte Futterrationen, die vor allem einem Ziel dienen: schnellstmögliche Gewichtszunahme, größtmögliche Milchleistung, höchster Eierausstoß.

Der Kostendruck durch den Zwang zu immer billigerer Produktion, der Preisdruck der Supermarktketten wie LIDL und ALDI hat die gesamte Branche erfasst, greift sogar auf Bio-Bauern über. Selbst diese betreiben mitunter artwidrige Fütterung – und haben daher auch schon mit den gefährlichen Erregern zu kämpfen.

Der wichtigste Punkt bei der Aufzucht heute ist: Das Futter muss billig sein. Das Futter ist der größte Posten, und da entscheidet sich das Überleben des Bauern, der ohnehin meist unter größtem Druck steht.

Wenn ein Kilo konventionelles Schweinefleisch ab Erzeuger 1,40 Euro kostet, dann liegt der Futteranteil bei bis zu 93 Cent.

Wird das Futter billiger, freut sich der Bauer. Zumal, wenn er viele Viecher hat: Dann steigt der Profit.

Die Tiere aber leiden.

Die Massentierhaltung hat einen ganz neuen Krankheitstyp geschaffen: Bei ihr ist nicht nur ein Bazillus oder ein Virus als Krankheitserreger verantwortlich für Ausbruch, Schwere und Verbreitung der Erkrankung, bei ihr spielen äußere Faktoren eine wesentliche Rolle. Ein Virus allein wäre nicht weiter schlimm, es könnte vom Immunsystem der Tiere locker weggesteckt werden – doch die Lebensumstände führen dazu, dass sie krank werden. Die Tiere sind geschwächt, sie leben auf engem Raum, in stickiger Luft – auch solche Faktoren wirken als Krankheitsauslöser. Die Experten sprechen in solchen Fällen von sogenannten »Faktorenkrankheiten«.

Die Massentierhaltung als Krankheitserreger, gleichberechtigt neben schlimmen Bakterien, Viren. Davon berichten jetzt schon die Branchenblätter.

»Gerade bei einer hohen Aufstallungsdichte«, so schrieb im Sommer 2006 das *DGS Magazin*, das Fachblatt für Schweine- und Geflügelfabrikanten, hätten »Krankheitserreger ein hohes Potential, sich zu vermehren.« Zudem seien die Tiere »durchschnittlich schwerer« geworden. Im Jahre 1982 etwa wogen Puten nach 21 Wochen 13,2 Kilogramm, im Jahr 2002 waren es 20,2 Kilogramm. Fünfzig Prozent mehr. Ein solches Wuchstempo schwächt die Abwehr.

Bakerien haben leichteres Spiel und können sich ausbreiten – und bald dann die Menschen treffen.

Es sieht so aus, als ob auch die Menschen zum Opfer der Faktorenkrankheit werden.

Beispiel Salmonellen: Die Erreger führen zu Durchfall, Erbrechen, Kopfschmerzen, Fieber und Abgeschlagenheit. Im Jahre 2005 wurden nach Angaben des Berliner »Robert-Koch-Institutes«, der obersten deutschen Seuchenüberwachungsbehörde, über 52 000 Krankheitsfälle bekannt. Die Salmonellose ist die häufigste Erkrankung durch verseuchte Nahrungsmittel.

Verantwortlich ist: die Massentierhaltung. Wichtigste Heimstatt für Salmonellen ist der Geflügelstall. Nach einer EU-Studie von 2006 kommen Salmonellen signifikant häufiger in Käfighaltung vor. Dreißig Prozent aller Betriebe in Deutschland sind damit infiziert, so die Studie. Europaweit waren mehr als dreißig Prozent der größeren Betriebe salmonellenverseucht.

Auch die Schweine sind zum Erregerträger geworden.

Latent infizierte Mastschweine gelten als Haupteintragsquelle von Salmonellen, die via Schnitzel und Kotelett in die Lebensmittelkette eingetragen werden. Französische Wissenschaftler der »Agentur für Lebensmittelsicherheit« (AFSSA) haben für eine 2004 erschienene Studie in 105 Schweinezuchtbetrieben mit angeschlossener Mast untersucht, welche Risikofaktoren die Verbreitung von Salmonellen (Salmonella enterica) begünstigen. Sie wurden in 36,2 Prozent der Mastgruppen fündig.

Bei durchfallkranken Schweinen, so eine Untersuchung der Tierärztlichen Hochschule Hannover aus dem Jahr 2004, wurden in 8,3 Prozent der Fälle Salmonellen festgestellt. Zu 24 Prozent waren es Erreger vom Typ »Lawsonia intracellularis«, einem Bakterium, das bei Schweinen die gefürchtete Ileitis auslöst. Und zu 40,6 Prozent waren sogenannte »haemolysierende E. coli.-Bakterien« am Werk – sie gehören zur Verwandtschaft des gefürchteten Krankheitserregers, der bei Menschen immer wieder Todesopfer fordert.

Bei den Ferkeln sterben bis zu zwanzig Prozent in den ersten vier bis sechs Lebenswochen, die Hälfte davon an Durchfallerkrankungen, oft ausgelöst durch solche Bakterien vom Typ E.coli.

Die genaue Ursache für die Kontamination des Hackfleisches bei der LIDL-Schwesterfirma KAUFLAND wurde nie bekannt. Die baden-württembergische Landesregierung, eigentlich für die Lebensmittelaufsicht zuständig, sah die Verantwortung vor allem bei KAUFLAND und wollte sich bei der Ursachenforschung nicht übermäßig engagieren.

Auch das Ausmaß der Verseuchung wurde öffentlich nicht bekannt.

Eine dürre Pressemitteilung des Konzerns gab immerhin an, wie weit das Hackfleisch gestreut wurde: »Das Hackfleisch wurde in folgenden Bundesländern – an KAUFLAND- und HANDELSHOF-Märkte – ausgeliefert: Baden-Württemberg, Bayern, Hessen, Niedersachsen, Nordrhein-Westfalen, Rheinland-Pfalz und Saarland.«

KAUFLAND ist kein Schlamperladen. KAUFLAND gehört zur »Qualitätselite« in der Branche, lobte Philip Freiherr von dem Busche 2004, als KAUFLAND den »Bundesehrenpreis des Bundesverbraucherministeriums« erhielt, die höchste Ehrung, die ein deutsches Fleischwarenunternehmen erhalten kann. Der Freiherr ist Vorsteher der »Deutschen Landwirtschafts-Gesellschaft«, jenem Agro-Verband, der sich als modern und zukunftsweisend versteht, der eher die industrielle als die bäuerliche Landwirtschaft vertritt.

Gerade in der modernen Landwirtschaft aber breitet sich der Keim aus.

»Infektionen mit EHEC kommen weltweit vor, werden jedoch vor allem in Ländern mit einer hoch entwickelten Landwirtschaft beobachtet«, so das Berliner »Robert-Koch-Institut«.

Auch in Deutschland gibt es Gegenden mit einer gewissen Häufung: In Niedersachsen, so hat eine 2005 vorgestellte Studie des dortigen Landesgesundheitsamtes ergeben, ist EHEC-Spitzenreiter der Kreis Vechta, mit 48 Krankheitsfällen in den Jahren 2001 bis 2003. Zum Vergleich: In Osterode oder Uelzen gab es überhaupt keine EHEC-Fälle.

Der Kreis Vechta zählt zu den Hochburgen der Massentierhaltung. Der Kreis liegt in jener Agrarzone, die als besonders modern und zukunftsträchtig gilt und von der belgischen und niederländischen Grenze bis kurz vor Hannover reicht.

Auf den ersten Blick ist der Charakter dieser agrarischen Industriezone kaum zu erkennen. Es ist eine Gegend, in der eigentlich kaum Tiere zu sehen sind. Felder schon, Maisfelder vor allem. Maisfelder, so weit das Auge reicht.

Und Bauernhöfe, rot geklinkert zumeist. Wiesen, Hecken, kleine Wälder. Mal eine Windmühle, und häufig die großen Rotoren der modernen Windkraftanlagen. Es weht hier beständig.

Auf den Straßen herrscht reger Verkehr. Da brettern riesige Lastwagen über Landstraßen und Alleen. Da gibt es kleine, reetgedeckte Häuschen und daneben riesige Parkplätze für Sattelschlepper. Auf den Autobahnen rasen die Silozüge dicht an dicht. Die transportieren das Viehfutter, die Kraftfuttermixturen, auch die Tiermehl-Rationen aus den Tierkörperbeseitigungsanlagen.

Und dazwischen röhrt auch mal ein Ferrari, Kennzeichen BOR, was Borken bedeutet. Oder, wie die Einheimischen lästern: »Bauer ohne Respekt«.

Die Bauern und ihre Lobbyisten klagen ja gern über geringe Gewinne – bei ihren Autohändlern klingeln offenbar die Kassen.

In Lohne beispielsweise, einer niedersächsischen Hühner- und Eier-Hochburg, steht gleich am Ortseingang, neben dem Werbeschild eines Agrar-Ausrüsters (SYSTEM MEYER LOHNE: »Gülletechnik, Pumpentechnik, Fütterungstechnik«), der Händler für US-Automobile.

Da glänzen die schönsten Amischlitten: Cadillac, General Motors, Buick. Für so etwas haben die Leute hier offenbar eine besondere Leidenschaft.

Auch die DaimlerChrysler-Filiale im nahen Vechta hat sich darauf eingestellt. Sie liegt ebenfalls am Ortsrand, gegenüber vom Garten-Center, und hat imposante Ausmaße. Da stehen nicht nur die üblichen E-Klasse- und S-Klasse-Limousinen von Mercedes, sondern auch eine stattliche Zahl von Geländewagen. Die M-Klasse von Mercedes, aber auch mehrere Monstermobile vom Typ »Hummer«, jene Military-Gefährte, die wegen ihrer Spritfresserei jetzt schon in Amerika in Verruf geraten sind.

Nicht hier in Niedersachsen, nicht auf dem Lande. Hier laufen die Spritschlucker offenbar gut, am Geld scheint es nicht zu fehlen.

Tiere sind immer noch nicht zu sehen. Dann, vor den Toren der Stadt, streckt sich einer dieser länglichen Ställe aus mit dem Silo daneben: ein klassischer Tierquäler-Stall für Hühner. Diese hässlichen Baracken, die tatsächlich aussehen wie KZ-Anlagen, beherbergen die Hühner, die die billigen Eier legen.

Ganz in der Nähe dann eine Filiale von Big Dutchman. Big Dutchman, das ist der Konzern, der phantastische Fütterungsautomaten baut, ganze Roboteranlagen mit Körnern und Kraftfutter und Dosierautomaten fürs Wasser und allerlei Zusätze. Seinen Hauptsitz hat der Konzern lustigerweise in einem Ort namens Holland im US-Staat Michigan, die Filiale in Vechta ist das deutsche Headquarter.

Die höchsten Gebäude in der Gegend um Vechta sind die Silo-Anlagen von Raiffeisen und den anderen Futtermischfabriken.

Und es gibt tatsächlich einen Zusammenhang zwischen solchen Bauten und den neuen Bakterien.

Bisher waren es auch solche Orte, an denen die aggressiven Bazillen bevorzugt aufgetreten sind.

Bisher waren hierzulande auch vor allem Kinder betroffen, die auf Bauernhöfen lebten. Der Kontakt mit den Tieren oder gar die Rohmilch der eigenen Kühe galten als Risikofaktor.

Doch mittlerweile haben die EHEC-Sippen längst ihre ländliche Heimat verlassen, einen Siegeszug angetreten, die Städte erreicht.

Der Keim hat sich über den ganzen Globus verbreitet.

Lauren Beth Rudolph zum Beispiel lebte im kalifornischen La Jolla, einem Vorort von San Diego.

Sie starb im Alter von sechs Jahren, am 28. Dezember 1992, nach einem für sie und ihre Familie qualvollen Weihnachtsfest, das sie im Krankenhaus verbrachte (siehe Hans-Ulrich Grimm: »Aus Teufels Topf«).

Die Todesursache war ein Cheeseburger, den sie zehn Tage zuvor gegessen hatte. Ihre Mutter gründete daraufhin eine Bewegung, die über die neuen Krankheitserreger aufklären will. Denn Laurens Tod blieb kein Einzelfall.

An der »Hamburger-Krankheit«, wie das Phänomen bald von den Medien genannt wurde, litten zeitgleich viele. Als die Epidemie abklang, zählten die Statistiker 732 Erkrankungen in fünf amerikanischen Bundesstaaten. 195 Patienten mussten ins Krankenhaus. Außer Lauren starben drei weitere Kinder.

E.coli-Erreger breiten sich in vielen Teilen der Welt aus, in Amerika, in Australien und auch in Europa, in Italien, in Österreich. Auf den Kanarischen Inseln erkrankten Urlauber, in Schottland starben Altersheimbewohner.

Und auch in Deutschland mehren sich Infektionen, auch Sterbefälle kommen vor.

Diese Erreger, meldete schon im Sommer 1997 die gemeinhin eher zurückhaltende Wochenzeitung *Die Zeit*, breiten sich »mit besorgniserregender Geschwindigkeit aus«.

Ende 1998 wurde eine Meldepflicht eingeführt. Die »weitere Ausbreitung« der Erreger gebe »zur Sorge Anlass«, schrieben führende deutsche Seuchenexperten in einem Sonderheft des Bundesgesundheitsblattes Ende 1998.

Auch die Weltgesundheitsorganisation WHO rechnet E.coli-Infektionen zu den sieben wichtigsten ansteckenden Krankheiten, bei denen mit einer weiteren Verbreitung gerechnet werden muss. Sie stellt die aggressiven Kolibakterien, als neuartige Krankheitsauslöser, in eine Reihe mit Erregern wie dem Aids- oder dem Ebola-Virus.

Professor Helmut Höring vom Umweltbundesamt hält EHEC für ein »ganz großes Problem«.

Die neuen, gefährlichen Vertreter der Koli-Familie heften sich an die Darmwand an und sondern dort große Mengen eines aggressiven Gifts ab, das sogenannte »Shiga-Toxin«, das zu den gefährlichsten giftigen Mikrobensubstanzen zählt, die überhaupt bekannt sind.

Es zerstört Darm- und Nervenzellen sowie die Innenwände der Blutgefäße, vor allem in der Niere.

Die Menschen reagieren unterschiedlich auf den Angriff der Bazillen: Einige spüren gar nichts oder werden nach einigen Tagen Durchfall von selbst wieder gesund. Bei manchen sind blutende Entzündungen des Dickdarms, Fieber und Erbrechen die Folge.

Besonders prekär kann die Infektion bei empfindlichen Menschen verlaufen, vor allem bei Kindern und Älteren, aber auch bei Schwangeren und Immunschwachen. In besonders schweren Fällen droht das sogenannte »hämolytisch-urämische Syndrom« (HUS), das schwere Nierenschäden bis hin zu Nierenversagen zur Folge haben kann, in besonders schlimmen Fällen sogar den Tod.

Eigentlich stammt der Keim aus den Rindermägen. Doch er kann mittlerweile an vielen Stellen lauern und die Menschen infizieren.

Mal war es ein Truthahn-Sandwich, über das die Bakterie transportiert wurde, mal Apfelsaft. In Deutschland wurde 1993 Petersilie in einer Kräuterbutter als EHEC-Quelle identifiziert, 1996 fiel der Verdacht auf Teewurst und Mortadella. Als im gleichen Jahr Japan von einer EHEC-Epidemie heimgesucht wurde, die die Seuchenexperten der Weltgesundheitsorganisation als »beispiellos« einstuften – über zehntausend Menschen erkrankten, siebzehn starben –, waren Rettichsprossen der Überträger. An verseuchtem Kartoffelsalat, der von einem Partyservice geliefert wurde, erkrankten 1998 im US-Staat Illinois viertausend Menschen. Bei dem Ausbruch 2006 in mehreren amerikanischen Bundestaaten war es Spinat.

Besonders bedenklich ist für Seuchenexperten: Jetzt hat der Erreger das Trinkwasser erreicht.

Im kanadischen Sechstausend-Seelen-Städtchen Walkerton sind im Jahr 2000 ein Drittel der Einwohner an EHEC-belastetem Wasser erkrankt, achtzehn starben.

Auch in Deutschland findet sich der Keim schon im Wasser.

Im Oberstdorfer Stadtteil Schöllang musste man deshalb zeitweilig das Wasser abkochen, ebenso in Mühldorf am Inn.

Bis jetzt sind nur wenige Quellen betroffen: Bei zentralen Trinkwasserversorgungseinrichtungen in Bayern waren nur 0,134 Prozent aller Proben im Jahr 2002 EHEC-positiv. Aber: Drei Jahre zuvor,

1999, lag die Zahl bei 0,045 Prozent – eine Verdreifachung binnen drei Jahren. Bei Einzelwasserversorgungen, wie sie in kleineren Ortschaften typisch ist, liegt die Zahl sogar noch ein bisschen höher, bei 1,85 Prozent. Vier Jahre zuvor waren es noch 0,25 Prozent. Ein Anstieg also um das 7,4-Fache.

»Die weite Verbreitung neuer Krankheitserreger wie EHEC in der Umwelt stellt ein Gefahrenpotenzial dar, das im Zusammenhang mit Trinkwasser als ernsthaftes Problem zu betrachten ist«, befand eine Untersuchung des bayrischen »GSF-Forschungszentrums für Umwelt und Gesundheit«.

Peter Schindler vom »Bayerischen Landesamt für Gesundheit und Lebensmittelsicherheit« (LGL) meint, trotz der rasanten Vermehrung sei keine Panik angebracht: »Es sind Einzelfälle.«

Es herrsche allerdings dringender Handlungsbedarf, denn es seien nun schon die Quellen draußen in der Natur mitunter Bazillenschleudern: »Gerade die schöne klare Bergquelle, aus der die Wanderer gern trinken, ist gefährdet.« Wenn in der Nähe eine Kuh steht, ist das Wasser bedroht. Die könnte ja jederzeit ihr Bakterienreservoir auskippen …

Und es ist nicht nur die Kuh: »Die Rehe, die Hirsche, die Gemsen sind belastet, die Bakterien sind einfach überall, und sie breiten sich rasant aus.«

Anfang der Neunzigerjahre des vorigen Jahrhunderts war die neue, gefährliche Variante des E.coli-Bakteriums nur bei fünf Prozent aller Rinder festzustellen; 1997 schon bei jedem dritten Tier, wenige Jahre später schon bei knapp fünfzig Prozent aller Rinder, im Jahre 2005 bei achtzig Prozent.

Dabei wäre es durchaus möglich, den Keim zu stoppen. Sogar auf ziemlich einfache Weise. Man müsste nur die Ursachen seiner Ausbreitung beseitigen. Und die Ursache für die Ausbreitung von E.coli 0157:H7 und seiner gefährlichen Verwandten bei den Rindern sei, sagt der Münsteraner EHEC-Experte Professor Helge Karch, die »Massentierhaltung«, insbesondere die »nicht artgerechte Fütterung«.

Auch der bayrische Wasser-Experte Schindler sagt: »Es hängt grundsätzlich von der Fütterung ab.«

Moderne Hochleistungsrinder, die Fleisch ansetzen oder viel Milch geben müssen, werden mit ausgeklügelten Getreide-Kraftfutter-Mischungen versorgt. Und just diese begünstigen die Verbreitung von E.coli O157:H7. Das fanden amerikanische Wissenschaftler von der Cornell-Universität in Ithaca zusammen mit Experten des Agrarministeriums aus Washington schon im Jahre 1998 heraus.

Der Grund, so die Forscher in ihrer Studie, die im Wissenschaftsmagazin *Science* veröffentlicht wurde: Das Getreide, mit dem die Tiere gefüttert würden, wird im Magen der Tiere nur unvollständig abgebaut und gelangt deshalb unverdaut in den Darm. Dort beginnt es zu gären, es bildet sich ein saures Milieu. Die Bakterien werden dadurch gewissermaßen abgehärtet, sie gewöhnen sich an saure Umgebung und überstehen später, im menschlichen Magen, auch die Attacken der menschlichen Magensäure.

Die widernatürliche Form der Fütterung mit Mais statt Gras züchtet also förmlich jene resistenten Bazillen.

Die Forscher waren auf diese Erkenntnis durch genaues Zählen der E.coli-Zellen im Rindergedärm gestoßen. Wenn die Tiere Getreide bekamen, fanden sich 250000 E.coli-Zellen von der gefährlichen Sorte pro Gramm im Darminhalt. Bei den Tieren, die Heu oder Gras bekamen, waren es nur 20000 Zellen. Und die lebten nicht lange: 99,99 Prozent von ihnen wurden durch die Magensäure beim Menschen abgetötet – und konnten keinen Schaden mehr anrichten.

»Der Magen des Rindes – ein missachtetes Ökosystem«, schrieb die *Frankfurter Allgemeine Zeitung* im Jahre 2001 in einem Artikel über die artwidrigen Fütterungspraktiken und die Erkenntnisse der US-Forscher.

Spätere Untersuchungen bestätigten die Beobachtungen – und stellten, wie etwa eine holländische Untersuchung aus dem Jahr 2005, dazu noch fest, dass die Grasfütterung auch dazu führte, dass die Bakterien vom Typ O157:H7 auf dem Boden draußen schneller abstarben. Im Düngemist artgerecht gefütterter Viecher findet sich mithin kaum eine Bazille. Anders bei Turbo-Fütterung mit Getreide.

Bisher zielen die angepeilten Maßnahmen zur Eindämmung der EHEC-Bakterien vor allem auf erhöhte Hygiene. Die *Süddeutsche*

Zeitung beispielsweise machte die »mangelhafte Hygiene auf dem Feld« für die Ausbreitung der Erreger im Spinat verantwortlich.

Das ist vermutlich die Idee eines Stadtbewohners: Peinliche Sauberkeit auf dem Acker, am besten alles mit Kacheln belegen, dazwischen Feldwege anlegen aus Edelstahl. Dann kann nichts mehr passieren.

Besser wäre es natürlich, die Ursachen zu beseitigen.

Wer nun aber glaubt, es wäre recht einfach, den Gefahrenherd zu beseitigen, indem man kurzerhand Ochsen, Bullen, Kühe wieder auf die Weide lässt, denkt leider realitätsfern.

Auch die *FAZ* stellte fest, dass die Lösung des EHEC-Problems eigentlich ganz einfach wäre: »Ernährt sich ein Rind vorwiegend von Heu und Gras«, dann könnten »die Mikroben« dem »Magensaft des Menschen nicht widerstehen.«

Sie kriegen aber kein Heu und Gras. »Wirtschaftliche Gründe sprechen jedoch gegen gesundes Futter.«

Auch die *Neue Zürcher Zeitung* meinte, nachdem sie die Forschungsergebnisse aus Amerika vermeldet hatte: »Dass die Landwirte aufgrund dieser Erkenntnis ihre Fütterungspraxis ändern werden, dürfte kaum der Fall sein. Denn schließlich fördert die Getreidediät die Fleischproduktion.« Und daher fördert auch die Europäische Union durch finanzielle Beihilfen die Maisfütterung.

Die Branche weigert sich offenbar, die Erkenntnisse über die Ursachen der Ausbreitung der Killerbakterien und die einfachen Möglichkeiten der Vorbeugung überhaupt zur Kenntnis zu nehmen.

Selbst Bio-Produzenten sind da offenbar ahnungslos. Auch bei ihnen tauchten schon EHEC-Bakterien auf.

Beispielsweise bei dem bayrischen Unternehmen Chiemgauer Naturfleisch, das etwa die Öko-Supermarktkette Basic beliefert.

Am 24. September 2004 verbreitete die Münchner Regierung die Meldung: »Bayerisches Verbraucherschutzministerium warnt vor dem Verzehr von Salametti.« In den Würsten der »Fa. Chiemgauer Naturfleisch GmbH« seien »EHEC-Bakterien nachgewiesen« worden. Die Würste seien in Baden-Württemberg, Bayern, Berlin, Hessen, Niedersachsen und Nordrhein-Westfalen vertrieben worden. Von Erkrankungen wurde, glücklicherweise, nichts bekannt.

Von den Ursachen für die Ausbreitung der EHEC-Bakterien wusste Tom Reiter, der Chef von CHIEMGAUER NATURFLEISCH, nichts: »Dass das mit dem Futter zusammenhängt, hör ich jetzt zum ersten Mal,« sagte er auf Anfrage. Natürlich hatte er sich bei Fachleuten erkundigt, aber von den Bauernberatern und Veterinärbehörden offenbar die Auskunft bekommen, dass EHEC völlig unvermeidlich sei: »Zu uns hat man gesagt, dass das Rind diese Bakterien halt in sich trägt. Da war von Fütterung nie die Rede.«

Der Laie würde natürlich annehmen, dass »Naturfleisch« von Tieren stammt, die naturgerecht gefüttert werden. Auch das: ein Irrtum. Schließlich müsse auch so ein Öko-Vieh »eine gewisse Leistung erbringen«, so Reiter. Daher betrachteten auch die Öko-Verbände in ihren Fütterungsrichtlinien die »Zufütterung von geringen Mengen Getreide« als »naturnahe Fütterung von Pflanzenfressern wie Rindern«.

Immerhin kündigte die Öko-Firma an, sich »mit dem Thema weiter auseinanderzusetzen.«

Der Fall E.coli zeigt: Die Ernährung der Tiere entfernt sich weit von der Natur. Die Fachwelt, die Leute aus den RAIFFEISEN-Milieus, den landwirtschaftlichen Verbänden, auch den Ministerien, haben sich eine eigene Welt geschaffen, in der die Geschäftserfolge viel, die natürlichen Bedürfnisse der Tiere wenig zählen. Die Methoden des Agribusiness haben sich offenbar verselbständigt – und die Handelnden wissen nicht mehr, was sie tun.

Die Risiken steigen dadurch, für Mensch und Tier. Die Kollateralschäden nehmen zu.

Das Dumme ist: Niemand ist so recht verantwortlich. Und niemand scheint geneigt, an den riskanten Praktiken etwas ändern zu wollen.

Die Bauern sind dabei Täter und Opfer zugleich.

Als im Jahre 2000 offenbar wurde, dass die Rinderseuche BSE auch deutsche Tiere nicht verschont hatte, als bei Bauer Josef Feneberg aus dem bayrischen Sulzberg der erste bayrische BSE-Fall entdeckt wurde, da gründeten die Bauern geschwind eine Protestvereinigung namens »Krisenstab«, schnell hatte sie 730 Mitglieder.

Und sie schickten eine Protestnote an die Politiker, mit lauten

Klagerufen: »Wir haben, ohne es zu wissen, die Gesundheit unserer Bevölkerung aufs Spiel gesetzt.«

Sie hätten gar nicht gewusst, dass in ihren Kraftfuttersäcken auch Tiermehl sei.

Als aber bekannt wurde, dass auch der sogenannte Milchaustauscher das BSE-Risiko begünstigt, jener Pulvertrank, den die Kälber statt der Milch ihrer Mutter bekommen, da mochten die Bauern nicht zur natürlichen Form der Kälberfütterung zurückkehren.

Natürlich könnten die kleinen Kälbchen auch die Milch ihrer Mütter bekommen. Doch die Bauern halten dies, wie die *Süddeutsche Zeitung* damals berichtete, für »praxisfremd«.

Sie haben dabei die Unterstützung der hohen Wissenschaft: Der mittlerweile emeritierte Fütterungs-Experte Manfred Kirchgeßner von der Technischen Universität München-Weihenstephan wendet sich in seinem Standardwerk zur Tierernährung gegen die Vollmilch fürs Kalb: »Obwohl Vollmilch aus ernährungsphysiologischer Sicht zweifellos ein ausgezeichnetes Futtermittel ist, und damit die Aufzucht mit Vollmilch ein sehr sicheres Verfahren darstellt, sollte der Einsatz von Vollmilch aus kostenmäßigen Überlegungen auf die erste Lebenswoche (Briestmilchperiode) beschränkt bleiben. Größere Mengen Vollmilch, wie sie insbesondere in Zuchtbetrieben immer wieder gefordert werden, sind aufgrund der Preis-Kosten-Relation abzulehnen. Vollmilchsparende Aufzuchtmethoden bringen bei sachgemäßer Durchführung den gleichen Aufzuchterfolg.«

Gesund ist das nicht: Ein Report der »Europäischen Agentur für Lebensmittelsicherheit« (EFSA) über die Risiken von intensiven Kälberhaltungssystemen vom Mai 2006 kam zu dem Schluss, dass die frühe Verfütterung von Milchaustauscher zu den »größeren Risiken« der industriellen Kälberhaltung zähle.

In manchen bäuerlichen Kreisen gibt es, immerhin, noch eine gewisse Sensibilität gegenüber den Perversionen der modernen Tierfütterung. Zum Thema Milchaustauscher sagte während der BSE-Krise die Bäuerin Maria Heubuch, Bundesvorsitzende der »Arbeitsgemeinschaft Bäuerliche Landwirtschaft«: »Wir brauchen kein Ersatzfutter für unsere Kälber«, schließlich gäbe es Milch im Überfluss, bei einer »Eigenversorgung von 120 Prozent«. »Unsere Milch müssen wir in den Gully kippen, weil wir zu viel produzieren«, wetterte die Frau, und »unseren Kälber füttern wir das Fett von Abfallprodukten.«

So ein »Blödsinn«, meinte Bäuerin Heubuch.

Da könnte sie recht haben.

Vor allem wenn dieses Fett noch aus dunklen Quellen kommt, aus undurchsichtigen Kanälen, von zweifelhaften Lieferanten, die allerdings mitunter auf den ersten Blick ganz nett sind.

9. Eine Wildwestbranche

Die Skandale ums Tierfutter und ihre Ursachen

Dioxin-Alarm: China und Korea stoppen Einfuhren / Wie eine kleine Fettschmelze gleich zweimal große Futtermittelskandale auslöste / Fleischmafia und Kinderschänder / Oh, bizarres Belgien / Modell für Europa? / Das Dumme: Keiner ist schuld / Die krummen Wege des Tierfutters

Er wirkt eigentlich sympathisch, wie er da auf dem Hof in der Sonne steht, rotes Hemd, Ringerfigur, Glatze. Er lächelt und gibt bereitwillig Auskunft, wenngleich ein bisschen zögernd, was man verstehen kann, denn schließlich hat der Mann gleich zwei Skandale ausgelöst, die Auswirkungen hatten bis Amerika und China.

»VERY URGENT – TRÉS URGENT«, stand auf dem Titelblatt mit dem leuchtend roten Alarm-Logo des europaweiten Schnellwarnsystems (»Rapid Alert System for Food and Feed«), mit dem die europäischen Überwachungsbehörden die Mitgliedsländer warnten: SEHR DRINGEND.

Es ging um Dioxin in Futtermitteln. Dioxin, das Supergift.

»Das Fett von PROFAT (Auslieferungsdatum 15.11.2005) war hoch kontaminiert mit Dioxin« (400 Picogramm TEQ/g); so die Warnmeldung der Europäischen Kommission, Datum: 30. Januar 2006.

Überall in Europa wurden Futtermittel überprüft, Messgeräte liefen heiß, Hunderte von Farmen wurden gesperrt.

PROFAT, das ist der Betrieb hier, und Jan Verkest ist der Chef, der Mann mit der Ringerfigur.

Ein Epizentrum von Skandalen, die die Welt erschüttern, könnte bescheidener kaum aussehen.

Wiesen, Bauernhöfe, Maisfelder, Bäume. Kühe, die noch grasen dürfen. Ein ländliches Idyll, 29 Kilometer südwestlich der schönen belgischen Universitätsstadt Gent.

Zwischen Bauernhöfen liegt das Firmengelände.

Ein paar Tanks, eine kleine Halle, ein Hof, auf dem ein Toyota steht und ein Mercedes und ein silberner BMW.

Montag früh ist es hier ruhig. Eine Angestellte wischt den Boden im Büro. Ein paar Schreibtische, Pin-up-Kalender an der Wand, graue Schränke. Die Ordner stehen ein bisschen schief in Regalen. Daneben ein Aufenthaltsraum für die Mitarbeiter. Es gibt sogar ein kleines Labor, mit zwei ballonartigen Behältern, daneben zwei Kochplatten, auf einer steht ein kleines Töpfchen mit einer zerbrutzelten Masse drin.

Neben der kleinen Werksanlage ein Bungalow mit Rasen und Hecken und einer Satellitenschüssel.

Dort wohnt Jan Verkest, der Chef.

Schon 1999 stand Verkest im Zentrum eines Skandals. Es ging ebenfalls um Dioxin. Damals war er sogar verhaftet worden. Zwei belgische Minister, Marcel Colla und Karel Prinxten, mussten zurücktreten. Zweihundert belgische Farmen wurden gesperrt, 60 000 Schweine und sieben Millionen Hühner geschlachtet. Die belgische Ausfuhr brach zeitweilig fast vollständig zusammen. Auf eine Milliarde US-Dollar (760 Millionen Euro) wurde der Schaden geschätzt.

Zu den Kunden gehörte damals, unter anderem, die Firma RENDAC, jene Tochterfirma eines großen europäischen Schlachtkonzerns namens VION, die sich jetzt sehr um ein sauberes Image bemüht (siehe Kapitel 3 und 5).

Die Welt der Skandale ist oft sehr klein, die Zahl der handelnden Personen ist überschaubar, auch wenn die Auswirkungen rund um den Globus zu spüren sind.

Belgien steht häufig im Zentrum von Skandalen. Belgien war das Heimatland der Fleischmafia, die während der BSE-Krise dafür sorgte, dass britisches Fleisch trotz des Embargos in deutsche Würste und Supermärkte kam. Belgien war auch Heimat des Hormondopings für Schweine. In Belgien gibt es auch häufig Verbindungen zwischen kriminellen und staatlichen Kreisen. Die Behörden in Belgien sind nicht für ihren Eifer bekannt, und wenn einmal ausnahmsweise ein Veterinärbeamter besonders genau hinschaut, dann kann es passieren, dass er ermordet wird.

Belgien ist ein kleines Land, und all das wäre nicht weiter von Bedeutung. Doch das Land ist, nach Meinung mancher Kenner, ein Modell für Europa. Und die belgische Hauptstadt Brüssel ist sozusagen die Hauptstadt von Europa.

Und für belgische Skandale wird auch ganz Europa in Haftung genommen.

Beim Dioxin-Skandal von 1999 stoppte die US-Regierung den Verkauf von Geflügel- und Schweinefleischprodukten aus der Europäischen Union.

Beim Dioxin-Skandal 2006 wurden nicht nur ein paar Hundert landwirtschaftliche Betriebe in Belgien vorübergehend gesperrt, sondern auch 275 Farmen in den Niederlanden und ein halbes Dutzend in Deutschland. Taiwan und Südkorea stoppten Schweinefleischlieferungen aus Belgien. China bezog auch gleich Deutschland mit ein. Der Schaden ging wieder in die Millionen.

Wenn es um Dioxin geht, ist höchste Vorsicht geboten. Zwar sind die Mengen, die gefunden werden, oft gering. Doch selbst winzige Mengen können verheerende Folgen haben.

Dioxin gilt als Supergift, eine der schlimmsten Chemikalien, die über die Menschheit gekommen sind.

Über zweihundert verschiedene Dioxinverbindungen kennt die Fachwelt. Am bekanntesten ist das sogenannte »Seveso-Dioxin«, von Chemikern als »2,3,7,8 Tetrachlordibenzodioxin«, oder kurz »2,3,7,8 TCDD« bezeichnet.

Bei der Dioxin-Katastrophe im norditalienischen Seveso im Jahre 1976 waren aus einer Fabrik des Chemie-Multis HOFFMANN-LA ROCHE 2,5 Kilogramm von dem Ultragift entwichen und hatten eine der größten Giftkatastrophen der Geschichte ausgelöst. Zweihundert Menschen erlitten schwerste Verätzungen, 700 Einwohner mussten ihre Häuser verlassen, 50 000 Tiere mussten getötet werden, ein Gelände von 87 Hektar wurde evakuiert – auf unabsehbare Zeit.

Die Dioxin-Katastrophe von Seveso war zwar das bislang schlimmste, aber nicht das erste Unglück: 1949 gab es eines beim Agro-Konzern MONSANTO, 1953 beim deutschen Chemie-Multi BASF. Damals litten vor allem die Beschäftigten unter Vergiftungen, Krebs und Hautkrankheiten.

Das Gift entweicht auch aus Industrieschornsteinen, Müllverbrennungsanlagen, und breitet sich in den entlegensten Regionen aus. Selbst fernab von Chemiefabriken finden sich Spuren in Lebensmitteln: Butterproben aus Ägypten waren ebenso belastet wie Fische aus der Bucht von Tokio. Bei Seehunden aus dem russischen Baikalsee lagen die Werte bei bis zu 175 Picogramm, finnische Meerestiere hatten bis zu 122, amerikanischer Hummer bis zu 58 Picogramm.

Dioxin ist überall. Manche Belastungen sind nicht zu vermeiden.

Wenn Dioxin aber in Schnitzel und Hühnchen gelangt, übers Futter, dann ist das eine vermeidbare Belastung.

Und wenn es dennoch vorkommt, dann zeigt es, auf welch dubiose und mitunter kriminelle Weise die Bestandteile des Tierfutters beschafft werden. Da gibt es Schmuggel, illegale Zutaten, Gewalttätigkeit bis hin zu Mord. Und immer wieder ist auch die Gesundheit von Mensch und Tier in Gefahr. Zum Beispiel, wenn das Supergift Dioxin ins Futter gelangt.

Im Falle von Fettschmelzer Verkest war eigentlich eine Firma namens TESSENDERLO CHEMIE für die Dioxin-Verseuchung verantwortlich.

TESSENDERLO ist ein Kunstdünger-Gigant, der zweitgrößte seiner Art weltweit. Die Firma produziert im belgischen Tessenderlo und im belgischen Ham eine Million Tonnen Sulfate pro Jahr. Der Konzern beschäftigt insgesamt achttausend Mitarbeiter in 22 Ländern. TESSENDERLO ist auch ein achtbarer Hersteller von Futtermittel-Zusatzstoffen; die Firma produziert eine Million Tonnen Phosphate pro Jahr, aber auch andere Zusätze fürs Tierfutter.

Bei der Produktion von diesen Zusätzen war, so ergaben die Ermittlungen, das Dioxin-Problem entstanden. Bei der Firma TESSENDERLO CHEMIE waren zwei Filter in der Fettproduktion defekt. Diese Filter hingen nur sehr indirekt mit den Tierfutterzustätzen zusammen; sie werden für die Säuberung von Salzsäure gebraucht. Die Säure wiederum sorgt dafür, dass Fett von Schweineknochen gelöst wird. Ein recht kompliziertes Verfahren. Aber es soll ja nichts verkommen. Normales Abkratzen reicht nicht aus, wenn noch das letzte Fitzelchen vom Tier zu Geld gemacht werden soll. Durch diese defekten Filter nun gelangte das Dioxin ins Fett, das als Rohstoff für Tierfutterbetriebe verkauft wurde.

Das sind die seltsamen Wege, die die Zutaten fürs Tierfutter manchmal gehen.

Eigentlich ist es ja ein ehrenwertes Trachten, möglichst nichts wegzuwerfen. Wenn aber zu ziemlich gewaltsamen Methoden gegriffen werden muss, um noch den letzten Müll vollständig zu verwerten, dann pervertiert die ehrenwerte Absicht. Dann wäre es doch besser, manche Überreste nicht mehr zu verwerten.

Die Firma Rendac, die auch zu den Kunden des Fettschmelzers Verkest gehörte, operiert in einem Milieu, in der die Rohstoffe ohnehin schon ein bisschen anrüchig sind: Schlachtabfälle (siehe Kapitel 3 und 5).

Vielleicht war das der Grund, weswegen der Firma mitunter das Gespür dafür abhanden kommt, was noch als Rohstoff einzusetzen ist und wovon man lieber die Finger lassen sollte.

Im Jahre 1999 war die Firma Rendac auch in einen Skandal verwickelt, bei dem eine ziemlich unappetitliche Methode der Tierfutterproduktion öffentlich geworden ist. In Belgien, Frankreich und sogar in Deutschland war aufgefallen, dass Klärschlamm zu Tierfutter verarbeitet worden war.

Verschiedene Medien hatten damals darüber berichtet.

Beim deutsch-französischen Konkurrenten Saria sollen täglich zwischen vier und fünf Tonnen Klärschlamm bei der Herstellung von Tiermehl verwendet worden sein – was das Unternehmen bestritt. Saria ist heute ein ganz seriöses Unternehmen, das zur Rethmann-Gruppe gehört, einem großen Entsorgungs-Imperium, das jetzt auch sehr auf schicke Prospekte und saubere Geschäfte achtet, Biodiesel herstellt und dergleichen.

Selbst eine öffentliche Einrichtung war damals in den Skandal verwickelt. In der Tierkörperbeseitigungsanlage Plattling, einer Einrichtung mehrerer Kommunen 140 Kilometer nordöstlich von München, wurde Klärschlamm zu Tierfutter verarbeitet. Unter den Augen der bayrischen Staatsregierung. Dass so ein Produktionsverfahren verboten ist, »das haben wir übersehen«, sagte damals die bayrische Regierungsprecherin: »Das ist bedauerlich, aber wahr.«

Auch RENDAC räumte ein, dass die Vorwürfe berechtigt seien. Nach einem Report des belgischen Landwirtschaftsministers hatte RENDAC fünftausend Tonnen Klärschlamm pro Jahr – damals sogar Abwässer von Duschen und Toiletten – zu Tierfutter verarbeitet.

RENDAC war auch bei der Entsorgung der dioxinbelasteten Tiere 2006 mit dabei. »Dioxin-Schweine in Son getötet«, meldete das hausinterne Informationsblättchen. Die Schweine, die der Mutterkonzern VION aufgekauft hatte, überschritten zwar die Dioxin-Grenzwerte nur minimal – 1,3 statt 1,0 Picogramm pro Gramm Fett. Aber »Norm ist nun einmal Norm«, so das Blatt – und die Schweine wurden aus dem Verkehr gezogen.

Bei den Hühnern im Jahr 1999 aber waren sie nicht so streng gewesen:

Die dioxinhaltigen Hühner hat die Firma RENDAC damals auch geschlachtet – und gleich wieder zu Tiermehl verarbeitet.

Nun würde vermutlich jedes Kind davon abraten, dioxinhaltige Hühner zu Tiermehl zu verarbeiten. RENDAC fand nichts dabei. Es gebe keine gesetzliche Bestimmung, die so etwas verbiete, sagte der Generaldirektor der belgischen RENDAC, Guido Vanderstappen.

»In Belgien kommt nichts um«, höhnte daraufhin die deutsche *tageszeitung*.

Das klingt sehr nach Vorurteil gegen die belgische Nation.

Dabei ist Belgien eigentlich ein sympathisches Land. Die Autobahnen sind beleuchtet, der Sprit ist billig, es gibt üppig bewaldete Landstriche, pittoreske Städte – nicht nur die hübsche Haupstadt Brüssel mit ihrer Altstadt und den vielen Restaurants um die Grand Place. Auch Gent mit seinen Grachten. Oder Brügge mit seiner mittelalterlichen Altstadt.

Belgien hat bedeutende Künstler hervorgebracht. Pieter Bruegel der Ältere (1525 bis 1569), den flandrischen Meister des sechzehnten Jahrhunderts. Peter Paul Rubens (1577 bis 1640), den Liebhaber üppiger Formen, auch den für seine bizarren Motive berühmten Surrealisten René Magritte (1898 bis 1967). Ein Belgier hat sogar das Saxophon erfunden: Adolphe Sax.

Auf der anderen Seite hat sich Belgien in vielen Affären einen stabilen Ruf als ziemlich verluderter Staat erworben.

Die Belgier mussten, was ihr etwas distanziertes Verhältnis zur Obrigkeit erklären könnte, häufig unter fremder Herrschaft leben. Im vierzehnten und fünfzehnten Jahrhundert war das Land unter burgundischer Herrschaft, danach unter den Habsburgern, es war zeitweilig mit Spanien und den Niederlanden verbunden.

Und im Ersten und Zweiten Weltkrieg war das Land von den Deutschen besetzt.

Die Belgier gelten, das steht sogar in den Reiseführern, als eigenständig und obrigkeitsscheu. Es gelte das Motto: Erlaubt ist, was nicht verboten ist. Der Belgier sei geprägt von Staatsverdrossenheit, dem Hang zu gutem Essen und dem Streben nach individuellem Glück.

In Belgien sind die Grenzen zwischen Oberwelt und Unterwelt ziemlich fließend. Bei allerlei Affären zeigte sich, dass es bisweilen eine auffällige Nähe zwischen staatlichen Organen und kriminellen Organisationen gibt.

So etwa im Falle des Kinderschänders Marc Dutroux, der im Juni 2004 zu lebenslänglicher Haft verurteilt wurde.

Er hat sechs Mädchen entführt, gefangen gehalten und missbraucht: Laetitia Delhez und Sabine Dardenne überlebten die Torturen und sagten vor Gericht aus. Zwei Mädchen hatte er getötet, zwei weitere verhungern lassen, außerdem wurde ihm der Mord an einem Komplizen zur Last gelegt.

Als der Kinderschänder endlich gefangen genommen worden war, zogen sich die Ermittlungen in die Länge, Beweisstücke wurden liegengelassen, mehrere Zeugen haben das Zeitliche gesegnet, »unter rätselhaften Umständen«, so die deutsche Wochenzeitung *Die Zeit*.

Selbst ein Strafverfolger, der mit dem Fall befasst war, kam um – von eigener Hand. Hubert Massa, stellvertretender Generalstaatsanwalt von Lüttich, hatte sich selbst erschossen – nur wenige Stunden nach einer Besprechung mit seinem Justizminister. »Oh, bizarres Belgien«, rief 1999 die *Zeit* aus.

»Belgien ist krank bis auf die Knochen«, notierte 1991 ein liberaler Politiker namens Guy Verhofstadt, der später Ministerpräsident wurde.

Skandale, die andernorts in einem beschränkten Rahmen bleiben, nehmen in Belgien staunenswerte Dimensionen an.

Zum Beispiel im Fußball.

»In Belgien werden nicht nur Spiele gekauft – dort übernehmen Kriminelle gleich ganze Vereine«, staunte Anfang 2006 die *Süddeutsche Zeitung*. Teile der Jupiter League seien von der chinesischen Wettmafia unterwandert – was aufgefallen ist, weil in Asien unverhältnismäßig hohe Wetteinsätze auf belgische Fußballspiele beobachtet wurden. 500 000 Euro soll allein der Präsident des belgischen Fußballclubs »La Louviere« vom mutmaßlichen Chef einer chinesischen Mafiagruppe bekommen haben.

Die Staatsanwaltschaft ermittelte, der europäische Fußballverband UEFA ermittelte, auch der »Königlich Belgische Fußballverband« ermittelt, »wenn auch nach irritierend langer Untätigkeit«, wie die *Süddeutsche Zeitung* bemerkte.

Auch der Berater des dopingverdächtigen deutschen Radlers Jan Ullrich, Rudy Pevenage – ein Belgier. »Belgier haben im Radsport einen besonders schlechten Ruf«, notierte im Juli 2006 die *Süddeutsche Zeitung*. »Viele von ihnen entstammen einer ewig gestrigen Generation, die Doping noch als Kavaliersdelikt empfindet.«

Die Strafverfolger lassen sich mitunter überaus lange Zeit, um Delinquenten zu belangen, beispielsweise im Falle der sogenannten Hormonmafia, die fürs Doping der Schweine zuständig ist.

Sieben Jahre dauerte es, bis die Mörder des Amtstierarztes Karel van Noppen verurteilt wurden.

Im Februar 1995 wurde sein Mercedes 190 auf der Straße gestoppt. Van Noppen musste aussteigen und wurde auf freiem Feld mit drei Schüssen hingerichtet. Der Veterinär hatte vor seinem Tod einen Untersuchungsbericht über die Zustände in Belgiens Fleischwirtschaft geschrieben: Zwei Drittel aller Rinder und neunzig Prozent aller Kälber würden mit Hormonen behandelt, Schlachthöfe, die inspiziert werden sollten, bekämen vorher Tipps aus Kreisen der Kontrolleure, und vielfach sei Bestechung gang und gäbe. Auch ihm selbst sei häufig Geld angeboten worden.

Im Jahr 2002 wurden in Antwerpen die Urteile gesprochen. Drahtzieher waren nach den Erkenntnissen des Geschworenengerichtes die flämischen Viehhändler Germain Daenen und Alex Vercauteren. Der Mitangeklagte Albert Barrez hatte gestanden, den Vater zweier

Kinder für 15 000 Euro erschossen zu haben. Der vierte Angeklagte, der Waffenhändler Carl de Schutter, hatte die Pistole besorgt.

»Wenn man an die Hintermänner der Mafia gelangt, stößt man im zweiten oder dritten Familiengrad auf die Familie eines Ministers«, sagt Flor van Noppen, der Bruder des Ermordeten, der zusammen mit der Witwe eine Stiftung ins Leben gerufen hat, um den Kampf gegen die Hormonmafia fortzusetzen. Flor van Noppen sieht hier eine Verbindung zu anderen Kriminalfällen: »Kein wichtiger Fall von organisierter Kriminalität wurde in Belgien im vergangenen Jahrzehnt gelöst.«

Dieser »verwahrloste Staat Belgien« (*Frankfurter Allgemeine Zeitung*) könnte, in einem unschönen Sinn, ein Modell für Europa sein. »Belgien ist im expliziten Sinne beispielhaft für das, was sich in den Nachbarländern unter der Oberfläche abspielt«, meint die belgische Wissenschaftlerin Isabelle Stengers, die sich als Chaosforscherin einen Namen gemacht hat.

Wie die Verbindungslinien aus dem belgischen Sumpf bis in deutsche Supermärkte verlaufen, zeigte sich während der BSE-Krise in den Neunzigerjahren des vorigen Jahrhunderts, als in Großbritannien Hunderttausende von Rindern und Kälbern geschlachtet und eingelagert und verbrannt werden mussten, um die Bevölkerung Europas vor der lebensgefährlichen »Creutzfeld-Jakob-Krankheit« zu schützen.

Merkwürdigerweise fanden sich dennoch immer wieder Partien von BSE-verdächtigem Fleisch aus Großbritannien auf dem Kontinent, auch in Deutschland.

Zu den Kunden gehörte beispielsweise die Firma Stockmeyer im westfälischen Sassenberg, die heute zum Heristo-Konzern gehört. Das Unternehmen hat eigentlich einen guten Ruf.

Da aber offenbar die Erzeugnisse der deutschen Bauern für die Stockmeyer-Würste nicht immer ausreichen, hatte die Firma vierzig Tonnen »schieren Rindfleisches« beim Fleischmakler Manfred Saga bestellt. Der wiederum besorgte das Beef in Belgien, bei der Firma Dierickx N.V. im flandrischen Zele. Dass mit dieser Firma etwas faul sein könnte, ahnte der Stockmeyer-Geschäftsführer natürlich nicht: »Das ist kein billiger Jakob, der liefert erste Wahl«, sagte der Chef. Die Lieferfirma gehörte allerdings zeitweilig einem Mann namens Kristiaan Dierickx, der häufig wechselnde Unternehmen gründete und bisweilen schließen musste, wegen illegaler Gepflogenheiten. Dierickx galt als namhaftes Mitglied der Hormonmafia.

Das Fleisch, das an Stockmeyer geliefert wurde, entpuppte sich als BSE-verdächtiges Schmuggelfleisch aus Großbritannien. Stockmeyer wiederum beliefert deutsche Supermärkte wie Edeka und Kaufhof, Metro und die Kaufhalle, Tengelmann und Rewe.

Bei solchen Handelsbeziehungen ist es selbstverständlich schwer, für die Reinheit zu garantieren, weshalb es nicht verwunderlich ist, dass die Firma Tengelmann auf die Frage, ob die in einer Filiale gekaufte Wurst frei von BSE-verdächtigem Schmuggelfleisch sei, nicht antworten mochte. Beliefert wurden, über Umwege damals, auch andere Unternehmen mit BSE-verdächtiger Schmuggelware, Supermärkte der Lidl-Kette etwa.

Auch bei den Dioxin-Krisen zogen sich die Handelslinien quer durch Europa. Überall war Tierfutter mit dem Fett aus belgischen Quellen vertrieben worden. In Westfalen, in Brandenburg und Sachsen-Anhalt mussten 2006 Betriebe vorübergehend gesperrt werden.

In den Geschäftsbeziehungen und Lieferketten verschwimmen irgendwann die Grenzen zwischen seriösen, angesehenen Unternehmen und dubiosen Produzenten.

»Eine Wildwestbranche ist das«, sagte ein Beamter des niederländischen Landwirtschaftsminsteriums 1999 dem Reporter der *Süddeutschen Zeitung*.

Die Sozialistische Partei in den Niederlanden hatte damals ihrem Landwirtschaftsminister eine Liste mit Missständen übergeben. So hatte eine holländische Firma Chemikalien in die Slowakei und nach Tschechien transportiert und auf dem Rückweg Altfett mitgenommen, ohne den Tankwagen zu reinigen. Ein Fetthändler holte Öle aus einer Seifenfabrik, manipulierte die Papiere und verwandelte das Öl in Hühnerfutter.

Die Manipulation von Papieren ist, glaubt man dem ehemaligen Tankwagenfahrer Rudy W., üblich in der Branche. Gegenüber der belgischen Zeitung *Humo* schilderte er im Jahre 1999 die gängigen Praktiken.

Er war häufig mit seinem Lastwagen bei VERKESTS Fettlieferanten.

Seine Erfahrungen: »Anfang der Neunzigerjahre holte ich fast jede Woche tierische Fette aus Ungarn, Polen und der Tschechoslowakei. In alten, total vergammelten Fabriken. Das war jedes Mal ein Abenteuer. Und ich tat das fast immer mit ungereinigtem Tankwagen, in dem ich zuvor oft sehr giftige Stoffe transportiert hatte: In Osteuropa gibt es nämlich keine anständigen Spülinstallationen.«

Es gibt aber nicht nur in Osteuropa munter sprudelnde Rohstoffquellen, sondern auch in Holland. Das Land gilt als Zentrum der Fettverwerter, und das läge auch an der Rohstoffquelle – und den Häfen.

»Auf dem Boden der Schiffe liegen meterdicke Lagen von Fetten, Öl und Dreck«, berichtete ein Branchenkenner der *Süddeutschen Zeitung*. Dass diese Fette wiederverwertet werden, ist nicht weiter verwerflich. Wenn diese aber mit Nahrungsfetten vermischt und so in die Nahrungskette eingespeist werden, »dann wird es gefährlich«, sagt ein Fetthändler aus dem holländischen Alblasserdam dem Reporter.

Dass Paraffin, gemeinhin als Kerzenwachs bekannt, mit verarbeitet werde, sei auch vorgekommen. »Kriminell wird es erst, wenn jemand hochgiftiges Transformatoren-Öl dazu kippt.« Er vermutete hier auch eine Dioxin-Quelle.

Es müsste nicht gleich zu Skandalen mit weltweiten Erschütterungen kommen – wenn Alarmzeichen rechtzeitig wahrgenommen würden und die Kontrollen zuverlässig funktionierten. Gerade die belgischen Alarmketten aber sind sehr löchrig und unzuverlässig.

Als beispielsweise im Februar 1999 im belgischen Westflamen in Agrarbetrieben plötzlich Küken taumelten und bluteten und manche nach wenigen Schritten tot umfielen, da hätte man sofort Alarm schlagen können. Das war beim Viehfutterbetrieb DE BRABANDER im westflämischen Roeselare.

Roeselare liegt in der Nähe der Industriestadt Lille, bis zur Nordsee bei Ostende sind es fünfzig Kilometer.

Die Landschaft um Roeselare ist für belgische Verhältnisse eher hügelig – und sie sieht nach ländlicher Industrie aus. Vierspurige Straßen. Landmaschinenhändler, Baumschinenhändler. Ein Holzhandel. Ein Lastwagenanhängerverleih, auf dessen Hof ein ganzes Sortiment mit Anhängern des Molkerei-Konzerns CAMPINA (»LANDLIEBE«) lagert. Ein riesiges Containerlager an der Autobahn. Riesige Mähdrescher. Ein Palettenlager, direkt neben der Autobahn. Ein Fleischgroßhandel.

Die Gegend ist ein Zentrum der international operierenden Agrarindustrie.

Hier beobachtete der Tierarzt André Destrickere die wackligen Küken, und er hätte ahnen können, woran es lag. Denn die Symptome ähnelten jenen, die Jahre zuvor in Italien beobachtet wurden, beim Dioxin-Unglück von Seveso.

Doch Destrickere hatte noch einen zweiten Job: Er war Berater des Viehfutterfabrikanten DE BRABANDER. In dieser Eigenschaft riet er seinem Klienten, den Küken erst einmal ein paar Wochen frische Luft zu gönnen.

Die Zeit wusste noch mehr: »Tierarzt Destrickere war nicht der Einzige, der im aktuellen Dioxin-Skandal eine schnelle Reaktion verhinderte. In einem Dossier, das am 14. April dem Gericht von Gent zugestellt wurde, steht wörtlich, die Ursache der Vergiftung sei vermutlich eine Ladung Fett mit hohem toxischem Gehalt. Das Genter Gericht leitete das Dossier weiter an den Staatsanwalt von Kortrijk, der es weiterschickte an den Polizeikommissar von Roeselare; da blieb es liegen. Erst am 31. Mai informierte das Genter Gericht die Öffentlichkeit. Da waren die verseuchten toten Tiere vom Februar längst zu Viehfutter verarbeitet und verkauft worden. Der Verbleib von weiteren 52 Tonnen unsauberen Fetts ist nicht geklärt; offenbar wurden sie ins In- und Ausland verkauft.«

Die Zeit fand das ein »hübsches Beispiel« für den »Klientelismus« in Belgien.

Auch für Jan Verkest, den Inhaber der kleinen Fettschmelzerei, blieben die Skandale ohne erkennbare Folgen. Nach dem ersten Dioxin-Fall im Jahre 1999 hatte er seine Firma umbenannt, VERKEST in »PROFAT«, aber jetzt steht wieder sein eigener Name auf dem Schild: »VETSMELTERIJ VERKEST«. FETTSCHMELZEREI VERKEST.

Und der Betrieb läuft weiter. »Jeden Tag kommt Fett«, sagt Verkest. Dreihundert Tonnen verarbeiten sie hier jede Woche. »Tierfett,

Frittenfett«, sagt Verkest. Das wird dann verarbeitet zu Tierfutter und »Chemie«, wie der Chef sagt. Fett ist Rohstoff für viele Anwendungsbereiche bis hin zu Kosmetika.

Jan Verkest ist frei, er darf sein Gewerbe weiter ausüben. Er hat auch nichts Verbotenes getan. Auch die anderen Beteiligten werden strafrechtlich nicht belangt.

Niemand wurde zur Rechenschaft gezogen.

Niemand ist verantwortlich zu machen, selbst bei größten Skandalen. Zu diesem Ergebnis kam jedenfalls eine Untersuchungskommission des belgischen Parlaments schon in ihrem Abschlussbericht zum Dioxin-Skandal im März 2000: »Die Verantwortung liegt bei allen. Das ganze System hat versagt.«

Zu einem ähnlichen Ergebnis kam das *Deutsche Ärzteblatt* schon im Jahre 1999. Damals schon erörterte das Blatt die interessante Frage, warum die großen Tierfutterproduzenten einen Rohstoff wie Fett aus solch zwielichtigen Quellen beziehen. Und kam dabei zu dem Schluss, dass das Fett bei der »industrialisierten Massenproduktion« von Grillhähnchen und Schweinen vor allem einen Zweck habe: die Produktion zu verbilligen. Die Verbraucher wüssten das eigentlich – und nähmen das hin: »Solange die Produktion reibungslos läuft, sind viele gerne bereit, über die etwas unangenehmen Details der Massentierzucht hinwegzusehen. Tritt ein Störfall ein, geht das nicht mehr so einfach. Denn der belgische Dioxin-Skandal macht eines deutlich: rasch ist das ganze System betroffen und der Schaden nur schwer zu begrenzen.«

Schwer aber ist es, das System zu ändern.

Denn viele profitieren davon und haben daher gar kein Interesse an Veränderung. Und sie haben sich gut eingerichtet. Die Tierfutterproduzenten und Organisationen der Tierfreunde. Die einschlägigen Tier-Medien, die Experten, die sich um das Tierfutter kümmern, und sogar die Professoren an den Hochschulen. Die sollten eigentlich ein unabhängiges Urteil über die Ernährung der Tiere bilden.

Oft allerdings sind sie in fremdem Auftrag unterwegs, bezahlt von den großen Konzernen.

Sie plädieren dann auch gern für deren Produkte.

Und haben natürlich gute wissenschaftliche Gründe.

10. Papageien und Knechte

Die Tierernährungs-Experten und ihre Sponsoren

Wenn es Nacht wird in Schloss Hellbrunn / Ein Hörsaal als Showroom / Die sympathische Dame mit Doppelfunktion / Die ganze Welt der Tierernährung – mit freundlicher Unterstützung der Industrie / Professoren sind sich einig: Fertigfutter ist das Beste

Die Dame ist ganz offensichtlich sehr beliebt, sie ist kontaktfreudig und zugänglich. Auf zahlreichen Fotos zeigt sie sich in fröhlicher Runde, meist in männlicher Gesellschaft. Ihre besondere Zuneigung gilt offenbar einer ganz speziellen Sorte Mann: den Herren aus dem Veterinärwesen.

Es gibt da ein Foto, da legt sie dem Präsidenten der »Österreichischen Tierärztekammer« leutselig den Arm um die Schulter, auf einem anderen ist sie neben einem Vorstandsmitglied der »Vereinigung Österreichischer Kleintiermediziner« (VÖK) und dem Ehrenpräsidenten der »Bundeskammer der Tierärzte Österreichs« zu sehen. Sehr viele Bilder zeigen sie auch mit einem jungen, schnauzbärtigen Professor für Tierernährung, auf einem, da stehen sie, Sektgläser in der Hand, auf einem Flur.

Dass die Dame den einflussreichen Herren aus der Tiermedizin so zugetan ist, hat sicher auch mit ihrem Beruf zu tun. Einerseits ist sie die Schriftführerin und mithin Pressesprecherin der Kleintiermedizinervereinigung. Andererseits ist sie auch beim Tierfutterhersteller Royal Canin tätig, als »Veterinary Business Manager« in Wien. Zuvor war sie beim Whiskas-Multi Masterfoods in ähnlicher Position beschäftigt, auch damals hat sie sich schon gern mit Veterinär-Magnifizenzen ablichten lassen, etwa mit dem Rektor der Veterinärmedizinischen Universität Wien, Professor Wolf-Dietrich von Fircks, aus Anlass wohltätiger Hilfe für die dortige Bibliothek.

Der Whiskas-Konzern hatte Orientierungstafeln aufstellen lassen für die verschiedenen Bibliotheksbereiche, und auf den Schildern natürlich auch die Reklame nicht vergessen. Der Dank der Universität war ihr sicher, vorgestellt wurde sie in einer offiziellen Mitteilung der Universität als »unsere Sponsorin Fr. Dr. Silvia Leugner von Waltham Masterfoods«.

So etwas ist natürlich ein schöner Erfolg für ein großes Unternehmen, wenn es Orientierung schaffen kann in der Welt des Wissens.

Den Firmen aus der Tierernährungsbranche gelingt das in ganz besonderer Weise. Sie unterstützen darüber hinaus das ganze Milieu der Kleintierfreunde, die Tierschutzverbände, natürlich die Medien für den Tierfreund, wie die Sendung »Hundkatzemaus« im Fernsehen, aber auch Zeitschriften wie *Ein Herz für Tiere*, in dem sie großzügig Anzeigen schalten. Besonders wichtig ist aber, dass die Tierärzte auf der Seite der Industrie sind, und dass die Wissenschaft auf Linie ist.

Eine Dame wie Frau Doktor Leugner, die die Öffentlichkeitsarbeit für eine Tierärztevereinigung macht und gleichzeitig bei einem Tierfutterhersteller auf der Payroll steht, ist da natürlich ein spezieller Glücksfall. So eine Personalunion ist eine schöne Sache, und sie hat viele Vorteile für beide Seiten.

So finden zum Beispiel die Anliegen und Botschaften der Firmen Gehör bei den Leuten aus der Praxis, den Tierärzten, die für Hund und Katze zuständig sind. Und die genießen wiederum warmherzige Unterstützung, zum Beispiel bei ihren Jahrestreffen.

So hatte die »Vereinigung Österreichischer Kleintiermediziner« (VÖK) bei ihrer Jahrestagung vom 16. bis 17. September 2006 in Salzburg namhafte Unterstützer:

Hauptsponsor war Frau Leugners Firma, Royal Canin, mit dabei auch Pharmakonzerne wie Bayer, Novartis und andere.

Zudem wurden die Vorträge im wissenschaftlichen Programm gefördert, und zwar einzeln, jeder für sich. Dafür griff wiederum Royal Canin in die Tasche, aber auch Konkurrent Hill's, wieder Bayer Austria und Novartis. Sogar um die Tierarzthelferinnen kümmerten sich die Finanziers, Royal Canin etwa sponserte das Tierarzthelferinnenseminar auf der Tagung (Thema, unter anderem: »Profit-Center Maulhöhle – Kundenkommunikation zum Thema Zahn«).

Die Großzügigkeit der Konzerne ging bis ins Gesellige: Laut Programm war sogar der »Bummel durch Salzburgs Altstadt« (Motto: »Auf den Spuren Mozarts«) samt Mittagessen und Kaffee geschenkt. Großzügiger Spender war die Firma Menarini Diagnostics, ein italienischer Pharma-Multi mit Hauptsitz in Florenz.

Auch beim VÖK-Gesellschaftsabend ließen sich die Tierärzte aushalten: Getränke gab es laut Tagungsprogramm »auf Einladung der Industrie«. Dazu »Boogie-Woogie & Blues Livemusik«.

Da ist es nur konsequent, ja unvermeidlich, dass die Namen der Sponsoren in den Berichten über solche Veranstaltungen fast breiteren Raum einnehmen als die wissenschaftlichen Inhalte.

»Besonders sollen unser Hauptsponsor Royal Canin-Waltham und unsere Sponsoren Österreichische Tierärztekammer, Bayer Austria, Iams, Richter Pharma AG sowie Werfft-Alvetra erwähnt werden.«

So stand es etwa in einem Bericht über die Jahrestagung 2003 in Salzburg.

Dass am Rande des Treffens eine »Fachmesse für Veterinärmedizin« stattfand mit Ständen von »56 Firmen« wird dankbar erwähnt: »Ohne diese Fachmesse wäre eine Veranstaltung in diesem Ausmaß undenkbar!«

Ausgiebig gewürdigt wurden die Unterstützer der einzelnen Programmteile, auch die Sponsoren fürs Tierarzthelferinnenseminar (die Tierärztekammer sowie Royal Canin-Waltham). Dankbar vermerkt war, dass im Begleitprogramm ein Ausflug zur Burg Hohenwerfen »von Werfft-Alvetra großzügig unterstützt« wurde. Ein denkwürdiges Ereignis, auf vielen Fotos verewigt, ist auch immer der Referentenabend im Gasthaus zu Schloss Hellbrunn, der »von Royal Canin-Waltham und Bayer Austria unterstützt« wurde. Für den gesellschaftlichen Höhepunkt, den VÖK-Gesellschaftsabend mit fünfhundert Teilnehmern und den »Shake The Lake Boogie Woogie Boys« mussten gleich mehrere Firmen in die Tasche greifen; so ein Kleintiermediziner ist schließlich ein anspruchsvolles Wesen (»Die Firmen Bayer Austria, Vetoquinol, Energy Marketing, InVitro,

Merial, Pfizer, Richter Pharma, Vana und Virbac sponserten die Getränke und die Live-Musik«).

Diesen Pressetext hat Frau Dr. Silvia Leugner beigesteuert, in ihrer Eigenschaft als »VÖK-Schriftführerin«.

Wer solch innige Nähe zwischen Wirtschaft und Veterinären für einen speziellen Auswuchs österreichischen Balkan-Charmes hält, liegt falsch: Sie entspricht den weltweiten Sitten im Gewerbe.

So ließen sich die europäischen Universitätsveterinäre (zusammengeschlossen im »European College of Veterinary Internal Medicine«) ihren Kongress im September 2006 im Amsterdamer Novotel von Iams, Royal Canin, Bayer, Hill's, Novartis, Waltham und InterVet sponsern.

Auch die fürs Kleintier zuständige Welt-Veterinärsvereinigung (»World Small Animal Veterinary Association«, WSAVA) lässt sich bei Kongressen und bei Publikationen aushalten, von Nestlé Purina, von Bayer. Hill's war Vorzugsförderer (»Prime Partner«) beim Weltkongress der WSAVA im Oktober 2006 in Prag.

Nestlé veranstaltet das »Nestlé Purina Nutrition Forum« 2005 in St. Louis (Missouri).

Wenn die Universität von Florida ihre jährliche Katzenkonferenz (»The Florida Cat Conference«) im Hilton-Hotel-Konferenzzentrum des Städtchens Gainesville abhält, dann sind die wichtigen Branchengrößen finanziell engagiert: 2006 waren das unter anderem Hill's, Nestlé Purina, Royal Canin, Iams, auch Novartis, Pfizer Animal Health, Bayer Animal Health.

Wenn der deutsche Bundesverband praktizierender Tierärzte (bpt) zu einer »Intensivfortbildung« lädt, nach Bielefeld vom 16. bis 19. Februar 2006, wo es unter anderem um Themen wie die »Verantwortungsvolle Hundehaltung in der Gesellschaft« geht, dann wird das gesponsert vom Pharmaproduzenten Pfizer und dem US-Futterkonzern Hill's.

Hill's finanzierte auch, zusammen mit dem Tierkrematorium Kirchberg und anderen Unterstützern, die 37. Jahresversammlung der »Schweizerischen Vereinigung für Kleintiermedizin« im Mai 2006 im »Casino Kursaal Congress Center« in Interlaken.

So geht das Jahr für Jahr und rund um den Globus.

Die rührende Sorge um die Veterinäre hat natürlich einen Grund: Die Tierärzte sind wichtige Multiplikatoren, sie werden gefragt, wenn es um die Ernährung der kleinen Lieblinge geht. Und den Multis ist es lieb, wenn die Tierärzte zum Sprachrohr der industriellen Fütterungsideologie werden.

»Für die Klienten sind der Tierarzt und dessen Assistenten in Ernährungsfragen in der Regel eine Autorität. Tierärzte haben deshalb großen Einfluss darauf, welches Futter die Tierhalter für ihre Haustiere auswählen.« So steht es im Handbuch »Klinische Diätetik für Kleintiere«. Das ist das »grundlegende Standardwerk der veterinärmedizinischen Kleintierdiätetik« (Verlagswerbung): Zwei dicke Bände, 4,6 Kilo schwer. Dunkelgrüner Einband, goldene Lettern. Auf der Rückseite ist eingeprägt: »Mit freundlicher Empfehlung von HILL'S«, ebenfalls gülden.

Der Tierfutter-Multi aus Topeka, der Hauptstadt des US-Bundesstaates Kansas, hat es herausgebracht; die größten Kapazitäten der Tierernährung haben darin geschrieben.

Der US-Heimtierfutterproduzent HILL'S ist sehr stolz auf seinen Einfluss auf die veterinärmedizinische Forschung: »Die Wissenschaftler von HILL'S veröffentlichen pro Jahr mehr als fünfzig Fachartikel und Forschungsberichte und haben Lehrverpflichtungen an führenden veterinärmedizinischen Schulen überall auf der Welt«, verkündet die Firma in einem Werbetext.

Das ist als Verkaufshilfe überaus praktisch, wenn die Fachinformationen gleich von der Wirtschaftslobby kommen.

Und es ist nicht nur HILL'S. Die Konkurrenz schläft nicht, sondern publiziert mit: »Führende internationale Experten« , so die Eigenwerbung, haben auch das 470-Seiten-Werk »The WALTHAM book of clinical nutrition of the dog and cat« verfasst (deutsch: »Das WALTHAM-Buch der klinischen Diätetik von Hund und Katze«). Die WHISKAS-Konkurrenz, sozusagen.

Und der »Leitfaden« für Tierärztinnen und Tierärzte mit dem Titel »Ernährung für Hund und Katze« von 1999 wurde von einem Autorenteam verfasst, bei dem eine klare Mehrheit im Sold von »THE IAMS COMPANY« steht. Das EUKANUBA-Vademecum, gewissermaßen.

Die meisten Veröffentlichungen, mit denen die Tierärzte Neues aus ihrem Fachgebiet bekommen, stammen aus dem Kreis der interessierten Hersteller.

Waltham Focus beispielsweise. Die Zeitschrift erscheint vierteljährlich auf Englisch, Französisch, Deutsch, Italienisch, Niederländisch, Spanisch, Japanisch, Griechisch, Russisch und Polnisch.

Dort werden große Gesundheitsthemen abgehandelt (»Der hustende Hund«), aber auch erschütternde Einzelschicksale (»Der bewusstlose Boxer«). Daneben aber gibt es Behandlungs- und Ernährungstipps, zum Thema »Gesunde Herzen« etwa die Information über das neue Herz-Futter von WALTHAM (»WALTHAM EARLY CARDIAC SUPPORT VETERINARY DIET«).

Selbst die Universitätsmagazine machen sich die Anliegen und Botschaften der Futterkonzerne zu eigen. Die Zeitschrift *Uni Vet Wien*, herausgegeben und verlegt von der Veterinärmedizinischen Universität Wien und der Gesellschaft der Freunde der Veterinärmedizinischen Universität Wien, nimmt dabei auch die kleinen Ereignisse aus der Welt des Dosenfutters wichtig. Und verbreitet, beispielsweise, gleich unter einem Editorial von Magister Michael Bernkopf (»Liebe Leserinnen, liebe Leser«) einen Bericht über ein Ereignis, das sonst vielleicht nicht angemessen wahrgenommen worden wäre.

Unter der Überschrift: »ROYAL CANIN – On Tour: Gratisfutterproben verteilt« meldete das Uni-Blatt: »Der Hunde- und Katzenfutterhersteller ROYAL CANIN tourte eine Woche lang durch fünf Bundesländer und verteilte an alle Hundeliebhaber Gratisprodukte zum Testen. Das macht Freude – auch wenn's stürmt und schneit!« Es war keine Anzeige, sondern ein redaktioneller Bericht der Hochschulzeitung. Nirgends ist der Filz so flächendeckend wie im Veterinärwesen. Keine andere wissenschaftliche Disziplin hat sich so in Abhängigkeit von den Konzernen begeben wie die Fressnapf-Fakultät. Wer fürs Kleintier und seine Ernährung forscht, denkt zu allermeist auch an Dritte. In keinem anderen Fach ist die Bindung an die Welt des Geldes so eng, in keinem anderen sind die wissenschaftlichen Aussagen so industriefromm wie hier.

In anderen wissenschaftlichen Disziplinen gibt es auch Sponsoren und Drittmittelforschung und willfährige Wissenschaftler. Es gibt aber auch kritische Inseln, eigenständige Denker, unabhängige Geister.

Im Veterinärwesen, Fachbereich Tierernährung, Abteilung für Hund, Katze, Vogel, sind solche nicht auszumachen.

Für die Tierärzte vor Ort, die eigentlich auf solide und unabhängige fachliche Informationen angewiesen sind, um den Patienten die richtigen Fütterungsempfehlungen geben zu können, ist es höchst unbefriedigend, wenn die Forschung interessensgesteuert ist.

»Die Professoren sind vollkommen abhängig von der Industrie«, kritisiert deshalb Dirk Schrader, Veterinär an der Tierklinik Hamburg-Rahlstedt. Sie seien »Papageien und Knechte der Futtermittelindustrie«. Er kennt, so sagt er, keinen einzigen Tierernährungsforscher, der sich nicht in geistige Nähe zu den Futterkonzernen begeben hat. Entsprechend gering schätzt er den Wert der wissenschaftlichen Erkenntnisse: »Wenn die Forscher ihre Themen und Inhalte nur nach den Wünschen der Futter-Multis ausrichten, dann sind die Ergebnisse vorhersehbar, also nicht seriös – also nicht glaubwürdig.«

Führend bei der Umwidmung der Hochschule zur Kaufhalle ist die Veterinärmedizinische Universität Wien. Der Campus, einst mitten in der City, liegt seit einigen Jahren draußen am Stadtrand. Ein weiträumiges Gelände, an manchen Stellen riecht es nach Pferd, in kleinen Koppeln stehen die Schimmel und die Braunen geduldig und warten. Daneben ein Transparent: »Gesunde Pferde BOEHRINGER INGELHEIM«. BOEHRINGER INGELHEIM, das ist ein Pharmakonzern.

Hunde tollen herum, Beagles, sie sind beliebt bei Tierversuchen. Schafe, auch schwarze. Das Gelände ist umgrenzt, mit einem hohen Zaun aus grünen Stäben. Die Gebäude sind mehrstöckig, rot geklinkert. Das Institut für Tierernährung liegt, von der Einfahrt aus gesehen, hinten links.

In der kleinen Eingangshalle liegt schon reichlich Prospektmaterial, von IAMS EUKANUBA, von WALTHAM ROYAL CANIN, auch das WALTHAM-Handbuch zur klinischen Diätetik bei Hund und Katze.

Wenn dort das alljährliche »ROYAL CANIN WALTHAM-Diätetik-Seminar« steigt, dann wird der Hörsaal zum Showroom: Das Pult ist umrahmt von »ROYAL CANIN«-Stelltafeln und »ROYAL CANIN«-Postern. Im Jahr 2005 gab es sogar »WALTHAM«-Poster am Pult, auch strahlte eine »WALTHAM«-Leuchtreklame über der Tafel. Auf den Tischen liegen Firmenwerbematerialien.

Die Hochschule als Werbestätte. Der Tempel des Geistes als Basar für die Branche.

Das ist der Trend. Die Wissenschaft wird unterwandert.

So finanziert die Industrie jetzt auch ganze Lehrstühle. Das hat den Vorteil, dass gleich erkennbar ist, in wessen Sinne und auf wessen Rechnung der Professor forscht.

Professor Richard C. Hill beispielsweise ist Inhaber eines firmenfinanzierten Lehrstuhles. Sein Titel lautet: »Waltham Assistant Professor für Klinische Ernährung«, finanziert von der Universität von Florida und WALTHAM.

Professor Hill ist sicher ein sehr nützlicher Lehrstuhlinhaber. Er sitzt im Empfehlungskommittee der US-amerikanischen Forschungsvereinigung für Hunde- und Katzenernährung (»Subcommittee on Dog and Cat Nutrition« des »National Research Council Committee on Animal Nutrition«).

So ist die Tierfutterbranche womöglich die Avantgarde für die privat finanzierten Forschungseinrichtungen an Universitäten.

Doch bei den Professoren für Menschen-Ernährung ist es noch ein Stück Weges, bis die Studenten sich beim »NESTLÉ-Professor für Moderne Ernährung« ausbilden lassen können, beim »MCDONALD'S-Professor für Gastronomie« studieren oder am »COCA-COLA-Institut für Alkoholfreies Trinken« ihren Doktor machen.

Die ersten Schritte sind noch sehr bescheiden: An der Fachhochschule Würzburg-Schweinfurt haben sie im Oktober 2006 den Hörsaal Z02 zum »ALDI-Süd-Hörsaal« erklärt, der Billighändler finanziert die Renovierung des Raumes.

In Wien an der Veterinärmedizinischen Hochschule sind sie, für europäische Verhältnisse, schon ziemlich weit gekommen im Uni-Sponsoring. Hier gibt es auch schon einen richtigen Firmen-Lehrstuhl. Am Eingang des Instituts für Tierernährung erklärt ein kleines Plakat die Organisationsstruktur des Instututs. Unter »Vorstand« steht dort: »Univ. Prof. Dr. Jürgen Zentek«. Und darunter: »Stiftungsprofessur Klinische Tierernährung«.

Jürgen Zentek, das ist jener junge, schnauzbärtige Forscher, der sich besonders gern mit der Industrie-Fee Silvia Leugner ablichten ließ.

Den Wiener Lehrstuhl ließ er sich vom Futterkonzern IAMS (»EUKANUBA«) finanzieren.

Seit 2006 lehrt Zentek an der Freien Universität Berlin. Ob er dort auch über IAMS-Futter forscht, ob er seine Unabhängigkeit gefährdet sieht oder ob er gar seine ganz besondere Nähe zur Industrie völlig in Ordnung findet, mochte er nicht sagen, reagierte auf entsprechende Anfragen nicht. Für die Industrie war er häufig zu Diensten:

So bekam er beispielsweise Geld von MASTERFOODS für eine Studie (Titel: »Nature, Nurture, and the Case for Nutrition«), bei der er Trockenfutter und Dosenfutter verglich und ihre Auswirkungen am Beispiel von Beagle-Hunden verglich. Ein Forschungsfeld mit besonderen Herausforderungen und Erkenntnissen (»Die Trockendiät schien dabei eine bessere Kotqualität zur Folge zu haben«), die beim internationalen wissenschaftlichen WALTHAM-Symposion in Bangkok vom 28. bis 31. Oktober 2003 vorgestellt wurde.

Zentek ist häufig bei solchen Industrie-Symposien zu Gast, in Sevilla beispielsweise im Jahre 2005, und er organisierte auch gern das ROYAL CANIN-Diätetik-Seminar an der Veterinär-Uni Wien, wie im Jahre 2003, zusammen mit Frau Silvia Leugner.

Er ist auch Autor beim HILL'S-Futter-Standardwerk. Zentek schrieb im Organ »LOHMANN-Information«, dem Informationsblatt des Agri-Giganten LOHMANN, der neben Hühnern auch Zusatzstoffe und Aromen verkauft (siehe Kapitel 7), zum Thema »Potential alternativer Zusatzstoffe«.

In den Genuss von Sponsorengeldern kommen an der Uni nicht nur die Professoren.

Die Zuwendungen der Industrie setzen viel früher ein. So dürfen mitunter schon Studenten auf Firmenkosten schöne Reisen machen: Das »HILL'S Student Feeding Committee« etwa lässt sie zu Symposien reisen oder unterstützt Praktika an Hospitälern. Die Studenten Julie Barr, Brooke Bartell, Amy Berliner, Leila Marcucci und Vanessa Teresi, sie waren im Jahr 2004 an der amerikanischen Universität Illinois eingeschrieben und Mitglieder der Internationalen Veterinärsstudentenvereinigung, durften sogar nach Sydney reisen, zum Besuch eines internationalen Wildlife-Symposions, inklusive eines Trips in den Busch.

»Danke, HILL'S«, rief der *Veterinary Report* der Universität von Illinois, der von den großzügigen Taten von HILL'S berichtete.

Die Verkaufsförderung für die großen Tierfutterkonzerne scheint den Studenten selbst sogar ein Anliegen zu sein: Der Allgemeine Studentenausschuss (AStA) der Tierärztlichen Hochschule Hannover sieht es offenbar als seine Aufgabe an, den Verkaufserfolg von WALTHAM zu fördern. So heißt es in den offiziellen Mitteilungen des Allgemeinen Studentenausschusses: »Eine Mitarbeiterin von WALTHAM (Jennifer Hirschfeld) hat am Dienstag zwischen 11 und 13 Uhr ihre Sprechstunde im Sitzungsraum.«

Dabei habe die WALTHAM-Vertreterin »folgendes im Angebot«, so die sehr aufgeschlossene Studentenvertretung: »Fachliteratur zum Thema Kleintierernährung, Produktinformationen zu Diäten und Premiumfutter«.

Dienstags fungiert die Uni gleichsam als Dosen-Outlet: Da sei, weiß der AStA, bei Frau Hirschfeld »Futterverkauf zu Studenten-Sonderkonditionen«.

Offenbar finden auch die Studenten nichts dabei, sich zum Handlanger der Futterfirmen zu machen. Die innige Nähe zwischen Tierfutterproduzenten und Hochschulen, zwischen Verbänden und staatlichen Einrichtungen ist im Tierfuttermilieu nichts Ungewöhnliches. Alle Beteiligten pflegen völlig selbstverständlichen Umgang, keiner findet etwas Anstößiges daran. Die Verbindungen sind in Jahrzehnten gewachsen – die ganze Wissenschaftsdisziplin verdankt ihre Existenz und Bedeutung weitgehend dem Kommerzfutter.

Eigentlich gibt es bei der Tierernährung gar nichts zu erforschen. Tiere wissen, was sie fressen müssen, und was nicht. Löwe und Gazelle, Walfisch oder Schwalbe: Alle finden ihr Futter ohne professoralen Beistand. Und das schon sehr lange. Und ohne zu leiden.

Erst seit es Fertigfutter gibt, gibt es Probleme. Beispielsweise mit der »Akzeptanz«. Das ist ein sehr wichtiges Forschungsfeld: Wie kriege ich einen Hund dazu, Dosenfutter zu fressen? Und: Woran liegt es, wenn die Tiere durch Fertigfutter krank werden?

Seit solche Fragen aufgetaucht sind, hat die zugehörige wissenschaftliche Disziplin einen schönen Aufschwung erlebt.

Bei Katzen etwa nahm seit 1950 die Ernährungsforschung »stürmisch zu«, konstatiert die Dissertation der Veterinärin Frauke Siewert über die »Entwicklung der Ernährungsforschung bei der Katze (bis 1975)« an der Tierärztlichen Hochschule Hannover aus dem Jahr 2003.

Der Aufschwung verdankte sich nach Siewert vorwiegend dem »notwendigen Wechsel von konventionellen zu modernen Fütterungsformen (Fertigfutter)«, daneben aber auch dem Bedürfnis nach »Optimierung von Rationen für Versuchskatzen«.

Offenbar war die Katze nicht gleich von Anbeginn aufnahmebereit für Whiskas und Kitekat. Die Forschung war gefordert, um herauszufinden, was man den Tieren alles vorsetzen kann, ohne dass sie die Aufnahme verweigern. Besonders bei Katzen offenbar keine leichte Aufgabe, angesicht des »eigenwilligen Nahrungsaufnahmeverhaltens von Katzen« (Siewert). Seit der »Erzeugung industriell hergestellter Futtermischungen« fänden »die Akzeptanz von Futtermitteln und die zugrundeliegenden Regelmechanismen besonderes Interesse.« Daneben stellten auch die neu aufgetretenen Krankheiten die Forschung vor besondere Herausforderungen. Ein Beispiel: »Mit dem beginnenden Einsatz von Trockenfuttern steigt die Häufigkeit der Urolithiasis«, zu Deutsch: von Harnsteinen.

Die Forschung sucht dabei allerdings nur selten nach gesünderen Alternativen, sondern vergleicht lediglich verschiedene industrielle Futtermittel miteinander.

Forscher, die unvoreingenommen verschiedene Fütterungsformen untersuchen, Fleisch, Knochen, Selbstgekochtes, sind nicht auszumachen.

»Die Industrie hat das Meinungs- und Wissensmonopol an sich gerissen«, sagt der Hamburger Industriekritiker Dirk Schrader.

Natürlich sind auch die Fachzeitschriften auf der Seite der Futterlieferanten: Dank der Anzeigen, etwa für ein neues, darmschonendes Futter aus dem Hause Eukanuba namens »Sensitive Digestion«, die in zahlreichen Zeitschriften erschien, darunter *Das Deutsche Hunde Magazin, Hunde Welt, Der Hund, Mein Tier und ich.*

Slogan: »Weniger Winde, mehr Wedeln«. Zudem schreiben die Blätter auch gern begeisterte redaktionelle Artikel über Neues aus der Welt von KITEKAT, WHISKAS und FROLIC.

Der Hund etwa berichtet über das neue Allergikerfutter »SKIN SUPPORT« von ROYAL CANIN. *Ein Herz für Tiere* wirbt redaktionell für das KITEKAT-Sammelspiel: »Fang die Mäuse! (»Auf zur KITEKAT Mäuse-Jagd und richtig Beute machen!«), KITEKAT verlost zehntausend Euro. »Wahrhaft reiche Beute!«, jubelt darüber auch *Ein Herz für Tiere. Our Cats* schwärmt für den IAMS-Frischebeutel (»Geschmack zum Verlieben«).

In der Heimtier-Szene herrscht weitgehend Einigkeit: WHISKAS, PEDIGREE, EUKANUBA und ROYAL CANIN sind fürs Tier am besten.

Für die Heimtier-Szene tun WHISKAS und PEDIGREE und die andern alle auch viel Gutes.

Wenn der Tierschutzverein Koblenz etwa zur Urlaubs-Tauschaktion »Nimmst du mein Tier – nehm ich dein Tier« aufruft, dann wird das unterstützt von PEDIGREE und WHISKAS. Der saarländische Tierschutzbund und der Bremer Tierschutzverein bekommen für diese Aktion Geld von MASTERFOODS und der Zeitschrift *Ein Herz für Tiere*, der Deutsche Tierschutzbund wird von beiden gefördert bei der Publikation der Broschüre »Tier & Urlaub«.

Das »Katzenforum Schweiz«, das sich »für die Vermittlung und artgerechte Haltung von Katzen« einsetzt, einen Tierarzt namens Dr. med. vet. Stefan Buholzer als »Katzenratgeber« beschäftigt und Ernährungstipps gibt (»Was Ihre Katze glücklich macht«), hat gar »Richtlinien« erlassen »für die artgerechte Ernährung einer Katze«. Und dort heißt es: »Fertignahrung eignet sich am besten für Ihre Katze, denn diese enthält alle Nährstoffe, die das Tier braucht.« Schlimm hingegen seien »Tischreste«, auch »selbst gekochte Nahrung« oder gar »rohes Fleisch«. Das sei vollkommen ungeeignet und könne gar »bei der Katze auf Dauer zu Nährstoffmangel führen«.

Im Kleingedruckten steht, immerhin: Das »Katzenforum Schweiz« operiere »mit freundlicher Unterstützung von WHISKAS«.

Klar, dass auch die Tierkliniken mit ihrer Beratungsautorität mitunter die Chance nutzen, gleich am Verkauf der Dosen und Schälchen und Säcke mitzuverdienen.

Die »Kleintierklinik Rigiplatz« in Cham am Zuger See in der Schweiz betreibt gleich einen ganzen Supermarkt und wirbt sogar damit: »Unser Pet-Shop ist ein wichtiger Teil der ganzen Klinik.« Dort gebe es »eine ausgewählte Palette von hochwertigen Futtermitteln der Marken Hill's, Royal Canin, Eukanuba, Proplan, Whiskas, Sheba, Iams. Mit der optimalen, individuell angepassten Nahrung können wir das Leben unserer Haustiere angenehmer und länger machen.«

Auch das Pfötchenhotel im brandenburgischen Beelitz hat seinen Partner gefunden: Royal Canin. Royal Canin bestückt den Shop neben der Rezeption mit vielen Säcken Trockenfutter, und Royal Canin hat auch beim »Petwalk« mitgeholfen, den der Pfötchenhotel-Gründer Wolfgang Goergens sich ausgedacht hat. Er ist Architekt, seine Lebensgefährtin ist Tierärztin, und Royal Canin macht Futter.

Der Petwalk, das ist eine Art Waldlehrpfad für Hund und Herrchen oder Frauchen. Er führt außen um das Gelände herum, er umfasst ein Labyrinth, einen Dunkelparcour, eine Geruchsstation mit Gewürzen wie Minze, Lavendel, Salbei, die es zu erschnüffeln gilt.

Es gibt auch viele lehrreiche Fragen an den einzelnen Stationen. Etwa: Wie viele Geschmackszellen hat der Hund, die Katze, der Mensch (1700: Hund, fünfhundert: Katze, neuntausend: Mensch). Dazwischen gibt es immer wieder kleine Bäumchen, falls Bello mal das Bein heben muss.

Es geht auch um die richtige Ernährung.

Da will Royal Canin natürlich eine wichtige Rolle spielen.

Die Firma hat den Petwalk schließlich unterstützt, Royal Canin steht auch auf jedem Schild an jeder Station. Und Royal Canins Leckerchen gibt es auch in jenem Automaten, der zwischendurch am Petwalk eine Belohnung verabreicht.

So können beide profitieren: das Pfötchenhotel von der Unterstützung, der Futterkonzern durch Präsenz und Publicity.

Bei den Hochschulen hingegen könnte es sein, dass die Nähe zur Wirtschaft dem Gang der Forschung – und mithin den Tieren – eher schadet.

Zarte Kritik kommt zumindest von einer der ganz Großen des Faches: der Münchner Professorin Ellen Kienzle.

Sie ist eine der angesehensten Vertreterinnen ihrer Zunft, sogar in Amerika, Mitglied einer Tierernährungskommission der National Academies in Washington, zählt zum Herausgeberkreis des Fachblattes *Journal of Animal Physiology and Animal Nutrition*. Sie ist Trägerin des Walter-Frey-Preises der Universität Zürich sowie Gründungspräsidentin des »European College of Veterinary and Comparative Nutrition«. Seit 1993 ist sie Inhaberin des Lehrstuhles für »Tierernährung und Diätetik« an der Ludwig-Maximilians-Universität München.

Natürlich ist sie auch bei den gesponserten Kongressen dabei. Natürlich schreibt sie auch in den einschlägigen Journalen.

Beim »WALTHAM International Nutritional Sciences Symposium« vom 15. bis 18. September 2005 im »Omni Shoreham Hotel« in Washington referierte auch Ellen Kienzle, etwa über die Mensch-Tier-Beziehung bei übergewichtigen Katzen.

Pferdefreundin ist die Professorin auch noch, jetzt hat sie die »Gesellschaft Forschung für das Pferd« mitgegründet. Im Interview mit der Zeitschrift *Freizeit im Sattel* äußert sie sich auch über die Ziele des Vereins – und die Problematik des Sponsorings.

Denn die neue Gesellschaft der Pferdefreunde soll praxisbezogene Forschung fördern. Etwa zur Heuqualität in Pensionsställen. Und Forschung kostet Geld. Woher nehmen? Frau Kienzle meint gegenüber *Freizeit im Sattel*: »Für solche praxisbezogene Arbeiten kann man unter Umständen zwar Sponsoren aus der Wirtschaft gewinnen. Aber das bringt viele Probleme mit sich. Denn sobald sich ein Forscher teilweise oder ganz von einer Firma, beispielsweise einem Sattel- oder Futtermittelhersteller, finanzieren lässt, ist er nicht mehr unabhängig.«

Da möchte Frau Kienzle lieber unabhängig bleiben: »Unsere Gesellschaft will eine Alternative dazu bieten«, unabhängige und tierfreundliche Wissenschaft ermöglichen – dem Pferd zuliebe.

Unabhängige Forschung tut not – vor allem angesichts der mysteriösen Veränderungen bei manchen Tieren, die möglicherweise mit dem Futter zusammenhängen.

11. Zweiseitiges Schwert

Die neuen Gefahren durch Hormon-Chemikalien in der Nahrung

Das Geheimnis der transsexuellen Fische / Warum die Boote nachts hinausmüssen auf den See / Was macht das Soja im Futter? / Die Hormone und das Hüftgelenk des Hundes / Die kriminellen Bauern und ihre verbotenen Mittel / Alles in Ordnung mit den Felchen in der »Piratenbar«

Zu sehen ist nichts, zu riechen ist nichts, und auch vom Geschmack her sind die geräucherten Fischfilets völlig in Ordnung.

Dass dennoch etwas nicht stimmt mit den Felchen, das weiß auch Vreni Lehmann, die Wirtin der »Piratenbar« in Spiez am Thuner See. Aber was, weiß sie nicht: »Das ist schon ein Rätsel.«

Merkwürdige Missbildungen an den Geschlechtsteilen wurden beobachtet bei den Fischen in diesem See, und zwar bei durchschnittlich vierzig Prozent der Felchen, bei manchen Fängen bis zu neunzig Prozent. So drastische Deformationen in solcher Zahl hat es bisher nirgends gegeben auf der Welt.

Die Gründe sind ungeklärt. Und offen sind auch die langfristigen Folgen, für die Fische, für andere Tiere – und für die Menschen. Denn: der Fisch ist so etwas wie ein Frühwarnsystem.

Und deshalb sind sie zeitig aufgestanden an diesem Morgen, um auf den See hinauszufahren. Es ist eine sternklare Nacht. Auf dem Niederhorn, dem Berg, der am Ufer hoch hinaufragt, blinkt ein rotes Warnlicht. Unten auf dem Wasser liegt Nebel. Mehrere Fischer sind schon draußen, sie fangen heute zu Forschungszwecken. Die »MS Hecht« soll den Fisch abholen und in die Fischzuchtanlage Faulensee bringen. Es ist keine schicke Yacht, eher ein Arbeitsschiff mit einer schmucklosen Kabine und einer grünen Kiste für die Fische, achtern auf Deck. Peter Friedli vom Fischereiinspektorat Bern geht an Bord, zusammen mit dem Veterinär Matthias Escher aus Spiez. Beat Rieder von der Fischzuchtanlage steuert das Schiff. Der Fang heute soll Aufschluss geben über die Ursachen der merkwürdigen Mutationen, die es in den letzten Jahren gegeben hat bei den Fischen im Thuner See in der Schweiz, vierzig Kilometer südöstlich der Hauptstadt Bern.

Bedenkliche Veränderungen gab es auch anderswo, in der Aare und im Bielersee beispielsweise. Bei Schweizer Kläranlagen wurden verweiblichte Männchen gefangen.

Transsexuelle Fische gingen auch in England ins Netz, unterhalb von Kläranlagen. In Japan hatten Flunder-Männchen plötzlich weibliche Eier. Bei Barschen in hessischen Yachthäfen waren die Hoden bizarr vergrössert.

Und auch im amerikanischen Fluss Potomac, ganz in der Nähe der US-Hauptstadt Washington, wurden im September 2006 transsexuelle Fische gefunden.

Die Wasserexperten der US-Behörden konnten bisher auch noch keine Ursache identifizieren. Chris Ottinger, Immunologe am »Nationalen Laboratorium für Fischgesundheit« bei der US-Umweltüberwachungsbehörde USGS in Kearneysville im US-Bundesstaat West Virginia, zeigte sich beunruhigt: »Es ist etwas, das weiterer Nachforschungen bedarf.«

Das Thema sorgt bei Forschern für wachsende Aufregung, weil Veränderungen an den Sexualorganen die Fortpflanzungsfähigkeit bedrohen können – bei Fischen, bei vielen anderen Tieren – und auch bei Menschen. Und wenn die Fortpflanzung gestört wird, steht viel auf dem Spiel.

Das beschleunigte Artensterben etwa könnte damit zusammenhängen. Über Jahrmillionen sind ein bis drei Arten pro Jahr verschwunden, jetzt sind es etwa tausend – pro Jahr. Es wurden viele Ursachen ins Feld geführt. Die Schweizerin Margret Schlumpf weist in ihrem Buch über »Hormonaktive Chemikalien« auf die »Organochlorbelastung« der Meere hin, sie trage bei zum Nachwuchsschwund beim Seehund, bei der Eismeer-Ringelrobbe, der Kegelrobbe und auch bei den kalifornischen Seelöwen.

Mittlerweile mehren sich die Hinweise, dass neben der Fortpflanzungsfähigkeit auch das Zusammenspiel der Körperorgane gestört werden könnte. Chronische Leiden wie die Zuckerkrankheit könnten durch hormonelle Fehlsteuerung bedingt sein. Störungen des Immunsystems, Schäden im Knochengerüst, bestimmte Krebsarten werden ebenfalls mit hormonellen Veränderungen in Zusammenhang gebracht. Selbst beim Übergewicht stehen die Hormon-Chemikalien im Verdacht. Und bei Krankheiten wie Diabetes.

Diese hormonaktiven Substanzen finden sich mittlerweile überall auf der Welt.

Insgesamt 553 einschlägige Stoffe enthält eine Liste des EU-Projekts »Credo« (»Cluster of Research on Endocrine Disruptors in Europe«).

Sie sind in der Nahrung enthalten, in Pestiziden, in Plastikgegenständen, der Kleidung, in Kosmetika.

Es waren auch schon die Windeln in Verdacht, bei Knaben die Geschlechtsentwicklung zu stören. Es sind Plastikschläuche, Kleidungsstücke, Kosmetika, die hormonell wirken können. Bei den Barschen in hessischen Yachthäfen mit ihren bizarr vergrößerten Hoden stand ein Stoff namens »Tributylzin« (TBT) unter Verdacht. TBT ist ein wahres Multi-Talent: Es dient als Anti-Foulingmittel bei Schiffsanstrichen, findet sich aber auch in Fischkonservendosen, Fußballtrikots, Kartoffeln und sogar in Pampers.

Einer der Hauptverdächtigen ist DEHP, eine Substanz, die Kunststoffe biegsam macht. Sie steckt in Plastikgeschirr, Gartenschläuchen oder Gießkannen, in PVC-Böden, Milchflaschen, Maschinen und sogar medizinischen Geräten. Der Mensch kommt täglich mit ihr in Berührung. Die empfohlene Maximaldosis beträgt in der EU 37 Mikrogramm pro Kilo Körpergewicht, der gemessene Spitzenwert lag bei 166 Mikrogramm pro Kilo. »Diese Studien sind ein Alarmsignal«, sagt der Toxikologe Jürgen Angerer von der Universität Erlangen. Sein Team hat festgestellt, dass bei einigen dieser sogenannten »Phthalaten« die Konzentration im Blut zehnmal höher ist als bisher gedacht. Kinder waren sogar doppelt so hoch belastet wie die Erwachsenen. Und es gibt unglaublich viele von diesen »Phthalaten«: Allein vom berüchtigten DEHP werden weltweit zwei Millionen Tonnen jährlich produziert.

Der wichtigste Aufnahmeweg bei den hormonaktiven Substanzen führt, naturgemäß, über die Nahrung.

Und es sind nicht nur unvermeidliche Kontaminationen mit den tückischen Chemikalien, die das Essen belasten.

Manche gelangen durch den industriellen Produktionsprozess auf den Teller oder in den Trog – oder werden gar absichtlich eingesetzt.

So haben einige Zusatzstoffe in Lebensmitteln hormonähnliche Wirkungen. Auch Pflanzenschutzgifte, deren Rückstände sich häufig in Nahrungs- und Futtermitteln finden, können mitunter wie Hormone wirken. Bisweilen wandern die hormonähnlichen Chemikalien aus der Verpackung in die Nahrung. Manche Bestandteile des Tierfutters, etwa das allgegenwärtige Soja, wirken ähnlich wie die Botenstoffe auf das Steuerungssystem des Körpers. Und schließlich werden in der Agro-Industrie Hormone auch ganz gezielt eingesetzt – oft von Kriminellen, in den USA und in Südamerika aber auch ganz legal.

Im Thuner See hatten sie zunächst auf die 4500 Tonnen Munition aus dem Zweiten Weltkrieg getippt, die auf dem Grund liegen. Aber erstens gibt es solche Munition auch in anderen Seen, deren Fische keine Veränderungen aufweisen. Und zweitens ist davon noch nichts in den See übergegangen: Die Behälter sind, sagt Professor Felix Althaus, »von so guter Schweizer Qualität, dass das noch einige Jahrhunderte dicht bleibt«. Althaus ist Chef des Instituts für Veterinärpharmakologie der Universität Zürich und Leiter eines weltweit einzigartigen Forschungsprojekts, bei dem Wissenschaftler verschiedener Disziplinen die Auswirkungen der Hormonveränderungen auf Mensch, Tier und Umwelt untersuchen.

Dreißig Arbeitsgruppen an Schweizer Universitäten und staatlichen Laboratorien erforschen verschiedene Aspekte der hormonaktiven Chemikalien, im zeitgenössischen Fach-Slang »Endocrine disruptors« genannt (www.nrp50.ch).

Das Thuner-See-Phänomen ist Teil des Forschungsprojekts.

Die »MS Hecht« sucht vorerst ergebnislos nach den Fischerbooten, bei denen sie ihre frisch gefischten Forschungsobjekte abholen soll. Der Neunzig-PS-Volvo-Schiffsdiesel tuckert und Beat Rieder schaltet den Autopiloten ein: Kurs Nordwest, Dreihundert Grad,

Richtung Beatenbucht. Er drückt den Gashebel nach vorn, das Schiff rauscht durch die stockfinstere Nacht. Der Scheinwerfer hilft nicht weiter: Er strahlt im Dunkel nur die Nebelwand an. Es ist kalt, der Fahrtwind pfeift beidseits der Kabine vorbei. Veterinär Escher hat sich extra den Overall für Seeleute übergezogen, mit eingebauter Schwimmweste. Das Echolot zeigt die Tiefe an: 218 Meter. Von den Fischern weit und breit keine Spur. Die »MS Hecht« irrt weiter über den See und sucht nach den Fischen, auf die die Wissenschaftler am Ufer schon warten.

Es ist eine Arbeitsgruppe um Helmut Segner von der Universität Bern, die die Geschlechtsveränderungen an den Fischen im Thuner See untersucht. Auch Patricia Holm von der Universität Basel forscht, mit anderem Schwerpunkt, an Fischen. Die Zürcher Toxikologin Margret Schlumpf untersucht die Effekte der UV-Filter in Sonnenschutzmitteln auf das Gehirn von Schwangeren, Serge Nef in Genf die Auswirkungen der hormonaktiven Chemikalien auf die Genitalzone der ungeborenen Knaben, und Marc Germond in Lausanne will die ganze Schweiz kartieren im Hinblick auf die Sperma-Qualität. Cathrin Brisken in Lausanne schließlich untersucht mögliche Zusammenhänge mit Brustkrebs.

Das Schweizer Boulevardblatt *Blick* berichtete schon vor einigen Jahren über ein »Busenwunder« im Land der Eidgenossen: »Busen der Schweizerinnen: Immer grösser und schöner«. Das ist nicht nur in der Schweiz zu beobachten: Auch in Deutschland gibt es einen »Trend zu immer ausladenderen Körperproportionen«, so konstatierten im Jahr 2005 die im württembergischen Bönnigheim ansässigen »Hohensteiner Institute«, die für die Textilindustrie die Menschen vermessen und die Kleidergrößen festlegen – und regelmäßig ein paar Zentimeter zugeben müssen. Das ist nicht nur ein ästhetisches Thema, sonder auch ein medizinisches, denn die zugrundeliegenden hormonellen Veränderungen können auch zu erhöhten Brustkrebsraten führen.

Zumal die Pubertät immer früher stattfindet – und nach Ansicht deutscher Wissenschaftler bei Mädchen bald schon mit neun Jahren beginnen wird.

Als Auslöser dieser Phänomene ist Soja im Verdacht. Soja enthält

Substanzen, die dem weiblichen Hormon Östrogen ähneln, die sogenannten »Isoflavone«.

Diese können einerseits segensreiche Wirkungen zeigen, etwa bei der Vorbeugung gegen manche Krebsarten oder bei den Wechseljahresbeschwerden der Frau. Andererseits können sie, im Übermaß oder zur Unzeit eingesetzt, auch schaden.

So geriet sojahaltige industrielle Babynahrung in Verdacht, die Geschlechtsentwicklung von Kindern zu beeinflussen – und auch deren Immunsystem zu stören.

Diese sogenannte Formula-Nahrung als Muttermilchersatz (hierzulande als Milchpulver bekannt, aber mitunter auf Sojabasis hergestellt) gilt als eine der möglichen Ursachen für extreme Frühreife. In einer US-amerikanischen Studie aus dem Jahre 1997 mit 17000 Mädchen hatte ein Prozent aller Dreijährigen erste Anzeichen von Brüsten und Schamhaaren. Ein US-Regierungsreport vom April 2006 allerdings kam zu dem Schluss, dass diese Gefahren nicht zweifelsfrei nachgewiesen seien.

Bei Mäusen können die hormonaktiven Stoffe aus der Soja-Babynahrung das Immunsystem stören. Dies kam bei einer Studie am Fachbereich für Veterinär-Biowissenschaften der Universität von Illinois heraus, die im Frühjahr 2006 veröffentlicht wurde. Weil angesichts der veränderten Ernährungs- und Fütterungsmethoden »Menschen und Tiere einer erhöhten Menge« von hormonaktiven Substanzen aus Soja ausgesetzt seien, verlangten die US-Wissenschaftler dringend weitere Nachforschungen.

Die Pflanzenöstrogene aus Soja können auch auf das Gehirn und das Verhalten wirken – angesichts wachsenden Sojakonsums ein »Thema von steigender öffentlicher Bedeutung«, so die 2005 veröffentlichte Untersuchung eines Gesundheitsforschungszentrums im US-Bundesstaat North Carolina.

Womöglich sind die hormonartigen Inhaltsstoffe auch ein Schlüssel zu verschiedenen Erkrankungen bei Hunden, bis hin zu den steigenden Raten der Skeletterkrankungen. Gerade auch die hormonell wirksamen Pflanzenstoffe, etwa die sogenannten »Phytoöstrogene«, könnten dabei eine Rolle spielen.

Eine im Jahr 2004 veröffentlichte Studie im *American Journal of*

Veterinary Research jedenfalls ergab, dass »bestimmte kommerzielle Hundefutter Phytoöstrogene in Mengen enthalten, die bei Langzeitverzehr biologische Effekte haben können«.

Die Hormone sind wichtig für alle Lebensvorgänge – sogar für die Knochengesundheit. Die Osteoporose beispielsweise, die bei älteren Frauen häufig vorkommende Knochenschwäche (im Volksmund »Witwenbuckel« genannt), wird auf hormonelle Veränderungen zurückgeführt.

Hormone und Knochen – das ist allerdings ein »zweiseitiges Schwert«, so eine im März 2006 veröffentlichte Studie des Fachbereichs für Lebensmittelwissenschaften an der Purdue-Universität in West Lafayette im US-Bundesstaat Indiana. Denn: Die Hormone sind zwar überaus wichtig für die Stabilität des Knochengestells, zu viele davon können allerdings zu Skeletterkrankungen führen.

Manche Veterinäre vermuten, dass die steigende Zahl der Skeletterkrankungen bei Hunden durch die hormonell aktiven Nahrungsbestandteile zu erklären ist. »Da wird künstlich in das normale Wachstum eingegriffen«, sagt der Hamburger Tierarzt Dirk Schrader.

»Das Wachstum wird ja hormonell gesteuert,« sagt Schrader, und eine hormonelle Fehlsteuerung des Wachstums könne dann zu der gefürchteten Hüftgelenksdysplasie führen, jener weit verbreiteten Krankheit bei größeren Hunden, die zu Bewegungsschwäche bis hin zur Lahmheit führt.

Das Hüftgelenk muss gut beweglich, aber auch gut gefasst und stabil sein. »Wenn das sehr eng ist, dann sieht das gut aus.« Es ist vergleichbar mit einem Kugellager: Wenn die inneren Kugeln stabil eingefasst sind, herrscht Bewegung ohne störende Reibung, aber auch ohne Wackelei. Wenn sie keinen Halt mehr haben und zu wackeln beginnen, dann gibt es Verschleiß und Bewegungsstörungen.

Die »Wackelei« im Hundehüftgelenk, sagt Schrader, sei »wachstumsbedingt«. Das fehlgeleitete Wachstum der verschiedenen Bestandteile des Gelenks habe zu der Funktionsstörung geführt.

Wie aber entstand diese Fehlsteuerung? Schrader meint, »dass die entscheidenden Einflüsse aus der industriellen Fertignahrung kommen«. Genauer: aus den hormonaktiven Bestandteilen der modernen Kommerzkost für die Tiere. Dadurch werden dann nicht nur die

Hüftgelenke in Mitleidenschaft gezogen, sondern der gesamte Knochenbau: »Wenn Sie diesen Wachstumsprozess künstlich stoppen, dann stoppen Sie das nicht nur im Hüftgelenksknochen, dann stoppen Sie das auch woanders.«

Auch bei den Katzen spielen womöglich die Hormone verrückt – wenn die Miezen plötzlich trotz hohen Alters wieder quicklebendig werden, herumtollen und hyperaktiv sind wie kleine Kätzchen, dann sind das Symptome für eine Schilddrüsenüberfunktion und mithin auch ein Fall von hormoneller Entgleisung.

Die Veterinäre von der Purdue-Universität gingen im Jahre 2004 der Frage nach, ob die zunehmenden Fälle von Schilddrüsenüberfunktion bei Katzen möglicherweise auch an der Dosennahrung liegen könnten. Bisher waren viele Tierbesitzer davon ausgegangen, dass es sich um eine normale Alterserscheinung handele. Manche hatten sich sogar gefreut, dass der Kater trotz fortgeschrittenen Alters wieder aktiver wurde – bis sie merkten, dass das Tier eine ungesunde Form von Aktivität zeigte, ruhelos hechelte, ruhelos herumtigerte und trotz großen Appetits immer magerer wurde. Auch Erbrechen, extremer Durst und erhöhter Harndrang können die Folge sein.

Fazit der Untersuchung: Das zunehmende Vorkommen von Schilddrüsenüberfunktion bei Katzen sei »nicht allein das Ergebnis des steigenden Alters, sondern dabei könnte Dosennahrung eine Rolle spielen«.

Am Thuner See sind sie von einer Erklärung der mysteriösen Vorgänge noch weit entfernt. Im Jahr 2000 war das Phänomen der Geschlechtsveränderungen zum ersten Mal aufgetreten. Berufsfischer haben es entdeckt. Fischereiinspektor Friedli fragt: »Was war in diesem Jahr 2000 oder in den Jahren zuvor geschehen? Welche Substanzen könnten diese Deformationen erzeugen?«

Am Thuner See gibt es schon allerlei Gerüchte über die Ursachen für die Geschlechtsveränderungen bei den Fischen. »Es gibt Leute, die sagen, es kommt von den Erdstrahlen«, erzählt Friedli. »Andere glauben, es kommt von den Kursschiffen.« Originelle Erklärungen. Der Lärm, die Wellen. Er selbst glaubt natürlich nicht daran. Der Fischrückgang mancherorts jedenfalls könne vielleicht am veränderten Klima liegen. Auch der Nebel sei dafür ein Zeichen: Der ist jetzt so dicht geworden, dass man nur noch wenige Meter weit sieht. »Das gabs früher nicht, Nebel zur Laichzeit«, sagt Friedli. Zwischendurch fällt das Echolot aus, das Schiff droht auf Grund zu laufen. Kapitän Beat Rieder tastet sich durch das Ungewisse. Das Ufer taucht auf, Villen, Gärten, verlassene Liegestühle.

Die Zürcher Wissenschaftlerin Margret Schlumpf, eine Koryphäe auf dem Gebiet der Hormone, hat vor allem Sonnenschutzmittel untersucht. An der Tür hängt das Foto einer haarlosen Ratte in einem Becherglas. Sie steht, die Pfötchen am Glasrand, bis zur Schulter in einer Flüssigkeit: Olivenöl mit einem UV-Sonnenschutzfilter, einem hormonähnlichen Stoff. Der galt bisher als harmlos, so Schlumpf: »Die Hersteller sagen, es geht nicht durch die Haut.« Jetzt weiß man es besser, denn: »Wir haben rausgefunden: Es geht durch die Haut.« Die Firmen waren verständlicherweise nicht begeistert von diesem Ergebnis, das inzwischen von einer dänischen Forschergruppe bestätigt wurde.

Die langfristigen Folgen bei den armen Ratten und ihren Nachkommen waren schwerwiegend: Veränderungen im Gehirn, eine verkürzte Lebenserwartung, vergrößerte Eierstöcke bei den Weibchen und eine verspätete Pubertät bei den Männchen.

Die ersten Hinweise auf mögliche Wirkungen solcher endokrin wirksamer Stoffe wurden eher zufällig gefunden.

Es war auf einem Klassenausflug in freier Natur, als amerikanische Schüler plötzlich seltsame Phänomene entdeckten: missgebildete Frösche. Einigen fehlten Beine, manche hatten zu viele, andere zu viele Augen. Das war 1993, im US-Bundesstaat Minnesota. Bald wurden ähnliche Beobachtungen gemeldet, in jedem zweiten amerikanischen Bundesstaat wurden solche missgebildeten Frösche gesichtet.

Die US-Wissenschaftler James La Clair und Richard Levey vom Scripps Research Institute in La Jolla/Kalifornien etwa fanden bei fünftausend jungen Leopardfröschen, die sie während mehrerer Jahre untersucht hatten, vierhundert verkrüppelte, mit missgebildeten oder fehlenden Hinterbeinen, verkürzten Zehen oder fehlenden Füßen. Nach ihren Anfang 1999 veröffentlichten Analysen könnten

Chemikalien für die Missbildungen verantwortlich sein, die als Lösungsmittel für Öle, Koffein oder Kakaobutter verwendet werden, oder Schädlingsbekämpfungsmittel aus der Landwirtschaft.

Am Thuner See haben sie nach solchen Chemikalien bisher vergeblich gesucht.

Immerhin: Jetzt hat die Besatzung der »MS Hecht« endlich die Fischer gefunden. Ein helles Licht taucht auf, schemenhaft im Nebel: ein winziges längliches Boot. Darauf, aufrecht stehend, zwei Fischer in grünem Ölzeug. Das Boot geht an Steuerbord längsseits. Mit einem Kescher wird der glitschige Fisch herübergeholt. Er kommt in die Kiste auf Deck. Dann dreht der Fischer seinen Yamaha-Außenborder auf und verschwindet im Dunkel. Mit dreizehn Knoten pflügt die »MS Hecht« zu den Forschern in der Fischzuchtanlage, die dann systematisch mit ihren Auswertungen beginnen wollen.

In Japan wurde im Juni 1998 eigens eine Kommission aus Wissenschaftlern verschiedener Disziplinen gegründet, um die Veränderungen zu untersuchen. In einem Fluss bei Tokio waren Karpfen mit extrem kleinen Geschlechtsorganen gefunden worden, und im Sperma von Flundermännchen fanden sich weibliche Eier. Überall auf der Welt beunruhigen solche Beobachtungen die Forscher. Die Weißkopfadler im Gebiet der Großen Seen in Nordamerika kamen plötzlich häufiger mit verformten Schnäbeln und anderen Deformationen zur Welt. Im US-Bundesstaat Florida bekamen Alligatorenmütter kaum noch Söhne, und Florida-Pumas litten zunehmend an sogenanntem Hodenhochstand (»Maldescensus testis«), einer Erscheinung, die schon im Mutterleib auftritt und später mit Unfruchtbarkeit und Krebs einhergehen kann.

Die hormonähnlichen Substanzen, die zu solchen Veränderungen führen, können schon in winzigen Mengen schwerwiegende Folgen haben. Hormone sind Substanzen mit unglaublicher Wirkung. In falscher Dosierung können sie sogar bei Menschen zur Geschlechtsumwandlung führen.

Etwa bei jener Heidi Krieger, die 1986 Europameisterin im Kugelstoßen war und heute Andreas heißt – dank Testosteron-Doping in der damaligen DDR. Der Unterschied zwischen Mann und Frau ist überraschend gering: gerade mal 0,0000054 Gramm Testosteron pro

Liter Blut. Das Sexualhormon ist beim Mann in einer Konzentration von sechs Mikrogramm pro Liter Blut vorhanden: sechs Millionstel Gramm also. Das entspricht einem Gramm Testosteron verteilt auf 1666 Badewannen mit je hundert Litern Inhalt. Frauen haben ein Zehntel davon.

Bei Hormonen gilt auch jene Regel nicht, nach der eine erhöhte Dosis die Wirkung erhöht: »Hormone wirken nicht stärker, wenn man viel von ihnen nimmt. Manchmal passiert sogar das Gegenteil«, sagt der Amerikaner Frederick vom Saal, Hormonspezialist an der Universität von Missouri. Und: »Ich glaube, wir haben bisher am falschen Ende der Konzentrationsskala gesucht.«

Vom Saal fütterte schwangere Mäuse mit einer Chemikalie namens »Bisphenol A«. Er gab ihnen nicht viel, gerade mal fünf Millionstel Gramm (0,000005 Gramm) pro Gramm Körpergewicht. Die Folge war, dass die Mäusesöhne nach der Geburt eine größere Prostata hatten als ihre unbehandelten Artgenossen.

Als die »MS Hecht« an der Kaimauer der Fischzuchtanlage Faulensee anlegt, steht oben in der Einfahrt ein weißer VW-Bus der Universität Bern. Einer fährt einen Karren mit einer weißen Plastikwanne heran, darauf wird der Fang in die gekachelte Halle mit zehn großen grünen Fischzuchtbecken geschafft, in denen pro Jahr mehrere Millionen Felchen ausgebrütet werden. Die Forscher machen sich jetzt an die Vermehrung der Forschungsfische – von Hand gewissermaßen. Erleichtert wird das dadurch, dass Fisch-Sex relativ unromantisch und distanziert stattfindet. Die Partner kommen sich nicht einmal besonders nahe, sollten nur die gleiche Laichgegend aufsuchen. Dort geben sie ihre Fortpflanzungssubstanzen ins Wasser ab. Hans Walther von der Fischzucht Reutigen drückt (»Es ist ganz einfach«) sanft, aber entschieden mit dem Daumen den silbrigen Unterleib der Fische, und schon sondern die Weibchen den gelben Kaviar (»Rogen«) ab, und die Männchen ihren weißlichen Samen (die »Milch«, wie die Fischer sagen). Bei manchen zucken noch die Kiemen. Dann wird die Milch zum Rogen gekippt, ein bisschen Wasser dazugegossen, mit einer Schwanenfeder umgerührt. Fertig. Die befruchteten Eier kommen dann in verschiedene Plastikschälchen. 4500 davon haben die Forscher mitgebracht. Mit einer großen

Spritze spritzt einer das Wasser auf die Petrischalen, die meterlang wie auf Tapeziertischen verteilt sind: Wasser vom Thuner See, vom Urner See, reines Quellwasser. Dann wird sich zeigen, ob die Felchen auch in anderen Mileus Missbildungen entwickeln; vielleicht waren ja die im Thuner See nur die Ersten, dann kommen die anderen – und schließlich die Menschen.

»Wir wissen nicht, ob wir nicht am Anfang einer Veränderung stehen«, sagt der Fischforscher Matthias Escher. »Vielleicht gibt es bei den Fischen diskrete Entwicklungen, die sich erst im Erwachsenenalter zeigen«, sagt Professor Althaus. »Es bedrückt mich«, sagt Margret Schlumpf, die eigentlich durchaus eine fröhliche Person ist, dies aber so gar nicht zum Lachen findet, »es bedrückt mich vor allem im Hinblick auf den Fortbestand von Mensch und Tier.«

Tatsächlich zeigen sich auch im menschlichen Fortpflanzungssystem Veränderungen. In Deutschland etwa sind die Zahlen bei Hodenkrebs stark angestiegen. Auch der Prostatakrebs nimmt zu, immer häufiger auch bei jüngeren Männern.

In manchen Ländern lässt auch die Spermaqualität zu wünschen übrig. Nach Erkenntnissen des dänischen Wissenschaftlers Niels Skakkebaek sank beim Durchschnittseuropäer die Zahl der Spermien von 1938 bis 1990 um die Hälfte, von 113 Millionen pro Milliliter Samenflüssigkeit auf gerade noch 66 Millionen.

Bei 168 Männern, die mit unerfülltem Kinderwunsch in eine amerikanische Klinik kamen, war, wie ein Forscherteam der amerikanischen »Harvard School of Public Health« herausfand, die Spermienkonzentration umso geringer, je höher die Belastung mit den sogenannten »Phthalaten« war.

Hormon-Chemikalien finden sich häufig in Glaskonserven: So wurde 2004 in Babygläschen ein Stoff namens 2-EHA nachgewiesen, allein die baden-württembergische Lebensmittelüberwachung fand diesen Stoff in sämtlichen untersuchten Gläschendeckeln mit bis zu tausend Milligramm pro Kilo – und sogar im Babybrei selbst, in zwanzig von 28 Gläschen fanden sich noch bis zu 1,2 Milligramm. Die Hersteller versprachen daraufhin Abhilfe und verwenden jetzt nach eigenem Bekunden andere Deckel-Dichtungen.

Vor allem fettige Lebensmittel wie Tunfisch, Pesto und Pastasaucen nehmen die hormonell wirksamen Stoffe leicht auf. So mussten im Jahr 2005 in Hamburg, Nordrhein-Westfalen und auch in Baden-Württemberg Glaskonserven mit Pesto und Pastasauce aus dem Regal geräumt werden. Zuvor waren in Dänemark solche Glaskonserven vom Markt genommen worden, weil sie die europaweit gültigen Grenzwerte um das fünfzig- bis sechzig-Fache überschritten hatten. Auch in der Schweiz fielen die Gläser auf.

»Exzessiv um ihre Männlichkeit besorgte Zeitgenossen sollten«, so riet schon das Nachrichtenmagazin *Der Spiegel,* »beim Öffnen von Bierflaschen den Kronkorken nur mit spitzen Fingern berühren«, und überdies auch »Erdbeeren misstrauen«. Denn Rückstände von Agrargiften können ebenfalls hormonell aktiv werden. Ein für Erdbeeren und Wein zugelassenes Agrargift namens »Vinclozolin« sorgte im Juni 2005 für Aufregung unter Hormonforschern: Eine im renommierten US-Wissenschaftsjournal *Science* veröffentlichte Studie wies nach, dass dieses Gift (wie auch ein weiteres namens »Methoxychlor«) bei Ratten über vier Generationen hinweg für Veränderungen sorgen kann.

Und sie finden sich immer häufiger im menschlichen Körper.

Deutsche Forscher um den Würzburger Toxikologen Angerer etwa stellten fest, dass Kinder weitaus mehr von diesen Kunsthormonen in den Blutbahnen hatten als Erwachsene. Sie leben wohl eher in einer Plastikwelt: Bei britischen Testpersonen zwischen neun und 88 Jahren hatten die Jüngsten 75 dieser Stoffe im Blut, die Ältesten nur 56.

Das Tückische: Von der alltäglichen Hormon-Diät merkt niemand etwas. Es ist eine schleichende, subtile Vergiftung. Nur in hoher Dosis gibt es akute Schäden.

So wurden im November 1995 in Spanien, so ein verschlüsseltes Fernschreiben aus Madrid an die deutschen Behörden, »zwölf Personen« nach dem »Genuss von Rindsleber mit Vergiftungserscheinungen in ein Madrider Krankenhaus eingeliefert«. Als Ursache für die Vergiftung wurde ein Stoff namens »Clenbuterol« identifiziert, das verbotenerweise bei der Rindermast eingesetzt worden war. »Clenbuterol« ist in Sportlerkreisen als »Katrin-Krabbe-Mittel« bekannt, benannt nach der DDR-Sprinterin, die zu den erfolgreichsten

Sportlern ihres Landes zählte – und im Jahre 1992 des Dopings überführt wurde.

Bei der Tiermast wird der Hormon-Effekt gezielt eingesetzt: Die Hormone beeinflussen das Wachstum – und wenn das Schwein schneller wächst und noch dazu schön mager ist, sind die Profite höher. Der Effekt wird zum Teil legal genutzt, zum Teil aber auch illegal.

Bei Schweinen macht »Clenbuterol« das Fleisch magerer, lässt weniger Fett und mehr Muskeln wachsen. Bis 1997 war es noch als veterinärmedizinisches Hustenmittel zugelassen und deshalb bei kriminellen Mästern besonders beliebt, denn sie konnten bei Kontrollen auf bedauerliche Erkältungskrankheiten im Stall verweisen. Seit es verboten ist, treten nach Beobachtungen der Kontrolleure andere Substanzen an seine Stelle. So fanden nordrhein-westfälische Behörden im Sommer 1998 erstmals Cortison, ein Hormon der Nebennierenrinde, das eingesetzt wurde, um die Wirkung der übrigen Masthilfsmittel zu erhöhen und die Mixtur bei Analysen zu tarnen.

Der bisher größte Fall von Vieh-Doping in Deutschland war 1988 aufgeflogen: Der Großbauer Felix Hying im münsterländischen Südlohn-Oeding hatte 13 736 Kälber mit Hormonen gedopt.

Ende 1997 wurde im belgischen Westflandern ein riesiges Hormonlager ausgehoben, bei einem Bauern, der schon mehrfach wegen Hormonhandels verurteilt worden war: Zutaten für zweitausend Liter Hormoncocktail – genug, um 600 000 Rinder zu behandeln.

Die »Hormonmafia« mit Tätigkeitsschwerpunkt in Belgien und besten internationalen Verbindungen machte Ende des zwanzigsten Jahrhunderts höchst reizvolle Profite.

Illegale Hormongaben entdeckten die Fahnder indessen auch anderswo: So musste der Nahrungsmittel-Multi Nestlé in Chile 1998 Babynahrung aus dem Verkehr ziehen – als »Vorsichtsmaßnahme«, wie der Konzern betonte, wegen Verdacht auf Belastung mit »Clenbuterol« und anderen Anabolika. Die Behörden hatten gegen zahlreiche Viehmäster Strafverfahren eingeleitet, wegen illegaler Mastmittel, und rieten der Bevölkerung, auf Rinderleber wegen möglicher Verseuchung zu verzichten. Bei Kleinkindern könnten Muskelkrämpfe und Herzrhythmusstörungen die Folge sein.

Der globale Handel verbreitet auch hormonell belastete Steaks und Bratenstücke. 1995 beispielsweise warnten deutsche Behörden vor Fleisch aus Uruguay: Dort war das krebserregende und selbst in den USA verbotene Hormon »Diethylstilboestrol« (DES) gefunden worden. Aus Uruguay kamen in jenem Jahr immerhin sechstausend Tonnen Rind- und Kalbfleisch.

Hormonmast – ein globales Big Business. Den Umsatz allein des europaweiten Hormonschwarzmarktes bezifferten Experten des Londoner Consulting-Büros »Vivah Jones« im Jahre 1990 auf über drei Milliarden Mark (1,53 Milliarden Euro), Deutschlands Anteil auf 285 Millionen (146 Millionen Euro). In Belgien rangierten die Hormondealer 1993 mit zweihundert Millionen Mark (102 Millionen Euro) Umsatz gleich hinter der Drogenmafia auf dem zweiten Platz, stellte die »Financial Action Task Force on Money Laundering« fest, eine in Paris ansässige supranationale Sondereinheit gegen die Geldwäsche.

Danach gingen die Drogenmeldungen deutlich zurück – doch immer wieder flog illegales Tier-Doping auf: Im Jahre 2002 etwa wurde das Wachstumshormon MPA (»Medroxy-Progesteron-Azetat«) in nordrhein-westfälischem Schweinefutter gefunden. 1700 Betriebe waren betroffen.

Auch in der Schweiz gibt es immer mal wieder – in bescheidenem Umfang – Positivproben. Das »Kantonale Labor Basel« etwa fand in Importfleisch aus den USA Hormonrückstände – was nach Ansicht des Labors auf »verbreiteten Einsatz« dieser Masthilfe schließen lässt.

Dass in der Schweiz selbst aber, in der Umgebung des idyllischen Thuner Sees, Hormonmast stattfindet und durch Gülle womöglich Rückstände in den See geschwemmt werden – das kann als ausgeschlossen gelten.

Doch wenn es vorkäme: In dieser Halle in der Fischzuchtanlage Faulensee, mit den großen grünen Becken und dem kalten Neonlicht, kämen sie solchen Machenschaften nun bald auf die Spur. Die Forscher sind schon bei der Arbeit.

Doktorand David Bittner, erkennbar an der grünen Wollmütze, zieht dem zuckenden Fisch mit dem Holzprügel eins über und gibt den Leichnam weiter an Thomas Wahli, Biologe am Tierspital Bern. Der trocknet die Fische mit einem haushaltsüblichen Tuch, wiegt sie ab und gibt sie nach links an seinen Kollegen Daniel Bernet. Der schlitzt mit einem Skalpell die Bäuche auf, befühlt die rötlich-weißlichen Eingeweide und kommentiert: »Konstriktion rechts, Konstriktion links.« Das notiert Privatdozent Carlo Largiader vom Zoologischen Institut der Universität Bern, Abteilung »Populationsgenetik«. Dunkelgraue Thermohose, Fleecejacke von Jack Wolfskin, in der linken Hand ein Schreibbrett, »Samplingprotokoll Thuner See«. Von den ersten elf Fischen hatten fünf solche Befunde. Die Hoden liegen bei den Felchen innen, längliche, rötliche Organe. Manche sehen aus, als ob sie mit Zahnseide abgebunden und in mehrere Stücke aufgeteilt worden wären. Nummer 10 hat gar einen dreigeteilten Hoden. Einen Zwitter gab es heute auch schon. Dessen männlich-weibliche Geschlechtsorgane liegen jetzt in einem kleinen roten Fläschchen. Ein Prozent der Fische waren Hermaphroditen, eine europaweit einmalige Quote.

Im Nachbarzimmer wird Professor Claus Wedekind, ein junger Biologe mit Jeanshemd und brauner Hose, etwas nervös. Es hat zu wenig Sperma gegeben, nur ein paar Milliliter für die ersten Plastikschälchen. Jetzt droht einiges aus dem Lot zu geraten. Wedekind flehentlich: »Wir brauchen so viel Tröpfchen wie möglich.« So wenig es sein mögen: Qualitativ war an den Tröpfchen bisher nichts auszusetzen. Die Samenqualität hat nach bisherigen Erkenntnissen nicht gelitten, auch die Fortpflanzungsfähigkeit der weiblichen Felchen ist nicht beeinträchtigt, wie eine Untersuchung des Veterinärs Matthias Escher im Auftrag des Fischereiinspektorats ergab. Diesbezüglich kein Grund zur Beunruhigung also.

Wie dramatisch die Gesundheitsgefahren einzuschätzen sind, ist ohnehin umstritten. Auch gehen im globalen Agribusiness die Meinungen weit auseinander, welche hormonellen Zugaben in der Nahrung akzeptabel sind.

In Amerika sind die Sitten da eher liberal. Dort sind viele Hormone völlig legal im Einsatz. Die Amerikaner streiten seit Langem mit der Europäischen Union über die Frage, wie viel Hormon auf den Teller darf.

Die Chemie- und Pharmaindustrie, die in der Schweiz eine starke Rolle spielt, teilt immerhin »die Besorgnis um allfällige negative Auswirkungen von hormonwirksamen Stoffen auf Mensch und Tier«, so Richard Gamma vom zuständigen Industrieverband »SGCI Chemie Pharma Schweiz«. Er legt allerdings »großen Wert darauf, dass keine voreiligen Schlüsse gezogen« werden.

So sehen das die Fischinspektoren auch. Überstürzte Eile, das wäre nun völlig unschweizerisch.

Vorschnelle Konsequenzen sind daher nicht zu befürchten. In den Gaststätten der umliegenden Gemeinden am Thuner See jedenfalls gibt es weiterhin Felchen aus dem See.

Aussortiert wird nicht: Die Felchen, die nicht zu Forschungszwecken gebraucht werden, landen in einer weißen Plastikbox und gelangen ganz normal in den Verkauf.

Zum Beispiel am Tresen in der »Piratenbar« in Spiez. Geräuchert, mit Meerrettichsahne. Schmeckt eigentlich ganz prima. Aber ist das auch gesund? Vreni Lehmann, die Wirtin, zuckt die Schultern.

Ob man die missgebildeten Fische einfach so essen kann? Fischereiinspektor Friedli druckst ein wenig herum. Nur nichts Falsches sagen jetzt. Friedli verspricht eine E-Mail mit der offiziellen Sprachregelung.

Sie lautet, in voller Länge: »Seit dem Winter 2000 werden bei geschlechtsreifen Felchen aus dem Thuner See Veränderungen an den Geschlechtsorganen festgestellt. Die betroffenen Fische unterscheiden sich äußerlich in keiner Weise von den anderen Felchen. Ebensowenig lassen sich zwischen betroffenen und nicht betroffenen Fischen Unterschiede in Farbe und Beschaffenheit des Fleisches feststellen. Da alle inneren Organe von Fischen vor dem Verkauf vollständig entfernt werden, besteht nach Ansicht des kantonalen Veterinärdienstes und des kantonalen Laboratoriums kein Anlass, Fleisch von betroffenen Felchen nicht zum Konsum zuzulassen.«

Wer auf die Behörden vertraut, kann also beruhigt zubeißen.

Es mag ja mysteriös sein, was mit den Fischen dort in der Schweiz passiert. Es mag rätselhaft sein. Ungesund sei es nicht.

Was aber in modernen europäischen Ställen geschieht, grenzt neuerdings an Zauberei. Dort kippen sie wundersame Zutaten in den

Trog, die es bisher gar nicht gab. Eine neue Form von Natur wird entwickelt, zur Verfütterung ans Vieh – und vielleicht auch an den Menschen.

An der Spitze der Avantgarde: eine Art Fleischersatz, der aus Gas hergestellt wird. Erdgas. Als Viehfutter schon offiziell zugelassen. Ein Wunder der Biotechnologie – und gesundheitlich natürlich vollkommen unbedenklich.

12. Schwere Atmung

High-Tech im Tierfutter: Ist das gut?

Wie ein Acker zu einem Fall für den Staatsschutz wurde / Gen-Nahrung durch die Hintertür / Wunderbare Welt: Was die emsigen Bazillen so alles produzieren / Warum starben die Kühe des hessischen Bauern? / Für den Hund ein leckerer Fleischersatz aus Erdgas / Die Zukunft hat begonnen

Es sieht nicht nach Krieg aus und nicht nach Vandalismus. Die Spuren der Verwüstung sind dezent, aber deutlich. Der Angriff traf nur einen Teil des Feldes, wurde aber gezielt ausgeführt.

Im Juli 2006 wurde der Acker zu einem Fall für die Karlsruher Kriminalpolizei, Abteilung Staatsschutz.

Bei einer Internetredaktion ging zeitgleich ein Bekennerschreiben ein.

> »In der Nacht zu Montag, 10.07.2006, haben wir bei Forchheim (Karlsruhe) Teile des dortigen Genmaisfeldes zerstört, (ca 2000 m^2). Das Feld gehört der Landesanstalt für Pflanzenbau.
> In dem Freilandversuch sollte die Ausbreitung der genmanipulierten Maispollen in die Umwelt untersucht werden.
>
> WIR BRAUCHEN KEINE (FREILAND-)VERSUCHE MIT GENMANIPULIERTEN PFLANZEN, WEIL WIR KEINE GENMANIPULIERTEN PFLANZEN HABEN WOLLEN.
>
> Wenn sie einmal in den Ökokreislauf gelangen, ist dieser Vorgang irreversibel. Dies ist umso fataler, weil die genauen Auswirkungen auf die Umwelt völlig unbekannt sind.
> Einziger Nutznießer der Verbreitung genmanipulierter Nahrungspflanzen sind Firmen wie MONSANTO.
> Dass wir mit unserer Meinung nicht alleine dastehen, zeigte un-

ter anderem die Demonstration von mehr als 400 Menschen am 19.03.2006 gegen die Aussaat.
Die Landesanstalt für Pflanzenbau setzte sich über die Proteste hinweg und begann im April 2006 mit der Aussaat des genmanipulierten Maises.
Wir raten hiermit allen konventionellen Landwirten und der Landesanstalt, auf die Aussaat genmanipulierter Pflanzen zu verzichten.
Abgesehen vom Imageverlust wäre der materielle Schaden einfach zu hoch!!!!!!

STOPPT MONSANTO GENDRECK WEG

Tommi und Annika und einige mehr«

Der Name MONSANTO hat bei Umweltschützern und Naturfreunden keinen guten Klang. MONSANTO ist in den Augen der Gentechnik-Gegner die Firma, die die Frankenstein-Nahrung mit allen Mitteln unters Volk bringen will – auch gegen Volkes Willen. MONSANTO ist die Firma, die auch gegen kleine Bauern mit Brachialgewalt vorgeht, sie mit juristischer und finanzieller Macht in den Ruin treiben will, wenn sie sich gegen Genfood zur Wehr setzen. Die indische Bauern in den Selbstmord treibt, die sich verschulden mussten, um Saatgut und Gifte von MONSANTO zu kaufen – und ihre Schulden nicht mehr zahlen konnten, weil die Pflanzen nicht so wuchsen, wie versprochen.

MONSANTO ist die Firma, die den kanadischen Bauern Percy Schmeiser auf eine Million kanadische Dollar Schadensersatz verklagt hatte: Dem Farmer hatten die benachbarten Gen-Äcker den Raps kontaminiert. MONSANTO sah darin eine unerlaubte Anpflanzung ihrer Patentpflanze und ging vor Gericht. Nach mehreren Instanzen obsiegte der Bauer.

Und genau von dieser Firma stammte der Mais in der Nähe von Karlsruhe. Typ MON810.

Der Acker liegt in der Rheinebene südlich von Karlsruhe, ein paar Kilometer von der französischen Grenze entfernt. Ein Stück Land am Rand der Stadt. Links das neue Messegelände mit seinen silbrig glänzenden Hallen. Auf der anderen Seite ein Flughafen, mit einer hoppeligen Wiese als Startbahn. Und dazwischen: Maispflanze an Maispflanze.

Die staatliche »Landesanstalt für Pflanzenbau« hat die Gen-Gewächse angebaut, um herauszufinden, wie sich ihr Erbgut verbreitet. Ein Projekt, das die Gentech-Gegner noch mehr erbost, denn sie finden, dass dies gar nicht erforscht werden muss. Nicht nur, dass aus Kanada und anderswo längst bekannt ist, wie der Wind die Samen verstreut und auch weit entfernte Felder kontaminiert.

Es müsste in Deutschland auch gar nicht erforscht werden, weil Gen-Mais gar nicht gebraucht wird, ja sogar unerwünscht ist, da die Bevölkerung Gen-Nahrung vehement ablehnt.

»Gendreck weg«, das ist die Parole der Bewegung. Überall in Deutschland sind die »Feldbefreier« tätig.

Im August 2006 waren sie im brandenburgischen Zehdenick-Badingen aktiv, auf einem Acker des Gen-Bauern und Bürgermeisters Jörg Eickmann. Der Groß-Agrarier bewirtschaftet 1300 Hektar, auf zweihundert davon hat er Gen-Mais angebaut, Marke MON810. Die Feldbefreier trampelten ein bisschen im Acker herum. Sie sahen in der »Landnahme« (*Frankfurter Allgemeine Sonntagszeitung*) eine »Antwort auf kriminelle Gentechnik-Machenschaften«.

Reizthema Gentechnik: Bei keinem anderen Ernährungs-Thema ist die Ablehnung der Bevölkerung so einmütig. Gentechnisch veränderte Lebensmittel sind für die meisten Menschen eine Zumutung. In Deutschland sind es bei Umfragen achtzig, in Österreich sogar neunzig Prozent aller Befragten, die Gentechnik im Essen ablehnen. Gleichwohl versucht die Agro-Industrie, erstaunlicherweise unter tätiger Mithilfe staatlicher Organe, mit aller Macht, die verhasste Technologie durchzusetzen – hinter dem Rücken der Wähler und Verbraucher. Ein beliebter Weg führt über das Tierfutter.

Das Phänomen ist Ausdruck einer tiefgreifenden Spaltung: auf der einen Seite die Konsumenten, die die High-Tech-Methoden ablehnen, aus gesunder Skepsis und weil sie eine andere Vorstellung von Lebensmittelproduktion haben. Auf der anderen Seite eine Agro-Industrie, die eigenen Gesetzen folgt, die sich längst um Lichtjahre von den Wünschen der Leute entfernt hat. Und die lacht über die Wünsche der Leute.

»Gentechnik ist in Deutschland ein PISA-Problem«, höhnte etwa der RAIFFEISEN-Verbandspräsident Manfred Nüssel. PISA, das war die Bildungsstudie, bei der die Deutschen auf den hinteren Plätzen landeten. Will sagen: Die Leute sind dumm und ungebildet und lehnen deshalb Gentechnik ab.

Die Äußerung zeigt: Die Agro-Giganten haben ein merkwürdiges Verhältnis zu den Verbrauchern. Ihr Verhalten und ihre Äußerungen erwecken den Eindruck, es sei ihnen schnurz, was die Verbraucher wünschen. Sie sehen den Verbraucher nicht als Kunden.

Die Kunden der Agro-Konzerne, das sind NESTLÉ, KNORR, PROCTER & GAMBLE, die Nahrungs-Multis. Die haben kein Problem mit High-Tech. Das setzen sie schließlich selbst ein, wenn sie ihre Tütensuppen und Buntbonbons und Dauerdesserts produzieren.

So entfernen sich die Multis im globalen Nährstand weiter von den Verbrauchern, hoffen, dass diese nichts von den unappetitlichen Produktionsmethoden merken, und schüren mit idyllischen Werbefilmchen weiter die romantischen Träume des Fernsehvolkes.

So hat die Nahrungsproduktion ein technologisches Niveau erreicht, das für die meisten Esser unverständlich ist. Dabei ist die Gentechnik nur ein Element. Auch die Zusatzstoffe sind High-Tech, werden häufig mit Hilfe von Bakterien und Pilzen produziert, die die Menschen sonst nur aus feuchten Wohnungen und Kellern kennen. Vor allem in der Tierfutterbranche setzen einige Avantgarde-Methoden ein, bis hin zu Bakterien aus Fäkalien, die im Futter für Hunde und Kälbern landen. Oder einem Fleischersatz aus Erdgas. Geschmacksgrenzen kennt die Branche auch bei der Suche nach Zukunftstechnologien nicht.

Aber ein erstaunliches Duchsetzungsvermögen. Immer wieder landen trotz Verbraucherablehnung Gen-Produkte im Supermarkt.

Im Sommer 2006 beispielsweise sorgte der Gen-Reis LL601 für Aufregung, der von EDEKA SÜDWEST, der LIDL-Schwesterfirma KAUFLAND und bei ALDI verkauft worden war. Das war von GREENPEACE aufgedeckt worden, nicht von den Labors der Händler, Hersteller oder gar der Regierung.

Die Nahrungsverkäufer beeilen sich dann, das Zeug wieder wegzuschaffen.

Auch im Haustierfutter wird genverändertes Material untergemischt. Bei einem Test der STIFTUNG WARENTEST für die Septemberausgabe 2006 fiel beispielsweise das NESTLÉ-Produkt PURINA ONE mit Gen-Soja auf.

Soja ist die wichtigste Einfallschneise für Gentechnik in die Nahrungskette: 85 Prozent der US-amerikanischen Ernte ist genverändert. Neunzig Prozent der rumänischen, 98 Prozent der argentinischen. So kann es schon mal vorkommen, dass solches Material durch die Maschinen rutscht.

Die Warentester aber tadelten: »PURINA ONE enthält genverändertes Soja, ohne darauf hinzuweisen. Da viele Zeitgenossen Genveränderungen in jeder Form ablehnen, ist das ein schweres Versäumnis – und ein Verstoß gegen gesetzliche Vorschriften.«

NESTLÉ teilte auf Anfrage dazu mit, die »Ergebnisse hinsichtlich genetisch veränderter Substanzen« hätten sich »in eigenen Untersuchungen nicht bestätigt«. Soja werde überdies »nicht als Rezepturbestandteil in unseren PURINA-ONE-Hundefutter-Produkten verwendet. Daher ist davon auszugehen, dass eine unbeabsichtigte Vermischung von Soja-Spuren mit anderen Rohwaren bei einem unserer Zulieferer oder auf dem Transportweg stattgefunden hat.«

NESTLÉ sei im Übrigen bestrebt, den Kundenwünschen Rechnung zu tragen: »Deshalb verzichten wir grundsätzlich auf den Einsatz genetisch veränderter Rohstoffe in unseren Produkten.« Die Firma gehe daher auch den von der STIFTUNG WARENTEST gewonnenen Erkenntnissen nach und habe die »Kontrollen der eingehenden Rohstoffe verschärft«.

Auch MASTERFOODS teilt mit: »Wir verwenden keine gentechnisch veränderten Zutaten in unseren Produkten, sondern ausschließlich Rohmaterialien aus konventionellem Anbau.«

Damit wäre der Fall eigentlich klar. Es dürfte eigentlich gar keine Abnehmer für die Gen-Produkte geben.

Dennoch versuchen die interessierten Konzerne mit großer Verbissenheit und einiger Energie, im Verbund mit Politikern und Wissenschaftlern, den Gen-Produkten doch noch den Weg zu ebnen.

Das zeigt ein ganz eigenes Verständis von Demokratie und Marktwirtschaft.

Denn eigentlich ist der Fall klar: Wenn die Bevölkerung mit überwältigender Mehrheit ein Produkt, ein Projekt, eine Produktionsweise ablehnt, dann gibt es dafür keine Chance. So ist das in der Demokratie. So ist das auch in der Marktwirtschaft. Wenn niemand ein Auto mit lila Streifen auf dem Sitz haben will, dann wird das ein Ladenhüter und bald nicht mehr produziert. Und wenn niemand einen neuen Superman-Film Teil 5 sehen will, dann ist der nach ein paar Wochen aus den Kinos verschwunden.

Bei der Gentechnik läuft das merkwürdigerweise anders. Da wollen Produzenten und Politiker eine unpopuläre Produktionsmethode mit aller Macht durchsetzen.

Die Gentechnik ist ein Thema, bei dem die normalen Mechanismen von Mehrheitsmacht und Marktwirtschaft außer Kraft gesetzt sind.

Für die Protestler aus den Umweltgruppen, für die Aktivisten aus der Food-Szene ist das eine Provokation.

Zumal es noch kaum Erkenntnisse gibt über mögliche langfristige Gesundheitsgefahren – und einige Hinweise nicht eben beruhigend ausfallen.

GREENPEACE-Aktivisten waren daher schon vor der METRO-Zentrale in Düsseldorf gestanden, mit Kaninchenmasken verkleidet. Slogan: »METRO macht uns zu Versuchskaninchen.« Der Konzern hatte sich geweigert zuzusichern, keine Milch und kein Fleisch von Tieren zu verkaufen, die genmanipuliertes Futter bekommen hatten. Das war 2003.

»Langzeitversuche zur Verfütterung von Genpflanzen existieren kaum«, kritisiert GREENPEACE-Gen-Experte Christoph Then. Und verweist auf mysteriöse Todesfälle unter Kühen. Auf einem Hof in Hessen starben zwölf Kühe innerhalb von zwei Jahren, weitere Tiere mussten notgeschlachtet werden. Es lag am Gen-Mais, vermutet der Bauer. Den Mais hatte er das ganze Jahr über verfüttert. Frustrierend für ihn: Industrie und Behörden scheinen an der restlosen Aufklärung des Falles kaum interessiert. Unter Verweis auf die Kosten und mögliche andere Ursachen fürs rätselhafte Kuh-Sterben wurden die Untersuchungen eingestellt.

Der Fall zeige, so meint GREENPEACE-Gen-Mann Then: »Bauern werden im Schadensfall von Behörden und Industrie weitgehend im Stich gelassen.«

Gleichwohl füttern sie ihr Vieh weiter mit Gen-Körnern, was die GREENPEACE-Leute in ihren gelben Jacken wiederholt zu Protestauftritten veranlasst, etwa vor dem Sitz der Firma CAMPINA im württembergischen Heilbronn. CAMPINA ist ein holländischer Agro-Konzern, dessen deutsche Tochter Milchprodukte unter dem Namen LANDLIEBE verkauft. Die Werbespots zielen genau auf die idyllischen Träume der Leute, von denen sich die Nähr-Konzerne längst verabschiedet haben. Romantische Bauernhöfe, auf denen reizende Bäuerinnen in Rüschenschürzen Rahm rühren.

Für LANDLIEBE, so verkündet die LANDLIEBE-Reklame, werde Milch von »ausgewählten Bauernhöfen« verwendet.

»Warum«, fragt dann aber GREENPEACE-Experte Alexander Hissting, »wählt CAMPINA Bauern aus, die Gen-Mais anbauen?«

Und GREENPEACE fordert, auf großen Transparenten: »Kein Gen-Futter bei LANDLIEBE.«

CAMPINA hatte den Unmut der GREENPEACE-Aktivisten nicht nur durch die Wahl der Gen-Bauern auf sich gezogen, sondern sich auch hartnäckig geweigert, GREENPEACE Auskunft zu geben.

Die Nähr-Multis sind der Auffassung, was sie ins Essen mischen, sei ihr Betriebsgeheimnis und gehe niemanden etwas an.

Doch GREENPEACE stellte eigene Recherchen an – und die ergaben, dass Bauern in Brandenburg MONSANTOS Gen-Mais der Sorte MON810 anbauen. Und diese mit Gen-Mais erzeugte Milch wurde an CAMPINA sowie den bayrischen Molkereiriesen MÜLLER geliefert.

Mit MÜLLER streitet GREENPEACE daher seit Jahren, ob dessen Milch als »Gen-Milch« bezeichnet werden darf. Der Rechtsstreit zieht sich durch die Instanzen, mit wechselnden Ergebnissen.

Die Verbraucherorganisation »Foodwatch« kämpft unterdessen gegen McDONALD's. Mit einer »Burgerbewegung«. Motto: »Gemein: 1000 Menüs im Angebot, aber keinen Hamburger ohne Gentechnik.«

Dabei wäre McDONALD's offenbar durchaus bereit, die Wünsche der Kunden nach gentechfreien Hamburgern zu befriedigen. Doch die Firma hat es offenbar mit einem ausgesprochen eigensinnigen oder auch hilflosen Lieferanten zu tun: »Unser Fleischlieferant hat explizit keinen Einfluss darauf, wie die Tiere während ihrer Haltung gefüttert werden.«

Das finden die Foodwatch-Leute nun »lächerlich«.

»Bei der Marktmacht könnte McDonald's den Bauern einfach sagen: Ab heute füttert ihr nur noch gentechnikfreies Futter – und dokumentiert das gemäß unserem Vertrag. Fertig. In der Schweiz werben die sogar mit Gentechnikfreiheit«, sagt Foodwatch-Experte Matthias Wolfschmidt, ein studierter Tierarzt.

Die High-Tech-Methoden der Futterproduktion beschränken sich nicht nur auf die reinen Futtermittel. Auch die Zusätze werden oft mit Gentechnik hergestellt. Die Behörden haben keinerlei Überblick über das Ausmaß. Das hatte jedenfalls die FDP-Bundestagsfraktion erfahren müssen, als sie im Jahre 2004 Auskunft von der Bundesregierung über die Einsatzbereiche der Gentechnik bei Zusatzstoffen und anderen Hilfsmitteln der Industrie begehrte. Die Auskunft der Regierung war aufschlussreich, aber nicht ganz befriedigend, wie eine diesbezügliche Pressemitteilung zeigt:

05. Juli 2004

Bundesregierung:

Zusatzstoffe und Enzyme aus GV-Mikroorganismen

Zahlreiche Zusatzstoffe und Enzyme werden mit gentechnisch veränderten Mikroorganismen hergestellt. Das geht aus einer Antwort der Bundesregierung (Ds 15/3413) auf eine Kleine Anfrage der FDP hervor. Als Beispiele werden die Enzyme Phytase, Glucanase und Xylanase genannt, die als Futtermittelzusätze Verwendung finden. Auch bei den Vitaminen C, B2 und B12, dem Süßstoff »Aspartam« und dem Labferment »Chymosin« ist die Herstellung mit gv-Mikroorganismen weit verbreitet. Zudem kommen bei der Herstellung von Glukosesirup und bei verschiedenen Stoffumwandlungsprozessen vermehrt Enzyme aus gv-Mikroorganismen zum Einsatz.

Über den »Umfang und den Zeitraum der Verwendung« dieser Stoffe liegen der Bundesregierung jedoch keine umfassenden Angaben vor.

Vitamine, Aromen und Süßstoffe sind von wachsender Bedeutung als Ingredienzen des Tierfutters (siehe Kapitel 7), und vor allem die Enzyme spielen hierbei eine große Rolle. Denn sie ermöglichen, dass Futter, das zwar billig, aber für eine Sau eigentlich gar nicht so recht geeignet ist, trotzdem gefressen und folglich in Schnitzelmasse umgewandelt wird.

Für die neuen Fressalien sind Heerscharen von Ingenieuren, Veterinären und Chemikern tätig, hinterher muss alles in einem aufwendigen Prozess von den Behörden geprüft werden. Es lohnt sich trotzdem, versichern die betroffenen Unternehmen.

Die Firma INTERVET mit Sitz im bayrischen Unterschleißheim beispielsweise bietet einen Stoff namens »Salocin« an. Das ist, laut Prospekt, ein »MikroGranulat«, das als »Leistungsförderer für Ferkel und Mastschweine« dient. Als zugelassener Zusatzstoff trägt das Produkt den Namen »Salinomycin-Natrium« (E 766).

Für den Stoff, so schreibt die Firma in ihrem Prospekt, waren umständliche Zulassungsprozeduren nötig. Neun bis vierzehn Jahre dauert es in der Regel, bis so ein Verfahren abgeschlosen ist.

Die Firma erörtert selbst nun die Frage, ob sich so etwas lohnt.

Und für sie ist klar: Es lohnt sich. Denn mit so einem »Leistungsförderer« können offenbar die Profite ganz erheblich gesteigert werden.

Dabei geht es um viel Geld, rechnen die Leute von der Leistungsförderer-Firma vor:

»Ein Verzicht auf den Einsatz von Leistungsförderern in allen Futtern würde die Erzeuger mit zusätzlichen Produktionskosten von über 600 Millionen Euro belasten. Hinzu kämen noch weitere 570 Millionen Euro, die der Verbraucher wegen gestiegener Verkaufspreise mehr zu entrichten hätte.«

Eine prima Sache also, so ein Leistungsförderer. Und weil der nicht einfach auf Bäumen wächst, muss er mit einiger Kunstfertigkeit hergestellt werden und mit großer Sorgfalt eingesetzt werden, sonst kippt das Ferkel schnell um.

Der Futterzusatz »Salocin« zum Beispiel, nach Herstellerangaben ein »Monocarboxylsäure-Polyether-Natriumsalz«, wird hergestellt durch ein Kleinstlebewesen namens »Streptomyces albus«.

Solche Mini-Organismen wie Bakterien und Schimmelpilze sind sehr beliebt im Nähr-Business, weil diese emsigen Tierchen sehr billig produzieren.

Was dabei herauskommt, ist natürlich in der Handhabung etwas diffiziler als, sagen wir, Eicheln oder Kartoffeln.

Solche Futterzusätze sind immer auch ein Wagnis. Denn wer viel sparen will, handelt sich dabei auch neue Gesundheitsrisiken ein.

Der Bauer sollte daher beim Füttern höchst vorsichtig sein, wenn er ein Päckchen »Salocin« bekommt, sicherheitshalber stets mit Feinwaage und Rechner operieren, und den Stoff stark verdünnt übers Mischfutter verabreichen.

Denn ein Ferkel, das zehn Kilogramm wiegt, verträgt höchstens achtzig Milligramm »Salocin« pro Tag. Schon ein paar Milligramm mehr, so warnt die Herstellerfirma, »verursachen eine mehr oder weniger starke Futterverweigerung, teilweise verbunden mit Erbrechen«.

Wenn ein Zehn-Kilo-Ferkel 160 Milligramm von diesem Zusatz bekommt, was ja auch nicht sehr viel ist, »fallen die Tiere auf durch schwere Atmung, staksigen Gang, teilweise Zittern und Lähmung der Hinterhand«.

Nochmals zwanzig Milligramm mehr, und es geht um Leben und Tod. Dann, so warnt der Prospekt, muss »mit hoher Mortalität gerechnet werden«.

Tod durch Leistungsförderer. Eine unschöne Perspektive.

Tröstlich ist, immerhin: Die geschilderten Symptome lassen schlagartig nach, wenn die Droge abgesetzt wird.

Der Tod ist natürlich unumkehrbar.

So ist häufig mit möglicherweise irreversiblen Nebenwirkungen zu rechnen, wenn Futterzusätze zum Einsatz kommen, die in der Natur eigentlich so nicht vorgesehen sind.

Deshalb suchen die Forscher mit großem Aufwand nach möglichen Schäden. Etwa durch »Biomin IMB 52«. Das ist ein »Enterococcus faecium«, eine Bakterie, wie der Name sagt, aus Fäkalien. Der zur Tierfutterproduktion eingesetzte Stamm »Enterococcus faecium DSM 3530« wurde an einem Wiener Universitätsinstitut einst aus dem Darminhalt eines Kalbes entnommen.

Das zeigt: Auch bei den High-Tech-Futtermitteln kennt die Branche keine Ekelgrenze.

Die Fäkalbazille ist als Wachstumsförderer bei Kälbern seit 2001 zugelassen. Weil der Hersteller sie auch Hühnern vorsetzen wollte – zur Gewichtszunahme, zur Wachstumsbeschleunigung, als Leistungsförderer also –, musste die europäische Lebensmittelsicherheitsagentur EFSA den Stoff prüfen.

Als Versuchstiere wurden über zweitausend Küken eingesetzt, zumeist Eintagsküken vom Typ »Ross 308«. Bis zu 42 Tage mussten die kleinen gelben Knäuel das Futter nehmen.

Schließlich erteilte die EFSA die Zulassung. Es gab keinerlei negative Beobachtungen. Es hat ihnen, glücklicherweise, nicht geschadet.

Ganz ohne Risiko sind diese Fäkalbakterien freilich nicht. Sie können durchaus auch Krankheiten einschleppen, warnte der Tiermediziner Marco Weiß aus München in seiner Doktorarbeit an der Münchner Ludwig-Maximilians-Universität im Jahr 2003.

Er untersuchte die Wirkung von »Enterococcus faecium« auf den Organismus neugeborener Hundewelpen.

Bei Haustieren geht es natürlich nicht um Leistungsförderung und schnelle Gewichtszunahme durch diese Bakterien, den sogenannten Probiotika, schreibt Weiß: »Beim Kleintier stehen keine wirtschaftlichen Faktoren im Vordergrund, hier erscheint der Einsatz von Probiotika hauptsächlich zur Förderung einer gesunden Verdauung, der Steigerung des Wohlbefindens oder einer positiven Beeinflussung des Immunsystems sinnvoll zu sein.«

Es geht höchstens um eine profitable Innovation auf dem Futtermittelmarkt – die Dissertation wurde auch gefördert durch die »H. Wilhelm Schaumann Stiftung«, die gemeinnützige Fördereinrichtung des Futtermittelfabrikanten SCHAUMANN aus dem schleswigholsteinischen Pinneberg (»SCHAUMANN bringt Erfolg im Stall«).

Und die Bakterien könnten vielleicht gewinnbringend eingesetzt werden, so wie andere Bakterien in der Menschennahrung, etwa im Joghurt: »Auch beim Menschen werden Probiotika als gesundheitsfördernder Zusatz in Joghurts und anderen Milchprodukten kommerziell vermarktet. Der Verbraucher nimmt erfahrungsgemäß Innovationen beim Heimtierfutter gut an, wenn diese bereits im Lebensmittelbereich etabliert sind. Der Nachweis positiver Wirkungen von Probiotika beim Heimtier würde somit sicherlich einen neuen, wirtschaftlich interessanten Sektor für die Futtermittelindustrie eröffnen«, freut sich Marco Weiß.

Er macht aber auch auf Risiken und Nebenwirkungen aufmerksam:

»Problematisch« sei die »Anwendungssicherheit von Ec. faecium im Bezug auf die Übertragung von Antibiotikaresistenzen.«

Außerdem könnte der Keim, wenn er ins Hundefutter gemischt werde, auch die Ausbreitung von Krankheitserregern fördern, erst beim Hund, dann beim Menschen. Bestimmte Probiotika des Typs »Enterococcus faecium« machten den Hund zu einem »potentiellen Träger« von »C. jejuni« und zu einer möglichen Quelle der Ansteckung für den Menschen. »Campylobacter jejuni« ist eine gefürchtete Bazille, die zu Bauchschmerzen, Erbrechen, Durchfall und Fieber führen kann.

Weshalb Weiß warnt: »Diese Gefahrenquelle« für Herr und Hund sollte »nicht aus den Augen verloren werden.«

So entstehen durch die Innovationswut der Futterproduzenten und der forschenden Veterinäre auch eine Fülle von völlig neuen Gefahren für die Gesundheit.

Die europäische Behörde für Lebensmittelsicherheit (EFSA) im italienischen Parma kommt kaum nach mit der Überprüfung der neuen Ingredienzen.

Viele sind eigentlich gar nicht wegen ihres eigenen Nährwerts im Einsatz. Sie sind nur Hilfsmittel, um die Tiere gewissermaßen an die Futtermittel anzupassen. Das wäre etwa so, wie wenn die Menschen plötzlich mit Holz gefüttert würden, weil Holz im Überfluss vorhanden ist und viel billiger als Spätzle oder Spinat. Holz ist im Prinzip nichts Schlechtes, nur können die Menschen es nicht verdauen. Wenn man ihnen da ein bisschen helfen würde, mit ein paar Ingredienzen im Holz-Müsli, dann ginge das schon. Schließlich enthält so ein Baum wertvolle Nährstoffe. Und Wälder gibt es ja genug.

So ähnlich ist das beim Tier. Die Tiere bekommen ja auch nicht mehr das, was sie von Natur aus fressen würden. Eicheln und Trüffeln für ein Schwein, Heu und Gras für eine Kuh, diese Zeiten sind vorbei.

Mais und Soja sind die wichtigsten Futterpflanzen. Das ist zwar schön billig für die Agrarier. Aber die Tiere können damit leider nicht so richtig umgehen. Sie werden häufig krank, vor allem im Verdauungstrakt, wo das Zeug ja landet (siehe Kapitel 4). Und sie können offenbar auch die Nährstoffe nicht so recht verwerten.

Und dafür gibt es die neuen Futterzusätze.

Ein Stoff namens »Rovabio PHY AP/LC« beispielsweise. Das ist ein sogenanntes Enzym. Enzyme sind gewissermaßen die Handwerker unter den Chemikalien. Sie hämmern und sägen, spalten und schweißen, und legen so auch Nährstoffe frei, die in dem täglichen Menü enthalten sind.

Weil Enzyme Zellwände zerstören und wertvolle Stoffe freisetzen können, kommen sie beispielsweise auch im Magen-Darm-Trakt zum Einsatz, dort helfen sie bei der Verdauung, machen Vitamine, Mineralien, alle Arten von Nährstoffen für den Körper überhaupt erst verfügbar.

Weil die Schweine und Hühner aber ein Futter vorgesetzt bekommen, mit dem sie offenbar nicht viel anfangen können, werden spezielle Enzyme zugesetzt.

»Rovabio« ist so ein Enzym, das künstlich zugefügt wird. Es soll einen wichtigen Nährstoff aus Soja, Mais, Weizen oder Sonnenblumen herauslösen: Phosphor. Auch »Rovabio PHY AP/LC« wächst nicht auf Bäumen, es wird produziert von einem Kleinstlebewesen. Es heißt »Penicillium funiculosum«. Das klingt nach Penicillin, ist aber gemeinhin eher ein Fall für den Mieterbund: Es ist der Pilz, der für schimmlige Wände in Wohnungen sorgt.

Das sind so die Lebewesen, die die High-Tech-Leckereien für Mensch und Tier produzieren. Bakterien und Pilze. Sie sind die Hauptfiguren der sogenannten Biotechnologie. Weil sie so winzig sind, werden sie in der Öffentlichkeit nicht so recht wahrgenommen. Dabei steigt ihre Bedeutung unaufhaltsam.

Manche wurden jahrelang für ihre Aufgaben dressiert, damit sie schnell und in angemessener Menge produzieren. So eine Bazille, so ein Pilz wurde ja auch nicht für den Fabrikeinsatz geboren.

Manche von ihnen werden allerdings noch mit Hilfe der Gentechnik optimiert.

Das ist nicht ganz einfach, wie das Beispiel »Phytase SP 1002« zeigt. Dieses Enzym wird von der Firma DSM NUTRITIONAL PRODUCTS in Basel hergestellt (früher: HOFFMANN-LA ROCHE) und an Schweine und Geflügel verfüttert.

Als Hersteller für dieses Enzym wählten die Biotechniker eine Bazille vom Typ »Hansenula polymorpha«. Klingt pervers, ist aber als Bazille eher ein vielseitiges Talent. Sie galt als vielversprechend, denn ihre Verwandten hatten sich schon bei der Herstellung von Impfstoffen etwa gegen Hepatitis bleibende Verdienste erworben.

Impfstoff oder Enzym, das ist allerdings zweierlei. Einer, der einen Schrank schreinern kann, muss nicht unbedingt auch begabt für Auto-Elektrik sein. Die Bazille musste also für ihren neuen Beruf aufwendig umgerüstet werden: Aus neunzehn anderen Kleinstlebewesen lösten die Gen-Ingenieure in mühevoller Arbeit einzelne Gensequenzen heraus, fügten sie in die »Hansenula« ein, nahmen schließlich noch Teile von »Escherichia coli« und »Saccharomyces cerevisiae« und vollendeten schließlich ihr Werk.

Die umgerüstete »Hansenula« tat ihre Pflicht, produziert seither emsig die »Phytase SP 1002«, die wird dann im Stall verfüttert und lässt die zukünftigen Grillhähnchen in Rekordzeit anschwellen: Bei der höchsten Phytase-Dosis hatten die Hähnchen nach 36 Tagen 1953 Gramm auf den Rippen, bei der phytaselosen Kontrollgruppe nur 1585.

BASF lässt für die Produktion von »Natuphos®« einen Schimmelpilz schuften, »Aspergillus niger«.

Der kommt ursprünglich aus der Dusche, produziert dort unangenehme schwarze Flecken, ist aber seit Jahrzehnten auch erfolgreich bei der Produktion von Zitronensäure tätig. Die entspricht offenbar seinen natürlichen Talenten, er musste nur durch normale Dressur- und Erziehungsmaßnahmen für die Fabrikarbeit abgerichtet werden.

Für die Enzymproduktion indessen reichten seine natürlichen Begabungen nicht. Da waren bei BASF einige gentechnische Manipulationen nötig. Der optimierte Gen-Schimmel hört dann auch auf den Namen »Aspergillus niger CBS 101.672« (NPH54) und produziert einen Stoff namens »3-phytase«. Ein Enzym, das ebenfalls Phosphor aus der Schweine- und Geflügelnahrung herauslösen soll. BASF hat eine ganze Reihe von solchen Spalter-Chemikalien im Angebot. So ein Enzym habe, wie BASF in einem Prospekt schreibt, »eine ganze Reihe von Vorteilen« für die Geflügelproduzenten und die Mischfutterindustrie: So könne »preiswerteres Getreide in höherem Umfang eingesetzt werden«.

Der Stoff »Natuphos®« komme im Übrigen auch in der freien Natur vor, meinte die EFSA, die im Jahre 2006 über die Sicherheit zu entscheiden hatte, und sei daher unbedenklich.

Nicht ganz so eindeutig war das Sicherheits-Urteil bei einem Neu-Futter, über das die Agentur schon mehrfach befinden musste.

Es handelt sich um ein ganz merkwürdiges Erzeugnis, um ein futuristisches Produkt, das wie eine Ersatznahrung von einem fernen Planeten anmutet. Von einem Planeten, auf dem es keinen Sauerstoff gibt, sondern nur Methangas, und wo grüne Männchen das Gas verwandeln und daraus ihr Essen herstellen. Ein Erdgasschnitzel für die extraterrestrischen Sternenbewohner sozusagen.

Das sollten nun auch die Erdlinge essen und ihre Tiere. Fanden jedenfalls ein paar Holländer und Skandinavier, und sie konstruierten ein völlig neues Mahl.

Das Rezept geht folgendermaßen: Man nehme ein paar Bakterien, die grade zur Hand sind, etwa einen »Methylococcus capsulatus« oder auch den einfachen »Bacillus brevis«, und lasse ein bisschen Erdgas darüberstreichen. Mit Hilfe von einigen weiteren Zutaten hat man schon bald den neuen Nährstoff. Für den es leider einstweilen keinen richtigen Namen, weil es ja auch den Stoff eigentlich nicht gibt. Man nennt ihn darum »Eiweißfermentationserzeugnis«. Es ist so eine Art Fleischersatz, man könnte auch sagen, ein Erdgasschnitzel.

Beim verwendeten Gas sollte man, so raten Fachleute, auf die richtige Mischung achten: 91 Prozent Methan, fünf Prozent Ethan, zwei Prozent Propan, 0,5 Prozent n-Butan. Das klingt alles ein bisschen nach der Mischungsvorschrift für die Camping-Gasflaschen, entstammt aber der entsprechenden Vorschrift aus der Futtermittelverordnung. Für das Tierfutter ist der Erdgas-Fleischersatz nämlich lange schon zugelassen.

Die besonders innovativen Holländer haben sich sogleich ein besonders praktisches Projekt ausgedacht: ein Schiff, das ganz in der Nähe von Ölfeldern herumschwimmt, bei denen Erdgas abgefackelt wird. Das Schiff enthält einen Reaktor, in dem die Erdgas-Fleischproduktion stattfindet, und Tanks, in denen Fische geboren, mit dem Erdgas-Gulasch gefüttert und auch gleich gefangen, getötet und verarbeitet werden.

An der Technologie waren Konzerne wie der Chemie-Multi ICI, die holländisch-britische Ölfirma SHELL, auch der norwegische Ölkonzern STATOIL beteiligt. Ein holländisches Wissenschaftskonsortium, das sich mit Erneuerungsstrategien für ländliche Gebiete und die Landwirtschaft beschäftigt (»Innovation Network Rural Areas and Agricultural Systems«), im holländischen Utrecht hat auch gleich eine »Machbarkeitsstudie« zum Fisch-Schiff gemacht. Ergebnis: teuer, aber machbar.

Mit so einem innovativen Produkt sollte man natürlich nicht bei Fischen stehenbleiben, dachten sich die Erfinder. So wurde gleich eine Pilotanlage an Land gebaut, betrieben von der eigens gegründeten Firma NORFERM im norwegischen Tjeldbergodden. Eine Tochterfirma in Dänemark, DANSK BIOPROTEIN AS widmete sich gleichfalls dem Projekt Gas-Mahl.

NORFERM-Chef Kurt Strand schwärmte schon von den neuen Möglichkeiten, Hamburger und Würstchen aus Gasfleisch herzustellen, und berichtete von ersten Tests mit »gutem Resultat«.

Leider musste die Firma Anfang 2006 schließen. Denn, so sagte der NORFERM-Manager Jan Ellevset auf Anfrage: »Es fehlt an der Zulassung.« Die EU-Nahrungsbehörde EFSA hatte dann doch gesundheitliche Bedenken.

Doch in Dänemark arbeiten sie weiter an der Entwicklung des Erdgasschnitzels.

Und die norwegische Anlage, teilte Manager Ellevset mit, sei »noch intakt«.

Immerhin: Bei der Tiernahrung ist die Entwicklung schon weit fortgeschritten. Nach der EU-Futtermittelverordnung ist das »Eiweißfermentationserzeugnis, das auf Erdgas gezüchtet worden ist«, ausdrücklich zugelassen, nach Angaben der Sicherheitsagentur EFSA wird es auch eingesetzt im Futter für Schweine, Masthähnchen, Katzen – und auch Hunde.

Hunde? Hundefutter mit Gasfleischbrocken?

Tatsächlich wurde das Gasfleisch auf einem Symposion des Futterherstellers Waltham International im Jahr 2001 im kanadischen Vancouver vorgestellt, von zwei norwegischen Forschern. Sie hatten den Erdgas-Gulasch an Hunde verfüttert, die haben das offenbar gut vertragen.

Es müssen nicht nur die völlig innovativen Neu-Nahrungsmittel in den Trog, es kommen auch neu entstehende Abfälle dazu. Schließlich führen die neuen Produktionsmethoden mit dem Bio-Reaktor zu völlig neuen Abfällen – und die sollen, nach bewährtem Muster, wiederum den Tieren zum Fraß vorgeworfen werden. So sind laut Futtermittelverordnung auch »Nebenerzeugnisse« aus der modernen Biotechnologie als Futter zugelassen, etwa »Nebenerzeugnisse aus der Penicillin-Herstellung«.

Während die Avantgarde galoppiert, formiert sich indessen die Gegenbewegung.

Ein Raiffeisen-Futtermittelwerk hat schon umgestellt, auf Futter ohne Bakterienkulturen und Gentechnik. Das Werk, es steht in Würzburg, produziert Futter für die Schweine der Schwäbisch-Hällischen Erzeugergemeinschaft. Die brauchen plötzlich Unmengen Futter, denn sie haben mit dem Food-Giganten Unilever einen Kontrakt geschlossen: Fürs Programm »Du darfst« liefern sie Fleisch vom Deutschen Landschwein, garantiert ohne Gentechnik aufgezogen.

Und auch fürs Haustier wollen immer mehr Leute natürliches Futter.

Manche Hunde bekommen sogar etwas ganz Besonderes: Knochen.

Und manche Frauchen kochen wieder, für Hund und Katze.

13. Leuchtende Augen

Auf der Suche nach dem besseren Futter

Allergisch auf Chemie – was kann Rocky noch fressen? / Warum Teresa mitten in der Nacht auf den Berg hinauf muss / Käse, der glücklich macht / Warnung vor Vitaminen im Übermaß / Die Knochenfresserbewegung breitet sich aus / Was der Gourmet seinem Tier gibt

Für Rocky, einen altdeutsch-belgischen Schäferhund, war das Leben eine einzige Tortur, jahrelang. Er litt an Allergien, hatte empfindliche Haut, häufig Entzündungen, und Juckreiz. Manchmal wälzte er sich deshalb stundenlang im Garten. Er hatte dauernd Durchfall, musste sich erbrechen, jeden Morgen. Und sein Fell war stumpf und schuppig.

Sie schleppten ihn von Tierarzt zu Tierarzt, doch keiner konnte ihm helfen.

Irgendwann merkten sie: Es liegt am Futter.

»Er konnte praktisch kein Industriefutter vertragen. Kein Dosenfutter, kein Flockenfutter, erst recht kein Trockenfutter«, sagt seine Besitzerin.

Jetzt kocht sie selber. Fleischbrocken, zehn Minuten erhitzt. Kartoffeln, »die stampf ich ihm«. Hirse, Möhren. »Alles Bio, außer dem Fleisch. Da ist mir Bio zu teuer.«

Das Resultat spricht für sich. »Das ist ein Unterschied wie Tag und Nacht«, sagt sie: »Seine Augen leuchten klar, sein Fell wächst nach und wird immer länger, er tobt mehr, kann nachts schlafen.«

»Kürzlich erkannte ihn eine andere Hundehalterin kaum wieder, die Rocky längere Zeit nicht wiedergesehen hatte.«

Einige Dosen-Fertigfuttersorten scheint er zu vertragen; Terra Pura beispielsweise, oder Auenland. Das allerdings wird noch aufgewertet, mit Leinöl aus dem Bioladen.

Rockys Besitzerin heißt Tanja, sie wohnt mit ihrem Mann Peter am Stadtrand von Hamburg. Sie hatte zeitweilig eine Internetseite, auf der sie von ihrem allergischen Hund berichtete. Und konnte sich vor Anfragen kaum noch retten. So nahm sie irgendwann die Seite vom Netz, und jetzt möchte sie auch ihren Namen nicht mehr publik machen.

Seit sich Allergien und andere ernährungsbedingte Krankheiten häufen bei Haustieren, suchen viele Halter nach Alternativen im Fressnapf.

Das Ernährungsbewusstsein ist gestiegen, bei der Nahrung für die Menschen, und auch beim Futter fürs Tier. Die Tierfreunde, denen Hund oder Katz als Lebenspartner lieb geworden sind, beobachten den Gesundheitszustand und das Wohlbefinden ihrer vierbeinigen Freunde mit großer Aufmerksamkeit – und wollen auch nur das Beste im Fressnapf.

Und selbst das Futter der Nutztiere genießt eine wachsende Wertschätzung, sogar bei Städtern. Was früher keinen gekümmert hat, wird jetzt zum Gegenstand öffentlicher Aufmerksamkeit, zum Fall für die Forschung, ja für teure Werbekampagnen. In Deutschland, in den Vereinigten Staaten von Amerika, in der Schweiz.

Je mehr bekannt wird über die Zusammensetzung des Futters, je mehr Skandale ums Tierfutter kreisen, desto mehr machen sich die Menschen auf die Suche nach Alternativen. Das kann aus Tierliebe geschehen, weil Hundebesitzer und Katzenliebhaber für ihre vierbeinigen Freunde wirklich nur das Beste wollen. Es kann aber auch aus Sorge um das eigene Wohlbefinden sein. Weil die Menschen merken, dass das, was die Nutztiere bekommen, auch Folgen für die eigene, die menschliche Gesundheit hat.

Wenn die Kuh glücklich ist, freut sich der Mensch. Denn das, was die glücklichen Kühe produzieren, macht auch die Menschen glücklicher.

Und deshalb muss Teresa nachts noch hinauf auf den Berg.

Tobias, dreizehn, im blauen Overall, ermuntert mit dem Stecken zum Aufstieg: »Hoi, hoi, hoi.« Teresa trottet am Misthaufen vorbei gemächlich bergan. Und alle anderen Kühe mit ihr, Sara und Sidonia, Ornella und Orange, Noela und Reinerle, hinauf aufs Walighürli hoch droben auf 2000 zweitausend Meter Höhe. Hin und wieder lassen die Kühe etwas fallen.

Kalt wird es und dunkel. Und auch wenn dann der Mond aufgeht, legt sich nur ein mattes Leuchten auf die Wiesen. Zu sehen ist nicht viel, nur Silhouetten von den Bäumen rund um die Alm »Hintere Walig«, hoch überm mondänen Schweizer Alpendorf Gstaad.

Überall aber tönt das Gebimmel von Kuhglocken.

Die Alp ist eine hölzerne Hütte, mit rotem Wellblech gedeckt. Ein Toyota Pickup steht davor, in der Garage spielen die Buben Bauernhof, mit Spielzeugtraktoren und echtem Gras, und in der Küche decken die Mädchen den Tisch mit dem weiß-rot-karierten Wachstuch. Eine Straße führt hier nicht herauf, nur ein steiler Feldweg, der selbst für Allradfahrzeuge eine Herausforderung ist. Ein Kofferradio in der Küche spielt alpine Volksmusik und amerikanische Schlager. Einen Fernseher gibt es nicht.

Das wirkt wie Folklore. Doch es hat auch Vorteile: Zum einen schmeckt der Käse prima, im ersten Jahr zart, im vierten Jahr hart wie Parmesan. Und: Er ist auch gesünder. Denn der Käse vom Berg enthält mehr von den sogenannten »Omega-3-Fetten«.

Die sind gut für Herz und Kreislauf, auch für die Knochen und die Augen, vor allem aber auch fürs Gehirn, für die Intelligenz, ja sogar für Verhalten und Psyche. Ein Mangel an diesen Fetten befördert die Alzheimer-Krankheit, die Hyperaktivität bei Kindern, ja sogar den Autismus. Wenn mehr von diesen Fetten verzehrt werden würde, wären die Menschen glücklicher, glaubt Andrew Stoll, Professor an der Harvard Medical School im US-Bundesstaat Massachusetts. »Ein erhöhter Omega-3-Anteil in unserer Ernährung könnte bewirken, dass Depressionen und andere psychische Erkrankungen seltener vorkommen.«

Mittlerweile hapert es mit der Omega-3-Versorgung. Der Verzehr ist nach Schätzungen von Wissenschaftlern in den westlichen Ländern rückläufig, achtzig Prozent der Amerikaner sollen schon unter Omega-3-Mangel leiden.

Schuld daran ist das »Agribusiness«, meint Artemis P. Simopoulos, Präsidentin des »Zentrums für Genetik, Ernährung und Gesundheit« in Washington D. C.: »Die moderne Landwirtschaft mit ihrem

Schwerpunkt auf den Produktionsmengen hat den Omega-3-Gehalt in vielen Lebensmitteln vermindert.« Das gilt für Fleisch, Milch, Eier und Geflügel, ja sogar Fisch aus Aquakulturen.

Und auch die Nahrungsindustrie hat kein Interesse an den feinen Fetten: Denn die sind zwart überaus gesund, aber auch sehr fein und sensibel und nicht sehr lange haltbar. »Solches Fett ist für die Herstellung von Dauerwurstwaren wie zum Beispiel Salami, aber auch für die Herstellung lang haltbarer küchenfertiger Produkte ungeeignet«, konstatierte die *Neue Zürcher Zeitung* in einem Bericht über eine landwirtschaftliche Fachtagung. Da kann ein Lebensmittel noch so gesund sein: Der Industrie ist das schnuppe. In der Welt der Supermärkte und globalen Nahrungsströme gibt es kein wichtigeres Kriterium als die Haltbarkeit. Und dann kommt der Preis.

Und beim Futter fürs Vieh kommt es in erster Linie auf den Preis und die Leistung an: Milchmenge, Eierproduktion, Fleischmenge.

Daher bekommen die Kühe auch kein Heu oder Gras, sondern Kraftfutter mit Getreide. Das erhöht nicht nur die Ausbreitungsrate gefährlicher Krankheitserreger (siehe Kapitel 8), sondern senkt auch den Gehalt an wertvollen Omega-3-Fetten.

Das Futter auf den Bergen sorgt für höhere Werte – doch auch Kühe im Tal können besser abschneiden, wenn sie artgerechtes Futter bekommen: Heu und Gras. So kam bei einer Untersuchung der Universität Kassel im Auftrag von GREENPEACE zwar die Öko-Milch der Bergbauern aus dem Berchtesgadener Land auf den Spitzenplatz, mit 12,06 Milligramm pro Gramm, doch die zweitplatzierte Milch lag mit 11,69 Milligramm pro Gramm nur knapp dahinter, und sie kam aus einer Gegend, die so flach ist, dass es flacher kaum geht: Sie kam von der »GLÄSERNEN MEIEREI ROSTOCK«, von den Gestaden der Ostsee. Am unteren Ende der Skala lagen die Ost-Milch CAMPINA ELSTERWERDA mit 6,3 Milligramm und das Schlusslicht ALLGÄUER ALPENMILCH Marke BÄRENMARKE mit 5,86.

Das Thema in der Fachwelt publik gemacht hatte eine Ärztin aus Gstaad: Christa Hauswirth. Sie hatte in der Zeitschrift *Circulation*, dem renommierten Organ der »American Heart Association«, einen Aufsatz publiziert. Und auf einem Kongress in Genf hielt sie darüber einen Vortrag: Titel: »Ist Schweizer Alpenkäse Functional Food?«

Jetzt ist klar: Käse ist Functional Food, wenn er von Kühen stammt, die artgerecht ernährt werden.

Functional Food – das sind eigentlich jene neuartigen Produkte aus den Labors, mit denen Pharmafirmen und Food-Konzerne Umsatz und Gewinne steigern möchten: Nahrung mit gesundheitlichem Zusatznutzen, chemisch verstärkt. Bei der Menschennahrung gilt das als großer Erfolg.

Damit versuchen jetzt auch die Tierfutterfirmen zu punkten.

Die Futterkonzerne überbieten sich mit immer neueren Kreationen für jedes Tier, für die jungen und die alten Hunde, für Dicke und für Diabetiker, für die Sehkraft und für die Seele.

»Lifecycle-Produkte« nennen die Marketingmanager solche Lebensabschnittskost. Von der Firma GRAU gibt es sogar altersgerechte Kroketten: Welpenkroketten und Seniorenkroketten. Und dann gibt es noch die Spezialnahrung für Krankheiten und Gebrechen aller Art.

NESTLÉ PURINA etwa bietet »PRO PLAN SENSITIVE MIT LACHS UND REIS« an für »Hunde mit empfindlicher Haut«. Die GAC TRINKGELATINE MIT BIOTIN reiche man »bei chronischen Beschwerden wie Arthrose«.

Kaum vorstellbar, wie Katzen früher ohne WHISKAS »ANTI-HAIRBALL« ausgekommen sind. Das soll verhindern, dass sich geleckte Katzenhaare im Darm verkleben und zu Verdauungsstörungen führen. Ähnliche Produkte haben auch ROYAL CANIN und HILL'S im Angebot.

Bisquit statt Brille: »SOLID GOLD DYNA BONE« des kalifornischen Herstellers SOLID GOLD ist ein »Bisquit zur Verbesserung der Sehkraft«. Es enthält unter anderem Blaubeeren, Preiselbeeren, Bockshornklee, Tomaten, Ingwer, Grüntee, Vanille und dazu Dinge wie Lutein und Rutein.

Nahrung für Herz und Seele: »CDVET HERZ-AGIL« stärkt das Hundeherz, ein Zusatz namens »PURGERBE« von der Firma NATURKRAFT sorgt für allgemeine »innere Reinigung«.

»BELCANDO HUNDENAHRUNG« enthält einen »Yucca-Extrakt« – damit das Tier, so der Prospekt, kein »Tönchen« abgibt. »Dieser Effekt kann durch das Yucca-Extrakt in BELCANDO-Hundenahrung auf natürliche Weise wirksam abgepuffert werden.«

Da der Hund heute unter einer gewissen emotionalen Belastung steht, kann er auch Nervennahrung gut brauchen: den Futterzusatz »Relaxan« etwa von CP Pharma in Burgdorf bei Hannover. Relaxan hilft dem empfindsamen Hund, so die Werbeschrift, in besonders belastenden Situationen. Etwa wenn das Tier allein in der Wohnung bleiben muss. Und auch »vor langen Autofahrten, bei Tierarztbesuchen und Feuerwerk ist Relaxan eine große Hilfe«.

Wenn dem armen Tier dann das ganze Nahrungsangebot zum Hals heraushängt, kann Herrchen Appetitlosigkeit und Unlust einfach per Spray beheben: das »GAC Gourmet Spray« ist ein »natürlicher Appetitanreger, der verhindert, dass regelmäßig Futterreste übrig bleiben und weggeworfen werden. Das spart Futter und damit bares Geld.«

Die Tierfreunde sind sehr angetan von solchem Futter, und fest überzeugt, dass es hilft. Immerhin zehn Prozent der Tierhalter, so das Hill's-Handbuch der Klinischen Diätetik, setzen Zusätze mit Vitaminen oder Mineralstoffen wie Kalcium, Phosphor, Natrium, Kalium, Eisen oder Zink ein.

Für die Futterproduzenten ist der Zusatz von Vitaminen und Mineralstoffen ein wichtiges Verkaufsargument, nicht nur bei den Spezialprodukten mit dem angeblichen gesundheitlichen Zusatznutzen, sondern auch beim ganz normalen Futter. Kein Futter, das nicht Vitamine enthält: »Allen kommerziell erhältlichen Kleintierfuttern werden Vitamine zugesetzt.«

Damit wächst die Gefahr für den Vitamin-Overkill. Die flächendeckende Vitaminisierung droht zu einem neuen Gesundheitsrisiko für die Haustiere zu werden.

Denn auch bei den Nährstoffen kann eine Überdosis der Gesundheit schaden. Beim Menschen wie beim Tier. Die Regierungen von Norwegen und Dänemark haben daher den Verkauf nährstoffverstärkter Produkte für Menschen, etwa Frühstücksflocken von Kellogg's, schon eingeschränkt.

Und auch bei Tierexperten wächst der Verdacht, dass die gutgemeinten Extraportionen der Gesundheit eher schaden könnten.

»Warnen« will zum Beispiel der Tierheilpraktiker Wolfgang Ransleben, ehemaliger Präsident des »Deutschen Teckelklubs«, »vor

Übervitaminisierung und Übermineralisierung«, weil diese »erhebliche Schäden am Skelett oder an den Organen hervorrufen können«, wie er im Magazin *Hunde Welt* schrieb.

»Zu viel des Guten«, so auch die Zeitschrift *Öko-Test* im Jahre 2003, sei häufig im Katzenfutter drin. Vor allem Vitamin A war in einigen Fällen »völlig überdosiert«.

Bei »FUNNY CAT MIT GEFLÜGEL«, bei »O' LACY'S SAFTIGES SCHLEMMERMENÜ MIT GEFLÜGEL« und bei »VITAKRAFT LECKERBISSEN MIT GEFLÜGEL« war sogar der Grenzwert des Herstellerverbandes überschritten.

Schon durch eine geringe Überdosis an Vitamin A könnten die Knochen zerbrechlich werden, fand das Stockholmer »Karolinska Institut« in einer 2006 veröffentlichten Studie heraus. Die schwedische Forschergruppe hatte ins Rattenfutter leicht überhöhte Mengen an Vitamin A gemixt – und festgestellt, dass Knochen dadurch »fragil« werden.

Die Hersteller der Zusätze sind, was nicht überrascht, von der Unschädlichkeit ihrer Erzeugnisse überzeugt.

Bei Vitamin K beispielsweise. »Negative Auswirkungen wurden bisher nicht festgestellt«, behauptet die »Arbeitsgemeinschaft für Wirkstoffe in der Tierernährung«, in der die großen Zusatzstoffproduzenten zusammengeschlossen sind, wie BASF, LOHMANN ANIMAL HEALTH, der RAIFFEISEN-Futterzusatzproduzent AGRAVIS oder auch DSM im südbadischen Grenzach-Wyhlen, der ehemalige ROCHE-Vitaminbetrieb.

Das Fazit der Lobby: Vitamin K3 sei »sicher und zuverlässig«.

Doch zu viel Vitamin K kann auch zu Knochenschwäche führen. Dies zeigte jedenfalls eine japanische Studie von 1999.

Es kommt immer auf die richtige Dosis an: So gilt zwar Vitamin K gilt als bewährtes Mittel gegen die Knochenschwäche Osteoporose – doch Überdosierung kann just zu Knochenschwäche führen. Die Japaner fanden heraus: Je höher die Vitamin-K-Aufnahme, desto häufiger trat Osteoporose auf.

Eine schon 1989 veröffentlichte Untersuchung der »Cornell University« in Ithaca im US-Bundesstaat New York ergab, dass normale kommerzielle Nahrung »mehr als angemessene Mengen aller essentiellen Nährstoffe enthält, die Katzen und Hunde brauchen«. Unter normalen Umständen sei es deshalb »völlig unnötig«, den Tieren noch zusätzlich Proteine, Energie, Fettsäuren, Vitamine oder Mineralstoffe zu geben.

Überhöhte Extra-Gaben seien daher »nicht nur unnötig, sondern sogar gefährlich« und könnten »zu ernsten – und manchmal tödlichen – klinischen Konsequenzen« führen, meint Francis Kallfelz von der Cornell-Universität.

Mittlerweile warnen sogar die Experten im Sold der Futterkonzerne vor Überversorgung, etwa beim Knochenmineral Kalzium. Selbst das HILL's-Kleintierhandbuch warnt vor »Gefahren beim Verfüttern von Kalziumsupplementen an Hunde« – weil sie das »Risiko für Entwicklungsstörungen des Skeletts erhöhen« könnten.

Tatsächlich enthalten viele Futterpackungen eine Überdosis Kalzium, stellte die STIFTUNG WARENTEST in Heft 9/2006 fest. »Wie unser Test zeigt, kann der Griff zur falschen Tüte fatale Folgen haben. Das gilt vor allem dann, wenn zuhause ein Hund im zarten Welpenalter auf das Futter wartet. Der kleine Liebling bekommt dann unter Umständen eine Überdosis Kalzium – mit dem Risiko gesundheitlicher Schäden vor allem beim Knochenwachstum. Ist zu viel Kalzium im Futter, können vor allem bei Welpen großwüchsiger Rassen Skelettschäden entstehen, die im Extremfall dazu führen, dass sie eingeschläfert werden müssen.«

Manche Futterpackungen, stellte die STIFTUNG WARENTEST fest, enthalten zu viele Vitamine, andere zu wenig. Vor allem wenn man das falsche »Alleinfutter« nimmt, können dauerhafte Schäden die Folge sein. Denn dann kann das Tier nicht selbst einen Ausgleich schaffen – indem es vom einen mehr und vom anderen wenig nimmt.

Es ist für die Produzenten allerdings auch nicht leicht, die Nährstoffmenge richtig zu dosieren.

Dies zeigte sich bei einer Gruppe von Chamäleons, die aus ungeklärten Gründen zum Forschungsgegenstand von Wissenschaftlern wurden. Sie litten nach den Erkenntnissen der Forscher an Übervitaminisierung mit Vitamin A. Nun versuchten die Experten, die Rezepturen für die Futterrationen neu zu definieren, mit einer angemessenen Vitaminmenge. Doch nun litten die Chamäleons plötzlich an Unterversorgung, wie aus der Untersuchung hervorgeht, die im Jahre 2003 veröffentlicht wurde.

Der Fall zeigt, dass es auch für erfahrene Forscher schwer ist, sich in so ein Chamäleon hineinzuversetzen. Das ist auch kein Wunder, denn die äußerst wandlungsfähigen Tiere fressen normalerweise Sachen wie Raupen und Zikaden, Heuschrecken, auch Mehlwürmer und Kakerlaken, Erdwürmer und auch kleine Mäuse.

Dem Chamäleon gelingt es offenbar spielend, daraus den optimalen Nährstoffmix zusammenzustellen. Für Menschen aber ist es äußerst schwer, diese Mixtur mit Labormitteln nachzukomponieren.

Besser könnte es da sein, die natürlichen Regulationsmechanismen zu nutzen und dem Tier einfach das Futter zu geben, das die Natur vorsieht. Es kann sich dann durch instinktive Wahl selbst mit der idealen Kombination an Vitaminen, Mineralien, Proteinen, Kohlenhydraten versorgen.

Unter den Tierhaltern kommen daher neue Fütterungsformen in Mode, die wieder natürliche Fressgewohnheiten so weit wie möglich berücksichtigen.

Etwa die sogenannte »BARF«-Bewegung.

BARF bedeutet, im deutschen Sprachgebrauch: »Biologisch Artgerechtes Rohes Futter«.

Eigentlich war BARF als Schimpfwort gedacht, formuliert von der Amerikanerin Debbie Tripp. Sie wollte die Leute ein bisschen verspotten, die ihre Hunde mit rohem Futter traktierten. Weil es offenbar Leute mit Hang zu Spintisiererei waren, nannte sie sie »Wiedergeborene Rohfütterer«, »Born Again Raw Feeders«, abgekürzt: BARF.

Dann allerdings stellte sie fest, dass diese Methode so abwegig nicht sein muss, dass die Tiere damit vielleicht sogar artgerechter ernährt werden können.

So wandelte sich die Bedeutung des Kürzels: BARF bedeutet nun: »Biologically Appropriate Raw Feed«, »biologisch angemessenes Rohfutter«.

Die Grundsätze der BARF-Bewegung: Artgerechtes Fleisch, roh verfüttert. Keine Konservierungsstoffe und andere Chemikalien.

In der verfeinerten Version werden die Bestandteile der BARF-Diät bei unterschiedlichen Mahlzeiten verabreicht, einmal die fleischigen Knochen, zu anderen Zeiten das Gemüse.

So hätten es die Ahnen der heutigen Hunde gehalten, meint jedenfalls der berühmte amerikanische Wolfsforscher Dr. David Mech, der an der Universität von Minnesota lehrt. Wölfe, so hat er herausgefunden, fressen verschiedene Teile ihrer Beute zu verschiedenen Zeiten. Vermutlich sei so für die beste Verwertung der verschiedenen Nahrungsbestandteile gesorgt.

Tierische Trennkost: Dafür müssten heute die Menschen sorgen, weil sich der Hund selbst an sein wölfisches Wesen nicht mehr recht erinnert und, wenn man beides zusammen in den Napf legte, sich über das Fleisch hermachen würde und das Gemüse liegenließe.

Mit dem neuen Trend zur Rohkost kommt auch ein Klassiker der Hundenahrung zu neuen Ehren, der in jüngerer Zeit nur noch in Witz-Zeichnungen und kulinarischen Klischees ein Reservat fand: der Knochen.

Jetzt gibt es sogar eine Knochen-Bibel, 1993 veröffentlicht vom australischen BARF-Pionier und Tierarzt Ian Billinghurst. Sein Buch »Give Your Dog a Bone« (»Gib deinem Hund einen Knochen«) wurde zum Leitmedium der Knochenfresserbewegung.

Dass Hunde Knochen fressen, ist eigentlich normal, es ist nur mittlerweile ebenso in Vergessenheit geraten wie der Umstand, dass Rinder eigentlich Gras fresen.

Dabei sind Knochen wahre Wunderorgane. Das wissen Feinschmecker schon lange, denn sie kochen Knochen stundenlang – als Basis für feine Saucen, die sogenannten Fonds. Dass sie auch quasi kosmetisches Mittel sind, zeigt sich an der »Kollagen-Diät«, die neuerdings in Japan und anderswo Furore macht – und gegen Falten helfen soll.

Kollagen ist ein wichtiger Knochenbestandteil mit wundersam anmutenden Fähigkeiten. Die Kollagenfasern sind unvorstellbar stabil, sie können Gewichte bis zum zehntausendfachen ihres Eigengewichts halten. Wenn ein Siebzig-Kilo-Mensch also aus Kollagen bestünde, könnte er 700 Tonnen halten – und im Zirkus auftreten, als stabilster Mensch der Welt: Mit den Händen an einem Trapez, und unten an den Beinen 606 Mittelklassewagen vom Typ Golf (Leergewicht pro Wagen: 1155 Kilogramm).

Was den Knochen den Geschmack gibt, sind darüber hinaus unüberschaubar viele Substanzen, darunter Calcium, Phosphor und viele andere.

Der Hund kann Knochen knabbern und so all diese Bestandteile nutzen, die der Mensch mühsam herauskochen muss.

Die Knochenfresserbewegung breitet sich aus. Immer mehr Hunde kehren wieder zu der klassischen Knabberware zurück. In Großbritannien gibt es schon eine »Vereinigung der Fleischknochenfreunde im Vereinigten Königreich« (»United Kingdom Raw Meaty Bones«, abgekürzt UKRMB). 2001 erschien das Buch zur Bewegung: »Raw Meaty Bones«, »Rohe Fleischknochen«. Die Anhänger dieser Bewegung sind nicht nur Freunde des Knochens, sondern auch Gegner von Dosenfutter; sie glauben, dass industriell hergestelltes Futter für viele unter Haustieren grassierende Krankheiten verantwortlich ist.

Mit der Rückkehr zum Rohen und zu Klassikern wie den Knochen kommt auch wieder ein Futter zu Ehren, das die Fertigfutterkäufer bisher verschmähten.

Was das ist? »Es heißt da grüner Pansen und stinkt«, schreibt das Autorenduo Heiko Gebhardt und Gert Haucke in dem Buch »Die Sache mit dem Hund«.

Schwärmen Gebhardt und Haucke: »Etwas Besseres können Sie Ihrem Hund nicht bieten.« Grüner Pansen, das ist Magen vom Rind mit halbverdauter Nahrung drin, auch mit den Bakterien, die dem Rind beim Verdauen behilflich waren. Pansen ist offenbar so etwas wie das natürliche Wunderfutter für den Hund. »Eine wertvollere Nahrung für Ihren Hund als dieses unbehandelte Stinkezeug gibt es nicht.«

Heute muss niemand heimlich an der Hintertür beim Metzger ein Säckchen holen, heute gibt es sogar solch Stinkezeug tiefgefroren im Internet, vom »Pansen-Express« (www.pansen-express.de). Die kleine Firma aus dem schleswig-holsteinischen Ellingstedt verschickt neben Pansen auch Spezialitäten wie Maulfleisch oder Schlundfleisch (»beugt Lahmheiten vor«).

Die Rückkehr des Rohen ist für die Tierfutterindustrie natürlich eine ernste Bedrohung. Schließlich kann der Hund ohne Chappi leben, Chappi aber nicht ohne Hund.

So mehren sich in jüngerer Zeit besorgte Stimmen, die auf die Gesundheitsrisiken durch Rohes und einfache Schlachtnebenprodukte aufmerksam machen.

Vor allem bei Katzen rät »Hill's Buch zur Klinischen Diätetik für Kleintiere« streng von Rohfleisch ab. »Wenn es nicht mit Vitaminen und Nährstoffen ergänzt wird, ist rohes Fleisch zur Ernährung unausgewogen« und könne einen ernährungsbedingten Jodmangel hervorrufen. Ausdrücklich warnt das Buch vor »Hyperparathyreoidismus« (Schilddrüsenüberfunktion).

Seltsam nur, dass Löwen und Luchse und Tiger, die ja vorwiegend von erjagtem Fleisch leben, nicht an Hyperparathyreoidismus leiden.

Doch damit nicht genug. Naturnahrung hat noch weitere gefährliche Folgen, glaubt man den Konzern-Experten. Zu den möglichen Risiken zählt zum Beispiel auch Übervitaminisierung. Darauf macht nicht nur das Hill's-Handbuch, sondern auch die amerikanische Überwachungsbehörde FDA aufmerksam: »Wenn Leber als Hauptbestandteil verabreicht wird, kann es zu einer Vitamin-A-Vergiftung kommen.«

Hill's ist verständlicherweise nicht so begeistert über »hausgemachte Futterrationen«. Denn, so das Handbuch: »Im Hinblick auf die Versorgung mit Mineralstoffen ist ein hausgemachtes Futter per se so gut wie nie ausreichend.« Hinzu kommt, dass die Halter dann auch noch nachlässig werden: »So ist das Weglassen der Vitamin-Mineralstoffpräparate einer der häufigsten Fehler.«

Kurz und gut: »Die meisten kommerziellen Futtermittel sind praktischer in der Handhabung, weniger teuer und ausgewogener im Hinblick auf die Nährstoffzusammensetzung.«

Hill's sieht es daher auch als seine Pflicht an, die Tierärzte auch auf die Risiken hinzuweisen, die daraus erwachsen können.

»Lethargie und Erbrechen« wurden bei drei Katzen beobachtet, deren Besitzer beschlossen hatte, »seine Katzen nicht länger mit kommerziell hergestelltem Katzenfutter zu füttern.«

Ein anderer Fall: »Rückenprobleme und Schwäche bei einem

Springer Spaniel«. Auch dessen Besitzer war »nicht gewillt, ein kommerziell hergestelltes Futter für seinen Hund zu verwenden«.

Und: »Weicher Kot bei einem jungen Riesenschnauzer«. Das Futter bestand aus »nicht näher bekannten Anteilen an rohem Fleisch, Leber, Eier, gekochtem braunem Reis, einigen Gemüsesorten und etwa 100 Gramm an verschiedenen Ergänzungsmitteln«. Kaum dass der Hund wieder handelsübliche Industrieware bekam, ein Diät-Trockenfutter, wurde alles gut: »Zwei Wochen später war der Stuhl des Hundes normal.«

Auch hierzulande grassiert der BARF-Trend, und auch hier waltet Skepsis: »Die BARF-Fütterung ist unter hygienischen Aspekten kritisch zu betrachten«, schrieb Tierärztin Susanne Mück in der Zeitschrift *Der Hund*.

Zwar sei es »ohne weiteres möglich, Hunde mit selbst zusammengestellten Rationen ausgewogen zu füttern«, meinte Veterinärin Mück. Allerdings bestehte »immer eine gewisse Gefahr der Unterversorgung an Nähr- und Mineralstoffen und Vitaminen«.

Beispielsweise drohe »Kalziummangel«.

Durch Knochen, darauf weist sie auch hin, könne natürlich Mineralstoffmangel vorgebeugt werden. Jedoch: Wenn der Hund Knochen bekommt, drohe »die Entstehung von schweren Verstopfungen (sogenannter Knochenkot)«.

Zudem sei »rohes Fleisch«, so warnte Mück, »immer ein potentieller Träger pathogener Bakterien«.

Nun arbeitet Tierärztin Mück zusammen mit Professor Jürgen Zentek, der ein ausgewiesener Unterstützer industriellen Tierfutters ist (siehe Kapitel 10), mit ihm veröffentlichte sie wissenschaftliche Artikel. Man könnte sie daher für eine Befürworterin des Dosenfutters halten.

Die bakterielle Gefahr wird jedoch auch von anderen gesehen: Schon im Jahre 2002 stellte eine kanadischen Studie fest, dass bei rohem Geflügelfleisch achtzig Prozent der BARF-Proben Salmonellen enthielten, sie fanden sich bei dreißig Prozent der BARF-Hunde sogar noch im Kot.

»Hunde, die rohes Huhn bekommen, können zu einer Quelle von Umwelt-Kontamination werden«, folgerten die Kanadier.

Und nicht nur Huhn ist bakteriell befallen: Im Jahr 2005 musste in den USA Tierfutter aus »100 %« Rindfleisch zurückgerufen werden wegen möglicher Salmonellenkontamination.

Die amerikanische Überwachungsbehörde FDA hat im Jahre 2004 Richtlinien herausgegeben für den Umgang mit der Rohware. Sie machte auf Risiken durch bakterielle Kontamination aufmerksam.

Da die Bakterienkontamination vor allem ein Problem der industrialisierten Fleischwirtschaft ist (siehe Kapitel 8), und es in den USA kaum anders produziertes Fleisch gibt, sind selbst Kritiker des kommerziellen Futters wie die US-Autorin Ann N. Martin nicht immer fürs Rohe. Sie füttert vorsichtshalber gekochte Menüs an ihre Hunde, allerdings hausgemacht: »Ich koche das Fleisch immer für meine Burschen.« Sie hat ihre Gründe – vor allem eine gesunde Skepsis gegenüber den Erzeugnissen der US-Fleischindustrie: »Weil ich alle Aspekte der Fleischindustrie recherchiert habe, inklusive die Bedingungen in einigen Schlachthäusern.«

So scheint auch unter den Alternativköstlern kein Dogma vorzuherrschen, sich eher der Trend zum Vielseitigen durchzusetzen. Der Rest, so scheint es, kann dem Hund selbst überlassen werden.

Sicher ist: Es scheint ein wachsendes Unbehagen zu geben am Kommerzfutter aus Säcken und Dosen. Und es wird nicht gemildert durch das Wissen um den wahren Inhalt, den Abfallcharakter mancher Bestandteile in handelsüblicher Tiernahrung, die Chemikalien, mit denen alles haltbar, ansehnlich und eingermaßen genießbar gemacht wird.

Dabei gibt es durchaus Qualitätsunterschiede zwischen den einzelnen Produkten, die allerdings nur schwer zu erkennen sind, da die Werbung trügerisch ist und auch die Etiketten nicht ehrlich sind, weil zum Beispiel die Verwendung von Mitteln zur Geschmacksverbesserung auf dem Etikett nicht angegeben werden darf (siehe Kapitel 7). Herrchen und Frauchen wissen also nicht, ob da übelriechende Abfälle mit den Mitteln der Chemie geschönt wurden.

Orientierung können bisweilen die Tests in Verbraucherzeitschriften geben. Misstrauische Käufer fragen beim Hersteller ihres Vertrauens nach der Verwendung von Aroma-Chemikalien, auch »natürlichen« Aromen, Geschmacksverstärkern wie etwa Glutamat, oder Süßstoffen. All das kann dazu dienen, üble Düfte und Geschmäcker zu »maskieren«.

Leider ist die Auskunftsfreude der Hersteller mitunter begrenzt. Sie mögen ungern ihre Lieferanten bekanntgeben, und schon gar nicht ihre Rezepturen. Futterfabriken neigen dazu, so etwas als Betriebsgeheimnis zu betrachten.

Auf der Suche nach Alternativen neigen manche Tierfreunde daher zu radikalen Lösungen: Zurück zur Natur. Doch was ist natürlich bei Haustieren, die seit Tausenden von Jahren keinen näheren Kontakt zur Wildnis hatten, näher am Menschen sind als am Urwald? In der freien Wildbahn kämen heutige Haustiere nicht mehr zurecht – es sei denn, sie würden wieder verwildern.

Viele Tierhalter neigen daher zu pragmatischen Lösungen. Ein bisschen Rohfutter. Klassiker wie Knochen. Vergessenes wie Pansen. Manchmal auch kochen. Und mitunter das, was übrig bleibt vom Mahl der Menschen. Und dann und wann mal Fertigfutter, von der besseren Sorte.

Merlin ist ein Belgischer Schäferhund, fünf Jahre alt. Ein sanftmütiges Wesen, das zwar bellt, wenn sich Fremde dem Haus nähern, aber ansonsten sehr friedfertig ist. Er lebt am Bodensee.

In seinem Edelstahl-Napf im Garten befindet sich heute: eine Dose »Koppa« von Aldi. »Saftige Stücke mit Rind + natürliche Ballaststoffe«. Sie enthält: »Fleisch und tierische Nebenerzeugnisse (mindestens 4 % vom Rind), Getreide, Mineralstoffe, Zucker«.

Außerdem im Napf: »Romeo Pastete mit Lachs auf Aspik mit Ente«.

Mit »Activit«. Auch von Aldi.

Auch das enthält Fleisch und tierische Nebenerzeugnisse, dazu Fisch und Fischnebenerzeugnisse, dann pflanzliche Nebenerzeugnisse, darunter etwas namens »Inulin«, »mind. 0,4 %«, Zucker und ein paar Vitamine.

Im Napf daneben hat Merlin noch was Leckeres zur Auswahl: »OptiDog Paté«. Für die »Optimale Hundeernährung«. Von Lidl. »Mit 5 Sorten Fleisch«.

Merlin knabbert ein bisschen an Romeo und OptiDog.

Dann lässt er es stehen.

Koppa von Aldi rührt er gleich gar nicht an.

Der Vater sagt: »Der isst nur Rinti oder Selbstgekochtes.«

Rinti ist eine Dosenfutterfirma mit hohem Qualitätsanspruch, die Zusatzstoffe im Dosenfutter ablehnt.

Sohn Konstantin sagt: »Unser Hund ist ein Feinschmecker.«

Hohe Ansprüche scheint Hund Merlin dabei nicht zu haben, glaubt man

Tochter Josefine:

»Was er roh isst, sind Paprika, Kirschen, auch Brot mit Butter. Und der isst noch Nüsse, die knackt er sich selber aus der Schale.«

Ein bis zweimal die Woche kocht Mutter Margarita Kaufmann: »Hackfleisch, das wird ein bisschen mit Öl und Zwiebeln angebraten, Karotten, Petersilie oder so. Und dann frischen Reis dazu.«

Grünen Pansen mag er auch.

Und er kriegt Suppenknochen.

An den kleinen Packungen von Aldi und Lidl hat er kurz geschnuppert. Die große Dose von Aldi hat er komplett stehenlassen. Sie steht auch am nächsten Morgen noch völlig unangetastet. Obwohl er eigentlich ziemlich Hunger hat.

So sieht heute ein Hundeleben aus, wenn der Hund Glück hat. Er weiß ja, dass es noch etwas anderes gibt, und muss das Billigfutter nicht fressen.

So ähnlich ist das offenbar auch bei Hund Kinky. Dessen Herrchen heißt Peter Ploog, und Herr Ploog hat sogar von seinem Hund etwas gelernt: »Ich habe von Kinky gelernt, dass man dem Hang zum Allesfressen nur durch Qualität und Frische beikommen kann.«

Dabei ist auch Kinky nicht besonders anspruchsvoll, glaubt man Herrchen Ploog: »Das muss nicht luxuriös sein, nicht Filetsteak und Austern. Nein, nur frisch und solide muss es sein, und schon verweigert Kinky sogar die Aufnahme von Bio-Dosenfutter, knabbert er fröhlich seine Bio-Möhre.«

Peter Ploog war einmal Chefredakteur der Zeitschrift *Essen + Trinken*, und er hat daher aus dem Fressverhalten seines Hundes eine allgemeine Lebensmaxime destilliert, seine »Moral von der Geschicht«. Und diese lautet: »Gut essen heißt vor allem, beste Lebensmittel möglichst frisch zu genießen.«

Literatur

Aldington EHW: Was tu ich nur mit diesem Hund? Weiden: Gollwitzer 2000

Arbeitskreis für humanen Tierschutz und gegen Tierversuche e.V.: Der kleine Guide für den europäischen Raum – Teil VIII. Der Eupener Schlachthof. Chronik eines Skandals. Düsseldorf: PAKT e.V. 2005

Belfield WO: Chronic subclinical scurvy and canine hip dysplasia. Vet Med Small Anim Clin 71, 1399–1403; 1976

Belfield WO: The dysplastic dog can be helped. Vet Med Small Anim Clin 66, 883–886; 1971

Berge E: Die angeborene Hüftgelenksdysplasie beim Hund. Dtsch. Tierärztl. Wschr. 64, 509; 1957

Billinghurst I: Give Your Dog a Bone. Romford/Essex: Crosskeys Select Books 1993

Blank CM: Untersuchungen zur Euthanasie des Rindes mit Pentobarbital. Dissertation. Ludwig-Maximilians-Universität München 2005

Blaszczyk A: DNA damage induced by ethoxyquin in human peripheral lymphocytes. Toxicol Lett. 2006 May 5; 163 (1): 77–83

Brass W: Hip Dysplasia in dogs. J Small Anim Pract 30, 166–170; 1989

Burgess TM, Meyer EK, Bataller N: Practitioner report involving intravenous use of vitamin K1 prompts label review and revision. J Am Vet Med Assoc. 2001 Jun 1; 218 (11): 1767–1770

Cerundolo R, Court MH, Hao Q et al.: Identification and concentration of soy phytoestrogens in commercial dog foods. Am J Vet Res. 2004 May; 65 (5): 592–596

Cooke PS, Selvaraj V, Yellayi S: Genistein, estrogen receptors, and the acquired immune response. J Nutr. 2006 Mar; 136 (3): 704–708

Dämmrich K: Die Beeinflussung des Skeletts durch die Schilddrüse bei Tieren. BMTW 1963, 76, 31-34-53-56

Dämmrich K: Zur Pathogenese der Skeletterkrankungen bei Hunden und Katzen. Wiener Tierärztl. Mschr. 68, 109–115; 1981

Donoghue S, Scarlett JM: Diet and feline obesity. J Nutr 1998 Dec; 128 (12 Suppl): 2776–2778

Dreesmann J, Cleves S: Ökologische Studie zu regionalen Risikofaktoren für EHEC und HUS in Niedersachsen. Studie des Landesgesundheitsamtes, Hannover o. J.

Edinboro CH, Scott-Moncrieff JC, Janovitz E et al.: Epidemiologic study of relationships between consumption of commercial canned food and risk of hyperthyroidism in cats. J Am Vet Med Assoc. 2004 Mar; 224 (6): 879–886

Edney AT, Smith PM: Study of obesity in dogs visiting veterinary practices in the United Kingdom. Vet Rec 1986 Apr; 118 (14): 391–396

Edtstadtler-Pietsch G: Untersuchungen zum Energiebedarf von Katzen. Dissertation. Ludwig-Maximilians-Universität München 2003

EFSA – European Food Safety Authority: Opinion of the Scientific Panel on Additives and Products or Substances used in Animal Feed and of the Scientific Panel on Genetically Modified Organisms on the safety and efficacy of the enzyme preparation Natuphos® (3-phytase) produced by Aspergillus niger. EFSA Journal 2006; 369: 1–19

EFSA – European Food Safety Authority: Opinion of the Scientific Panel on Additives and Products or Substances used in Animal Feed and of the Scientific Panel on Genetically Modified Organisms on the safety and efficacy of the enzyme preparation Phytase SP 1002 (3-phytase) for use as feed additive for piglets, pigs for fattening, sows, chickens for fattening, turkeys and laying hens. EFSA Journal 2006; 333: 1–27

EFSA – European Food Safety Authority: Opinion of the Scientific Panel on Additives and Products or Substances used in Animal Feed on the safety and efficacy of the product »Biomin IMB 52« a preparation of Enterococcus faecium as a feed additive for chicken for fattening in accordance with Regulation (EC) No 1831/2003. EFSA Journal 2006; 335: 1–10

EFSA – European Food Safety Authority: Opinion of the Scientific Panel on Genetically Modified Organisms on a request from the commission related to the notification (Reference C/SE/96/3501) for the placing on the market of genetically modified potato EH92-527-1 with altered starch composition, for cultivation and production of

starch, under Part C of Directive 2001/18/EC from BASF Plant Science. EFSA Journal 2006; 323: 1–20
EFSA – European Food Safety Authority: Opinion of the Scientific Panel on Genetically Modified Organisms on an application (Reference EFSA-GMO-UK-2005-14) for the placing on the market of genetically modified potato EH92-527-1 with altered starch composition, for production of starch and food/feed uses, under regulation (EC) No 1829/2003 from BASF Plant Science. EFSA Journal 2006; 324: 1–20
EFSA – European Food Safety Authority: Opinion of the Scientific Panel on Additives and Products or Substances used in Animal Feed on the safety and efficacy of the product »Calsporin«, a preparation of Bacillus subtilis, as a feed additive for chickens for fattening in accordance with Regulation (EC) No 1831/2003. EFSA Journal 2006; 336: 1–15
EFSA – European Food Safety Authority: The risks of poor welfare in intensive calf farming systems. An update of the scientific Veterinary Committee Report on the welfare of calves. EFSA Journal 2006
EFSA – European Food Safety Authority: Use of an enzyme preparation based on thrombin: fibrinogen derived from cattle and/or pigs as a food additive for reconstituting food. EFSA Journal 2005; 214: 1–8
Eigenmann JE: Wachstumshormon und insulinähnlicher Wachstumsfaktor beim Hund: Klinische und experimentelle Untersuchungen. Schweiz. Arch. Tierheilk. 108, 57–78; 1986
El Boushy ARY, van der Poel AFB: Handbook of Poultry Feed from Waste. Dordrecht: Springer Netherland 2000
El Boushy ARY, van der Poel AFB: Poultry feed from waste. Processing and use. London: Chapman & Hall 1994
Engelmann J: Friedrich der Große und seine Generale. Friedberg: Podzun-Pallas 1988
Faust V: Seelische Störungen bei Tieren? o. O., o. V., o. J.
Fernandez-Tresguerres Hernandez JA: [Effect of monosodium glutamate given orally on appetite control (a new theory for the obesity epidemic)]. An R Acad Nac Med (Madr). 2005; 122 (2): 341–355
Finley R, Reid-Smith R, Weese JS: Human health implications of Salmonella-contaminated natural pet treats and raw pet food. Clin Infect Dis. 2006 Mar 1; 42 (5): 686–691

Fisher J: Verhaltensstörungen bei Hund und Katze. Mürlenbach/Eifel: Kynos 1996

Fitzner J: Enterococcus faecium: Prävalenz von Vancomycin-Resistenzgenen und Persistenz bei gesunden Probanden. Dissertation. Freie Universität Berlin o. J.

Flückinger M, Lang J, Binder H et al.: Die Bekämpfung der Hüftgelenksdysplasie in der Schweiz. Ein Rückblick auf die vergangenen 24 Jahre. Schweiz. Arch. Tierheilk. 137, 243–250; 1995

Franz E, van Diepeningen AD, de Vos OJ et al.: Effects of cattle feeding regimen and soil management type on the fate of Escherichia coli O157:H7 and salmonella enterica serovar typhimurium in manure, manure-amended soil, and lettuce. Appl Environ Microbiol. 2005 Oct; 71 (10): 6165–6174

Freudiger U, Flückinger M: Untersuchung auf Hüftgelenksdysplasie in der Schweiz. Kleintierpraxis 36, 391–399; 1991

Futtermittelverordnung 8. April 1981. BGBl I 1981, 352. Neugefasst durch Bek. v. 7. 3. 2005 I 522; zuletzt geändert durch Art. 1 V v. 22. 12. 2005 I 3707

Gebhardt H, Haucke G: Die Sache mit dem Hund. Hamburg: Rasch und Röhrig 1989

Goldin BR, Brauner E, Adlercreutz H et al.: Hormonal response to diets high in soy or animal protein without and with isoflavones in moderately hypercholesterolemic subjects. Nutr. Cancer. 2005; 51 (1): 1–6

Goldman AL: Hypervitaminosis A in a cat. J Am Vet Med Assoc. 1992 Jun 15; 200 (12): 1970–1972

Goldstein M: The Nature of Animal Healing: The Definitive Holistic Medicine Guide to Caring for Your Dog and Cat. New York: Ballantine Books 2000

Grimm HU: Aus Teufels Topf. Die neuen Risiken beim Essen. München: Droemer Knaur 2001

Grimm HU: Die Suppe lügt. Die schöne neue Welt des Essens. Stuttgart: Klett-Cotta 2005

Grimm HU, Ubbenhorst B: Die Ernährungslüge. Wie uns die Lebensmittelindustrie um den Verstand bringt. München: Droemer Knaur 2005

Grimm HU, Ubbenhorst B: Echt künstlich. Das Dr. Watson Handbuch der Lebensmittel-Zusatzstoffe. Stuttgart Bad-Cannstatt: Dr. Watson Books 2007

Gustafsson P, Kasström H, Olsson S et al.: Skeletal development and sexual maturation in German Shepherds, Greyhounds and their crossbreed offspring. An investigation with special reference to hip dysplasia. Acta Radiol Suppl 319, 187–190; 1972

Hadad R: Raising organic chickens, salmonella, and the Issues of outdoor access. U.S. Food and Drug Administration o. O., o. J.

Hamann I, Seidlova-Wuttke D, Wuttke W et al.: Effects of isoflavonoids and other plant-derived compounds on the hypothalamus-pituitary-thyroid hormone axis. Maturitas. 2006 Aug 8 [Epub ahead of print]

Hand MS, Thatcher CD, Remillard RL, Roudebush P: Klinische Diätetik für Kleintiere. Band I und II. Hannover: Schlütersche 2002

Hazewinkel HAW, v. d. Brom W et al.: Influences of different calcium intakes on calcitropic hormones on skeletal development in young growing dogs. Front Horm Res 17, 221–232; 1987

Hedhammar A, Krook L, Schryver HF et al.: Calcium balance in the nutrition of the Dog and Cat. Oxford: Ed R S Anderson 1980, 119–127

Hedhammar A, Wu FM, Krook L et al.: Overnutrition and skeletal disease. An experimental study in growing Great Dane dogs. IX. The long bones. Cornell Vet. 1974 Apr; 64 (2): Suppl 5: 83–114

Henricson B, Norberg I, Olsson SE: On the etiology and pathogenesis of hip dysplasia: a comparative review. J Small Anim Pract. 1966 Nov; 7 (11): 673–688

Hermanussen M, Garcia AP, Sunder M et al.: Obesity, voracity, and short stature: the impact of glutamate on the regulation of appetite. Eur J Clin Nutr. 2006 Jan; 60 (1): 25–31

Hlinak Z, Gandalovicova D, Krejci I: Behavioral deficits in adult rats treated neonatally with glutamate. Neurotoxicol Teratol. 2005 May-Jun; 27 (3): 465–473

Hofmann W: Flegels haben wir genug im Lande. Friedrich der Große in Zeugnissen, Berichten und Anekdoten. Frankfurt: Ullstein 1986

Iwai K, Hasegawa T, Taguchi Y et al.: Identification of food-derived collagen peptides in human blood after oral ingestion of gelatin hydrolysates. J Agric Food Chem. 2005; 53 (16): 6531–6536

Joffe DJ, Schlesinger DP: Preliminary assessment of the risk of Salmonella infection in dogs fed raw chicken diets. Can Vet J. 2002; 43 (6): 441–442

Kahl R, Kappus H: [Toxicology of the synthetic antioxidants BHA and BHT in comparison with the natural antioxidant vitamin E]. Z. Lebensm. Unters. Forsch. 1993; 196 (4): 329–338

Kallfelz FA, Dzanis DA: Overnutrition: an epidemic problem in pet animal practice? Vet Clin North Am Small Anim Pract. 1989; 19 (3): 433–446

Kammerer KD: Der Jahrtausendirrtum der Veterinärmedizin. Die Hüftgelenksdysplasie infolge Fehlernährung als nicht erbliche Skeletterkrankung des Hundes. Karlsruhe: Transanimal 2002

Kaufmann C, Zey CJ: Liebestöter auf vier Pfoten. Bergisch Gladbach: Ehrenwirth 2006

Kaufmann R, Frey R, Kasper S: Neue pharmakologische Ansätze in der Therapie. Depression im Alter. Extracta geriatrica 2005; 1: 7–10

Kealy RD, Lawler DF, Ballam JM et al.: Effects of diet restriction on life span and age-related changes in dogs. J Am Vet Med Assoc. 2002; 220 (9): 1315–1320

Kealy RD, Lawler DF, Ballam JM et al.: Five-year longitudinal study on limited food consumption and development of osteoarthritis in coxofemoral joints of dogs. J Am Vet Med Assoc 1997; 210 (2): 22–25

Kienzle E: Gesunde Knochen mit dem Taschenrechner, Wieviel Kalzium braucht ein junger Hund? Calciumversorgung von Welpen und Junghunden, leider immer noch ein Thema! Unser Rassehund, Off Organ des VDH 1997, 3

Kirchgeßner M: Tierernährung. Frankfurt am Main: DLG Verlag 2004

Kiss P, Tamas A, Lubics A et al.: Development of neurological reflexes and motor coordination in rats neonatally treated with monosodium glutamate. Neurotox Res. 2005; 8 (3-4): 235–244

Kolb E, Seehawer J, Wiegand K: Zum Bedarf an Vitaminen und an Ascorbinsäure beim Hund, mit Bemerkungen zur Publikation von M. Torel, TU 51, 785–790, 1996; Tierärztl. Umschau 52 (1997), 728–733

Krautwurst F: Einmaleins der Hundeernährung. Der Schlüssel zur artgerechten Hundeernährung. Mürlenbach/Eifel: Kynos 2000

Kusch C: Gesunde Hundeernährung. Lauwil, Schweiz: Est media 1999

Latteman D: Einfluss einer Xylanase und von Flavophospholipol allein und in Kombination auf die Leistung, die Verdaulichkeit der Nährstoffe sowie die intestinale Mikroflora bei Legehennen. Tierärztliche Hochschule Hannover und Institut für Tierernährung der Bundesforschungsanstalt in Braunschweig, Hannover 2000

Leidenschaft: Recherche. Skandal-Geschichten und Enthüllungs-Berichte. Ed. Leif T. Wiesbaden: VS Verlag für Sozialwissenschaften 1998

Lind PM, Johansson S, Ronn M et al.: Subclinical hypervitaminosis A in rat: measurements of bone mineral density (BMD) do not reveal adverse skeletal changes. Chem Biol Interact. 2006; 159 (1): 73–80

Liste der zugelassenen Diätfuttermittel (Diätfuttermittelliste), Futtermittelbuch-Verordnung Art. 14, Schweiz

Lonsdale T: Raw meaty bones promote health. Poplar/Wenatchee: Dogwise Publishing 2001

Mann T: Herr und Hund. Ein Idyll. Frankfurt am Main. S. Fischer 2005

Maor G, Hochberg Z, von der Mark et al.: Human growth hormone enhances chondrogenesis and osteogenesis in a tissue culture system of chondroprogenitor cells. Endocrinology 1989; 125 (3): 1239–1245

March SB, Ratnam S: Sorbitol-MacConkey medium for detection of Escherichia coli O157:H7 associated with hemorrhagic colitis. J Clin Microbiol. 1986; 23 (5): 869–872

Martin AN: Food pets die for. Shocking facts about pet food. Troutdale, Oregon: NewSage Press 2003

Martin AN: Protect your pet. More shocking facts. Troutdale, Oregon: NewSage Press 2001

Mugford R: Hunde auf der Couch – Verhaltenstherapie bei Hunden. Zum besseren Verständnis der Hunde und ihrer Menschen. Mürlenbach/Eifel: Kynos 1991

Neumann S: Friedrich der Große in der pommerschen Erzähltradition. Rostock: Wossidlo-Archiv 1998

Nguyen P, Dumon H, Martin L et al.: Weight loss does not influence energy expenditure or leucine metabolism in obese cats. J Nutr 2002; 132 (6): 1649–1651

Paatsama S, Rokkanen P, Jussila J et al.: Somatotropin, thyrotropin and corticotropin hormone-induced changes in the cartilages and bones

of the shoulder and knee joint in young dogs. An experimental study using histological OTC, bone labelling and microradiographic methods. J Small Anim Pract. 1971; 12 (11): 595–601
Patisaul HB: Phytoestrogen action in the adult and developing brain. J Neuroendocrinol. 2005; 17 (1): 57–64
Pegius M: Juristische Ergoetzlichkeiten vom Hunde-Recht, und denen darbey vorkommenden Faellen: welchen, als ein Anhang, das Recht derer Tauben und Huener beygefueget worden. Frankfurt: Immig 1725
Pennington H: When food kills. BSE, E. coli and disaster science. New York: Oxford University Press 2003
Pierce KR, Bridges CH: The role of estrogens in the pathogenesis of canine hip dysplasia. Metabolism of exogenous estrogens. J Small Anim Pract. 1967; 8 (7): 383–389
Plechner AJ: Cortisol abnormality as a cause of elevated estrogen and immune destabilization: insights for human medicine from a veterinary perspective. Med Hypotheses 2004; 62 (4): 575–581
Pollack W: Elimination of common diseases in dogs and cats trough diet alone. o. O. 2003
Pratt AG, Norris ER, Kaufmann M: Peripheral vascular disease and depression. J Vasc Nurs. 2005 Dec; 23 (4): 123–127
Prusiner SB: Detecting mad cow disease. Sci Am. 2004 Jul; 291 (1): 86–93
Raila J, Schweigert FJ: Physiologische Besonderheiten im Vitamin-A-Stoffwechsel von Karnivoren. Tierärztl. Praxis 2002; 30 (K): 1–7
Reinle K, Block G: Phytoestrogen Content of Foods. A Compendium of Literature Values. Nutrition and Cancer. 1996; 26: 2
Reinwald S, Weaver CM: Soy isoflavones and bone health: a double-edged sword? J Nat Prod. 2006 Mar; 69 (3): 450–459
Ritzmann M, Heinritzi K: Klinisches Bild, Diagnostik und Differenzialdiagnostik der Glässer'schen Krankheit. Tierarztl. Prax. 2005, 33 (G): 61–64
Robert Koch-Institut: Risikofaktoren für sporadische STEC(EHEC)-Erkrankungen. Ergebnisse einer bundesweiten Fall-Kontroll-Studie. Epidemiologisches Bulletin 2004 Dez; 433–444
Roudebush P: Pet food additives. J Am Vet Med Assoc. 1993 Dec; 203 (12): 1667–1670

Sasaki K, Tatsuno T, Nomura T et al.: [Performance study of analytical method for ethoxyquin in fruit]. Shokuhin Eiseigaku Zasshi. 2002 Dec; 43 (6): 366–370

Scheffer M: Die Original Bach-Blütentherapie für Haustiere. München: Heinrich Hugendubel Verlag 2005

Schlumpf M, Lichtensteiger W: Hormonaktive Chemikalien. Bern: Verlag Hans Huber 2000

Schnelle GB: Some new diseases in dogs. Am Kennel Gazette. 1935; 52: 25–26

Selvaraj V, Bunick D, Finnigan-Bunick C et al.: Gene expression profiling of 17beta-estradiol and genistein effects on mouse thymus. Toxicol Sci. 2005, Sep; 87 (1): 97–112

Siewert F: Entwicklung der Ernährungsforschung bei der Katze (bis 1975). Dissertation. Tierärztliche Hochschule Hannover 2003

Simopoulus AP, Cleland LG: Omega-6/Omega-3 Essential Fatty Acid Ratio. The Scientific Evidence. Basel: Karger 2003

Spangenberg R: Katzenkrankheiten. Erkennung und Behandlung. Steuerung des Sexualverhaltens (6. Auflage). München: Falkenverlag 1987

Späth H, Löw G, Reinhart E: Gesunde Tiere mit biologischer Medizin. Naturheilkunde für Heim- und Haustiere. Paderborn: Media-Print 2005

Studer T: Die prähistorischen Hunde in ihrer Beziehung zu den gegenwärtig lebenden Rassen. Zürich: Zürcher & Furrer 1901

Trumler E: Der schwierige Hund. 111 Fragen an den Fachmann. Mürlenbach/Eifel: Kynos 1986

Ullrich K: Über Hormonanwendung bei endokrin bedingten Erkrankungen des Hundes. Kleintierpraxis 1970

Vandemeulenbroucke J: De Hormonenmaffia. Antwerpen: Hadewijch 1993

Verordnung über die Entsorgung von tierischen Nebenprodukten (VTNP) vom 23. Juni 2004, Bundesamt für Veterinärwesen, Stand 2005

Weese JS, Rousseau J, Arroyo L: Bacteriological evaluation of commercial canine and feline raw diets. Can Vet J. 2005 Jun; 46 (6): 513–516

Weiß M: Wirkungen von Enterococcus Faecium auf den Organismus neonataler Hundewelpen. Dissertation. Ludwig-Maximilians-Universität München 2003

Welsh Assembly Government: South Wales E. Coli 0157 Outbreak – September 2005. A review commissioned by the chief medical officer. 2005 December

Willis CM, Church SM, Guest CM, Cook WA, McCarthy N, Bransbury AJ, Church MR, Church JC: Olfactory detection of human bladder cancer by dogs: proof of principle study. BMJ. 2004 Sep; 329 (7468): 712

Wolff G: Friedrich der Große. Krankheiten und Tod. Mannheim: Waldkirch 2000

Yellayi S, Naaz A, Szewczykowski MA et al.: The phytoestrogen genistein induces thymic and immune changes: a human health concern? PNAS 2002 May; 10.1073/pnas.102650199

Yellayi S, Zakroczymski MA, Selvaraj V et al.: The phytoestrogen genistein suppresses cell-mediated immunity in mice. J Endocrinol. 2003 Feb;176 (2): 267–274

Zentek J, Fricke S, Hewicker-Trautwein M et al.: Dietary protein source and manufacturing processes affect macronutrient digestibility, fecal consistency, and presence of fecal Clostridium perfringens in adult dogs. J Nutr. 2004 Aug; 134 (8 Suppl): 2158–2161

Zentek J, Hall EJ, German A et al.: Morphology and immunopathology of the small and large intestine in dogs with nonspecific dietary sensitivity. J Nutr. 2002 Jun; 132 (6 Suppl 2): 1652–1654

Zentek J, Kaufmann D, Pietrzak T: Digestibility and effects on fecal quality of mixed diets with various hydrocolloid and water contents in three breeds of dogs. J Nutr. 2002 Jun; 132 (6 Suppl 2): 1679–1681

Zentek J: HD – eine fütterungsbedingte Erkrankung? Der Hund 1997. 10, 11

Zimen E: Der Hund. Abstammung – Verhalten – Mensch und Hund. München: Goldmann 1992

Verwendet wurden auch folgende Zeitschriften und Zeitungen:
Frankfurter Allgemeine Zeitung, Frankfurter Rundschau, die tageszeitung, Neue Zürcher Zeitung, Süddeutsche Zeitung, New York Times, Stern, Der Spiegel, Die Zeit, New Scientist